호남의 지역지배구조 형성배경
── 호남의 정치와 지방정치 ──

백운선

2001
백산서당

Origin and Background of Ruling Power Structure in Honam: Politics and Local Politics of Honam

by

Paek Woon-Seon
(Professor, Honam University)

2001
Baiksan-Seodang Publishing

호남의 지역지배구조 형성배경
― 호남의 정치와 지방정치 ―

책머리에

　한국정치의 전개과정에서 호남지역은 독특한 위상을 지닌다. 1971년 대통령선거를 계기로 정치적 지지의 지역화가 시작되면서 각 지역, 특히 영남지역과 더불어 호남지역 주민들은 지역적 연고와 소속에 근거한 집단적 정치행태를 형성해 갔다. 1980년대 이후 한국정치의 변동시기에 호남지역이 집권세력에 대한 비판과 김대중에 대한 집단적 지지의 중심으로 자리하면서 이러한 정치행태의 집단화 정도는 더욱 심화되어 갔다.
　중앙정치와의 연계 속에서 진행된 이와 같은 집단화과정은 호남의 지역지배구조 형성에 가장 강하게 영향을 미친 변수라 할 수 있다. '지역주의,' '지역패권주의' 등으로 표현되었던 중앙정치의 지역갈등 구조는 원심적 지역대립의 악순환을 지속시키면서 정치적 경쟁을 지역간의 대립으로 전화시켰고 정치과정 전반의 왜곡을 초래하였다. 이 과정에서 이른바 호남, 영남, TK, PK 등으로 구분되어 온 지역 유권자들은 중앙의 지역주의적 대립정치에 철저히 동원되었다.

이 연구는 지역의 정치적 제측면에 대한 중앙정치의 강력한 규정력을 인식하는 데서 출발한다. 한 지역의 정치적 환경과 주민들의 정치적 삶을 강하게 규정하였던 중앙정치의 역동성을 지역지배구조 형성의 일차적 배경으로 파악하였다. 지역지배구조에 대한 토착적, 혹은 지방적 변인의 독자적 영향력은 그리 크지 못하였기 때문이다. 따라서 이 연구의 많은 부분에서 호남지역이 중앙정치의 지역주의적 갈등과 연계되고 내포되는 과정과 그 사회적·경제적, 그리고 문화적 맥락을 고찰하였으며 지역지배구조 자체를 실증적으로 다루지는 않았다.

그런데 다른 한편, 이러한 중앙정치의 규정력이 지속되는 가운데서도 시대의 변화는 분권화와 자율적 지방정치의 영역 확대를 요구하기 시작하였다. 그리고 중앙정치로부터 자율적인 이러한 지방정치의 역동성은 미래의 지역지배구조 형성에 영향을 미칠 또 다른 배경이 될 것이다. 이 점에 착안하여 이 연구의 뒷부분에서는 지방정치의 활성화를 요구하는 시대적 정황과 지방정치의 과제를 통해 지역지배구조의 새로운 방향을 모색해 보았다.

연구의 기회를 제공한 대상문화재단에게 심심한 사의를 표한다. 그리고 연구 결과를 이처럼 책으로 펴내 준 백산서당 여러분에게 고마움의 뜻을 전한다.

백 운 선

호남의 지역지배구조 형성배경
― 호남의 정치와 지방정치 ―

책머리에 · 4

제1부 서 론

제1장 호남사회 개관 ································· 13
  1. 지리 및 역사적 배경 ······················· 13
    1) 전라남도(광주 포함) ······················ 15
    2) 전라북도 ································· 18
  2. 사회·경제적 배경: 산업화와 호남사회 ········· 21
    1) 호남지역 산업의 전통적 특성 ············· 21
    2) 산업화와 호남 ··························· 23
  3. 정치적 배경 ······························ 31

제2장 연구의 내용 및 방법 ······················ 35

제2부 지역지배구조의 형성배경(1):
지역주의와 호남사회

제1장 한국인의 정치의식과 지역주의 ·· 43
1. 전통적 의식과 현대의 경험 ·· 45
2. 정치의식의 형성 배경 ·· 49
1) 유교문화 ·· 49
2) 중앙집권적 전통 ·· 49
3) 식민통치의 유산과 탈식민의 정치문화 ····························· 51
4) 분단의 정치문화 ·· 52
5) 민주주의 수용의 정치문화 ·· 52
6) 정치적 저항과 좌절 ··· 54
3. 시민의식의 형성과 분화과정 ··· 55
4. 정치의식 형성의 특징과 지역주의 ······································· 59
1) 시민의식과 저항운동 ··· 60
2) 권위주의정권과 연고주의 지지기반 ·································· 61
3) 지역주의 동원과 지역연고 투표행태 ································ 62
4) 정치의식과 이데올로기 ··· 65
5) 정치권력과 사회구조 ··· 66
5. 지역주의의 역사적·정치적 형성과정 ···································· 69
1) 지역주의의 역사적 배경 ·· 70
2) 정치적 지역주의의 형성과 발전과정 ································ 76
3) 한국 지역주의의 특색 ··· 81

제2장 호남사회의 지역주의적 정치동원화 과정 ······················ 83
1. 지역주의적 동원화의 전개과정 ·· 84
1) 군부 권위주의 체제의 등장과 지역주의 ·························· 84
2) 지역주의 투표 ·· 91

3) 지역주의적 지배구조의 형성 93
　2. 지역주의적 동원과 호남사회의 정치적 위상 96
　　1) 반호남의 지역주의 동원 96
　　2) 지역패권과 지역차별 100
　　3) 지역주의와 호남의 정치 103

제3부　지역지배구조의 형성배경(2): 호남사회의 정치환경과 지방정치

제1장　호남사회와 지역주의정치의 사회·경제적 맥락 113
　1. 지역 연고주의와 호남차별의 지역감정 113
　2. 지역불균등의 산업화와 호남사회의 저발전 137
　　1) 경부축 중심의 집중 산업화와 지역적 불균등 140
　　2) 지역총생산과 지역소득 150
　　3) 도시화 수준과 지역경제 157

제2장　호남사회의 정치행태와 정치의식 171
　1. 투표행태 및 지지정당 171
　　1) 한국의 선거정치·정당정치와 지역주의 171
　　2) 호남사회 투표형태의 특성 174
　2. 정치체제에 대한 인식 180
　　1) 국가 및 정치세력 180
　　2) 민주주의와 민주화 185
　3. 정치적 관심과 효능감 190
　4. 정치적 성향 194
　5. 종　합 201

제3장 호남사회의 지방정치 … 203
1. 지방정치의 대두와 그 환경: 중앙과 지방의 관계 … 203
    1) 한국 지방정치의 현실 … 204
    2) 지방정치 대두의 배경 … 207
    3) 지방정치의 과제 … 212
2. 분권화의 과제와 한계 … 216
    1) 분권화의 원리 … 217
    2) 분권화의 현실 … 219
3. 호남사회의 사회·경제적 요구와 지방정치 … 226
4. 호남사회의 정치적 과제 … 229
    1) 중앙정치와 지방정치 … 229
    2) 호남 지방정치의 자율성과 지역지배구조 … 232
    3) 호남 지방정치의 과제 … 236

제4부 결 론

◇ 후기: 지역주의는 극복되고 있는가 … 247

부 록 … 251
1. 전국대비 주요통계 … 251
2. 주요 선거 지역별·정당별 득표 통계 … 264
3. 지역운동의 사례: 광주·전남 개혁연대 … 268

참고문헌 … 271
찾아보기 … 283

제 1 부
서 론

제1장 호남사회 개관

1. 지리 및 역사적 배경

　호남은 오늘날 행정구역상으로 광주광역시와 전라남·북도로 이루어진 이른바 전라도를 지칭한다. 물론 호남사회는 이 호남이라는 지역에 토대를 두고 있다. 그러나 때에 따라 이 호남사회라는 개념의 범주에는 지역적 개념만이 아니라 호남 출신, 그리고 호남과 관련된 한국 사회구조 등이 총체적으로 포함된다고 보아야 할 것이다. 현재 호남지역은 2만여㎢ 정도의 면적으로 남한 면적의 20.6%를 차지하고 있으며, 이 지역에 남한 인구의 12% 정도인 약 553만 명의 인구가 거주하고 있다.
　3한시대 마한국(馬韓國)으로서 독자적인 정치체제를 이루었던 호남지역은 그후 3국시대에는 백제에 편입되었고, 통일신라, 그리고 고려의 통합 이래 오늘날에 이르기까지 한국사회의 한 영역을 이루어 오고 있다. 호남이라는 지역적 명칭은 오늘날 한국사회 공간구조의 기초가 되었던 10세기 고려시대부터 이미 전라도라는 명칭과 더불어 행정구역의 범주로 사용되어 왔다.[1] 따라서 호남 및 전라도는 한국 역사만큼이나 오래된 공간구조의 범주였다.

호남지역은 서남쪽으로 남해안과 서해안을 배경으로 하여, 북쪽으로는 금강 및 금남정맥(錦南正脈)으로 충청도와 경계하며[2], 동쪽으로는 지리산맥이 경상도와 경계를 이루고 있다. 이와 같은 자연지리적 기준에 따라 구분되는 호남이라는 공간범주는 한국역사만큼 지속되어 온 행정구역 및 여타 인문지리적 요소들과 결합하고, 국가권력의 위상과 역사적으로 상호 작용해 오면서 하나의 특색 있는 정치적·문화적 공간으로 자리하게 되었다.

---

1) 全羅道는 조선시대까지 이 지역의 중심 행정도시였던 全州와 羅州의 첫 글자를 따 만들어진 것이다.

2) 우리의 전통적 산맥체계는 山川체계를 중심으로 이루어진 것으로서 금남산맥은 백두대간(白頭大幹), 장백정간(長白正幹)과 더불어 13개의 정맥(正脈)으로 구분한 '산경표'의 체계에 따른 것이며, 전북 진안의 마이산으로부터 북쪽으로 뻗어 전라도의 진안, 금산(현재는 행정구역상 충남에 속함), 충청도의 공주·부여에 이르는 금강 남쪽의 산줄기가 이에 속한다. 오늘날 우리에게 익숙한 '태백산맥', '소백산맥', '노령산맥' 등의 산맥체계는 19세기 후반 일본이 한국의 광산을 개발하기 위하여 전통적인 산맥 체계 대신에 鑛床과 지질구조를 중심으로 체계화한 것이다. 양진경, "조선시대의 자연인식 체계," 『한국사 시민강좌』, 제14집(1994), 81-86쪽 참조.

1) 전라남도(광주 포함)[3]

전남은 한반도의 서남부를 차지한 지역으로 하나의 자연적 구획을 이루고 있다. 이 자연적 구획을 이루는 울타리는 동북으로는 높은 산지이며 서남으로는 바다이다. 전남은 동쪽으로는 소백산맥 중에서도 가장 높은 봉우리들을 분수령으로 경남과 확연히 구분되고, 북으로는 비교적 낮은 노령산맥의 구릉성 저산지에 의해 전북과 경계하고 있다. 따라서 동쪽과는 역사적으로 밀접한 관계를 갖기가 그리 쉽지 않았으나 북쪽인 전북과는 비교적 낮은 분수령과 고개를 사이로 빈번한 접촉과 교류를 통해 호남권이라는 동질 문화권 혹은 생활권을 형성할 수 있었다. 남해안에는 작은 반도와 많은 섬들로 이루어진 다도해가 형성되어 있으며, 산으로는 월출산, 조계산, 두륜산, 선운산, 유달산 등이 있다. 영산강 유역의 나주평야는 비옥한 데다가 관개가 잘 되어 있어 예로부터 천혜의 농경지대이다. 전라북도 진안에서 발원한 섬진강(蟾津江)은 도내의 구례・곡성・광양을 지나 경상남도 하동을 거쳐 남해로 흘러든다. 남해안은 전형적인 해양성 기후이고, 서해안은 온난 습윤하지만 남해안보다는 강수량이 적다. 산지와 평야의 비율이 3 : 1로서, 전국적으로 볼 때, 다른 지역에 비하여 평야가 많은 편이다. 기후는 온난하고 다습하다. 따라서 고대 농업사회에서는 최대의 생

---

[3] 전라남도지 편찬위원회, 『전라남도지』, 제1권(전남: 전라남도, 1982)을 비롯한 여러 소개 자료의 내용을 종합하였다.

산성을 가진 지역이었을 것이다. 일명 나주평야로 불리는 전남 평야는 전북의 호남평야와 더불어 한국 굴지의 곡창지대를 형성하고 있다.

전남지역은 고대 삼한시대에는 마한의 고지였고 삼국시대에는 백제의 영토였으며 백제의 멸망 후에는 통일신라의 영토에 속하였다. 후삼국시대에는 후백제의 견훤이 무진주(武珍州, 광주)에서 군사를 일으켜 서기 892년에 완산주(完山州, 전주)에 도읍을 정하게 됨에 따라 잠시 동안 호남권의 거의 전역이 후백제의 근거지가 된 적이 있었다. 고려 성종 14년<995>에 전국을 10도로 구분하였을 때, 전남지역은 해양도(海陽道)에 속하였으나 명종 때에 이르러 전북지역과 함께 전라도로 통합되었다. 조선시대에 들어와서는 전주가 전라도 정치·문화·행정의 중심지가 되었고 전주의 관찰사가 오늘날의 호남지역과 제주도를 통치하였으며, 조선 말기인 1896년에 전국을 13도로 개편함에 따라 전라도는 전라북도와 전라남도로 양분되어 오늘날에 이르고 있다.

오늘날의 광주지역은 백제시대에 무진군(武珍郡)에 속하였고 무진군은 뒤에 무진주로 승격되었으며, 일명 노지(奴只)라고도 불렀다. 통일신라시대인 757년<景德王 16년>, 행정구역 개편에 따라 이 지역은 무주도독부(武州都督府)가 되었으며 도독부는 3개 현을 직할하였다. 무주는 936년에 후백제가 망하고 왕건이 고려를 세운 후 940년<太祖 23년>에 광주로 개칭되었으며,4) 현

---

4) '광주'(빛고을)라는 명칭은 고려 태조 23년(940)에 처음으로 불린 이후 고려·조선시대를 거치는 동안 달리 지칭되기도 하였으나, 고종 32년(1895)에 다시 광주군으로 바뀌어 지리적 속성은 물론 사회

종(顯宗) 때 해양현(海陽縣)이 되었다가 1259년<高宗 46년>에 주
(州)로 승격, 익주(翼州)라 하였고 뒤에 다시 광주목(光州牧)으로
되었다. 1310년<忠宣王 2년>에는 광주목이 화평부(化平府)로 강등
되었다가 1373년<恭愍王 22년>에 다시 광주목으로 되었다. 조선
시대에는 강등과 승격이라는 여러 번의 우여곡절을 겪은 끝에
광주목이 유지되었다. 1895년 전국이 23부제(府制)로 행정구역
이 개편되면서 나주부 관할 광주군이 되어 41개 면(面)을 관할
하였고, 1896년 13도제(道制)가 실시됨에 따라 전라남도 관찰부
(觀察府)를 광주에 두게 되었다.

　1910년 일제 식민지배가 시작되면서 행정구역 통폐합에 따
라 광주면이 광주읍으로, 광주읍은 다시 부(府)로 승격되었다.
해방 이후 지방자치제 실시에 따라 1949년 광주시라 개칭되었
으며, 1986년 11월 1일 직할시로 승격되었다. 1991년 지방자치
제 실시로 주민자치의 기틀을 마련하였고, 1995년에 광주직할
시가 광주광역시로 명칭이 변경되어 지금에 이르고 있다.

　전남과 광주지역은 역사적으로 중앙정부와의 거리 관계로
항상 주변지역의 역할을 담당해 왔다. 영토가 비교적 좁았던
백제시대에도 전남은 왕권이 덜 미치는 소위 '왕화 미급지'(王
化未及地)로 지방의 호족들에 의해 지배되었던 것이다. 통일신
라시대에는 왕도인 경주와의 거리가 더욱 멀어지고, 고려조에
서도 왕도인 송도와의 관계는 타 지역에 비해 훨씬 불리하였
으며, 조선시대에도 비슷한 양태였을 것이다. 20세기에 들어와
각 지역의 산업구조가 급격히 변화하는 과정에서 전남이 가장

　　　적 공감의 총체적 표현으로서 일관성을 갖고 내려온 지 1,000여 년
　　　이상이 흘러 오늘에 이르고 있다.

느린 변화를 보인 데는 이와 같은 지리적 위치도 한 원인으로 작용했다고 볼 수 있다.

2) 전라북도5)

　전라북도의 면적은 8,058.03㎢로서 전국토의 8.1%를 차지하고 있다. 전라북도는 동쪽은 소백산맥의 주능선, 서쪽은 황해, 남서쪽은 노령산맥의 말단부, 그리고 북서쪽은 금강의 하류로 구획된다. 전북은 경기도, 강원도 및 제주도를 제외한 남한의 모든 도와 접경하여 삼남지방의 중심에 위치하고 있다. 충북, 경북, 경남과는 소백산맥의 분수계를 경계로 하고 있으나 산맥의 고개가 교통로가 되어 생활권이 연결된다. 충남과는 동부 산악지대에서는 분수계로 나누어지나 서부 평야지대에서는 금강이 그 경계가 된다. 그리고 전남과는 노령산맥의 남서단부에서 경계가 지어지며 그 교통로는 갈재(蘆嶺)로 현재는 호남선 철도, 1번 국도, 호남고속도로가 통과하고 있다. 전체 국토상의 위치로 볼 때, 동남쪽은 경남 산청군과 거창군, 경북의 김천과 소백산맥의 주능선으로 경계를 이루고, 남쪽은 전남의 영광, 장성, 담양, 곡성, 구례군과 접해 있으며, 북쪽은 충남의 금산, 논산, 부여, 서천군, 충북의 영동군과 맞닿아 있고 서쪽은 서해에 접하고 있다.

　전북의 지리적 위치는 남원시 금지면 하도리의 북위 35° 18′

---

　5) 전라북도지 편찬위원회, 『전라북도지』, 제1권(전북: 전라북도, 1989) 을 비롯한 여러 소개 자료의 내용을 종합하였다.

을 최남단으로, 익산시 용안면 용두리 북위 36° 9′을 최북단으로 남북 57′ 사이에 걸쳐 있으며, 동으로 무주군 무풍면 금평리 주치령 동쪽 832고지(127° 54′)와, 서로는 군산시 옥도면 어청도리 서쪽 끝(동경 125° 58′) 사이에 있다. 따라서 남북보다 동서가 약간 큰 사각에 근사한 지형이라 할 수 있다. 전라북도는 동부의 산악지대와 서부의 평야지대로 확연히 구분된다. 이에 따라 경지율 및 논·밭의 구성비에서도 동서간에 큰 차이가 있다. 지형적으로 볼 때, 동쪽이 높고 서쪽이 낮은 계단식 지형을 이루고 있는 전북은 서쪽에 군산반도, 진봉반도, 변산반도 등의 해안선이 있고 동부에 소백산맥, 노령산맥, 진안분지 등이 있으며, 지형의 높낮이를 비율로 따져 보면 100m 이하의 평지가 전체의 51%, 100~500m의 산지가 33%, 500~1,000m가 13%, 1,000m 이상의 고지대가 3%를 차지하고 있어 비교적 많은 평야지대로 형성되어 있다. 여기에서 100m 이내의 낮은 파상구릉을 준평야라 할 수 있는데 익산과 김제, 정읍시에 걸쳐 넓게 펼쳐져 있는 국내 굴지의 전북평야는 쌀의 주산지이며 농업 한국의 상징이기도 하다.

역사적으로 볼 때, 전북지역은 삼한시대 마한국의 중심지로 마한국 총 54개 부족국가 중 15개 부족국가가 위치하였으며 백제가 마한국과 병합함으로써 백제국의 소속이 되었다. 백제시대의 전북지방은 고부, 은진, 남원 등이 중심이 되어 있었다. 나·당 연합군에 의해 사비성이 점령되자 백제 부흥군은 남부의 주류성(周留城: 변산 우금산성)을 근거로 나·당군에 저항하였다. 이 주류성은 오늘날 전라북도의 부안에 해당하는 지역이다. 신라 신문왕 5년<685>에 하주(下州)가 전주로 옮겨져 이때 비로소 신라 9주(九州)가 갖추어졌고, 남원은 남원소경(小京)이 되어 5소경 중의 하나가 되었다. 효공왕(孝恭王) 4년<900> 견훤이 전주에 입성하여 왕을 칭하고 국호를 후백제라 정하였으며, 지금의 전라남·북도 일대를 통치하였다. 이때부터 고려 태조 19년<936>까지 전주는 2대 37년간 후삼국시대의 왕도가 되었다.

후백제의 영토를 병합한 고려 태조는 전주에 안남도호부(安南都護府)를 두었는데, 즉위 25년에 다시 전주로 개칭하고 안남도호부는 광종 2년에 고부로 옮겨졌다. 전북지역은 고려시대 12주로 나누었을 때 전주목(全州牧), 그리고 10도로 나누었을 때에는 강남도(江南道)에 속하였다. 현종 9년에 이르러 전북지역의 강남도와 전남지역의 해양도가 합쳐져 비로소 전라도라는 지방명칭이 생겨났으며 전라도에는 전주목과 나주목(羅州牧)을 두었다. 조선시대 태종 13년<1413>에 전국을 8도로 나누었을 때 전라도에는 지금의 전북과 전남지역이 포함되었고, 고종 33년<1896>에 전국을 13도로 나눔에 따라 전라도는 처음에는 좌도와 우도로 나누어졌다가 후에 남북으로 분할되었다. 이에 따라 전라북도의 전주와 전라남도의 광주에 각각 관찰사를 두었고, 전주는 26개 군(郡)을, 그리고 광주는 33개 군을 관할하게 되었다.

2. 사회·경제적 배경: 산업화와 호남사회

1) 호남지역 산업의 전통적 특성

우선 간단하게나마 농업을 주요 산업으로 하고 있는 전남과 전북지역의 경제적 상황을 개관해 보도록 하자.

전남지역은 전북지역과 함께 일찍부터 쌀농사가 시작되었다. 농업이 전 산업의 주가 되었던 고려시대나 조선시대에는 전남지역이 다른 지역에 비하여 상대적으로 농업생산이 풍부하였다. 조선시대에는 전라도가 타도에 비해 가장 넓은 농지면적을 보유하고 있었으며, 특히 논면적이 130,765결(結)로 경상도의 94,526결이나 충청도의 63,281결에 비하면 월등히 넓었다. 이 점에서 이 지역은 쌀농사 중심의 농업이 가장 발달하였음을 알 수 있다.

그러나 일제의 식민통치가 시작되면서 전남지역의 경제구조에는 서서히 상대적 빈곤화가 초래되었다. 우선 농업부문에서 전남지역은 일본인에 의한 토지 점탈과 농산물 수탈을 심하게 겪어야 하였다. 당시 일본인이 한국에서 점유한 토지면적은 모두 236,586정보였는데 그 중 21%에 해당하는 49,375정보가 전남지역의 토지였다.

전남지역이 이처럼 토지의 많은 부분을 일본인에 의해 점유당했을 뿐 아니라 일본의 식량보급지가 되어 감에 따라 이 지역 주민들은 다른 산업으로 전업하기 어려웠다. 전남지역은 이 과정에서 농업의 영세화를 면치 못하였다. 농민의 대다수가 일본인의 소작인으로 전락하였고 목포항은 식량 반출을 위한 항도로 발전하였다. 1937년도 전남지역의 경지면적 상태를 살펴보면, 5반보 미만을 경작하는 영세농가가 전체 농가호수의 56.1%나 되었고 1정보 미만을 경작하는 농가호수는 81.5%나 되었다.6) 한편 일제시대의 공업화과정에서도 전남지역은 철저히 소외되어 공업부문에 있어서 상대적 낙후지로 전락할 수밖에 없었다.

다음으로, 전라북도의 면적은 전국의 8.1%에 불과하다. 그러나 논면적은 전국의 13.5%를 차지하고 있어 전남, 경남, 충남, 경기 다음으로 넓다. 전라북도의 인구 역시 전국의 6.1%에 불과하다. 그러나 농업인구는 전국 농업인구의 11.7%에 달한다. 그리고 전국의 농업인구 비율이 30%인 데 비하여 전북의 농업인구 비율은 55%에 이른다. 농업생산량의 비율로 보면 식량작물 생산량은 전국의 13.2%를 차지하며 그 중에서도 쌀 생산량은 전국의 15%를 차지한다. 다만 전라북도는 산업구조의 측면에서 볼 때 1차산업이 차지하는 비율이 높아 공업화에서 낙후되어 발전이 뒤진 곳이 되었다.

이상과 같이 호남지역의 전통적 특징은 무엇보다 한반도 농업생산의 중심지였다는 점이다. 따라서 농업생산이 생산력의 중심이 되었던 전통사회에서 호남은 풍요로운 지역이었다. 그러나 곡창지대로서 호남지역의 특성이 이 지역 주민들의 풍요

---

6) 전국적으로 5반보 미만의 영세농가가 38.4%이고 1정보 미만의 영세농가가 63.3%였다.

로운 생활만을 의미하는 것은 아니었다. 왜냐하면 전통사회의 소유와 분배방식이 국가소유 및 공납제(貢納制)였기 때문이다. 따라서 곡창지대로서 호남지역은 대지주제의 기반과 국가공납의 주요 자원으로 기능하였다. 이러한 상황에서 이 지역은 권력에 의한 노동착취 및 수탈을 가장 많이 받은 지역으로, 그리고 이에 대응하여 민중의 저항과 불만이 가장 심했던 지역으로 설명되기도 한다.[7]

2) 산업화와 호남

1960년대 사적 소유와 공업화를 기반으로 하는 근대화의 진행과 함께 이 지역의 경제환경은 새로운 국면을 맞게 되었다. 그러나 농업자본의 축적계기를 갖지 않았던 한국자본주의의 전개과정 속에서 이 지역의 농업생산력은 자본주의적 동력으로 전화되지 못하였다. 한국의 자본주의화 과정 속에서 자본의 본원적 축적은 국가권력과 상업자본에 의해 주도되었기 때문이다. 또한 어떤 이들은 대지주제가 강했던 호남사회의 전통으로 인해 소지주제와 자영농의 전통이 강했던 지역들에 비해

---

7) 호남지역의 대지주제적 특성은 자영농의 활성화 및 초기 상업세력의 형성을 어렵게 하였다는 지적도 있다. 김광수, "한국정치에서 지역주의: 중심·주변관계의 역사적 전개를 중심으로," 조순승 외, 『전환기의 한국정치』(서울: 박영사, 1989), 538쪽; 조명래, "영호남 갈등의 사적 유물론적 고찰," 한국공간환경연구회 엮음, 『지역불균형연구』(서울: 한울아카데미, 1994), 17-60쪽.

근대적으로 자본주의화에 능동적으로 대처하지 못했던 점도 있다고 지적하기도 한다.8) 그러나 근대적 산업화과정에서 호남의 주변화에 결정적 영향을 미쳤던 것은 경부축 중심의 산업화과정 및 호남에 대한 경계와 배제를 중심으로 한 한국사회의 지배구조였다.9)

서구사회의 경험에서 볼 때, 산업화는 정치·경제적으로 소외되었던 피지배계급을 체제 안으로 통합하고 그것을 위한 메커니즘을 안정적으로 제도화함으로써 정치발전에 기여하였다. 물론 이는 해당 사회의 산업화 정도나 피지배계급의 조직화 여부, 그리고 주요 사회 행위자들의 응집력이나 동맹 패턴에 따라 다양한 형태로 표출되어 왔다. 그러나 이러한 형태의 차이에도 불구하고 절차와 제도의 차원에서 민주주의를 규정한

---

8) 김광수, 위의 글; 조명래, 앞의 글.
9) 여기에서 '경부축 중심의 산업화과정'과 관련하여 미리 밝혀 두고자 하는 것은 서울·대구·부산을 잇는 근대적 산업축은 1930년대 대륙침략을 위해 일본이 조선에 대한 산업투자를 본격화하면서부터 형성되기 시작하였다는 점이다. 다시 말해서 당시 일본은 조선을 식민통치하면서 의도적으로 영·호남간의 경제적 발전격차를 벌려 놓으려고 하지는 않았으며, 경부축 중심의 산업화는 단지 대륙침략과 효율적 착취를 위하여 시행한 정책의 결과였다. 공업 면에서 경인과 영남의 상대적 발전과 호남지역의 저발전은 그 과정에서 생긴 의도치 않은 결과였던 것이다. 김일영, "지역주의의 또다른 배경: 지정학적 요인과 야당 내부적 요인," 한국정치학회, 『지역주의 특별학술회의 발표자료집』(1999. 7. 16), 10-11쪽. 이 글은 경부축 중심의 산업화과정이 박정희정권에 의하여 의도적으로 이루어짐으로써 영·호남간의 경제적 격차가 발생하고 이것이 지역주의의 심화로 연결되고 있다는 데에 초점을 두고 있다.

다면 산업화는 전반적으로 대중정치와 경쟁의 제도화를 촉진하여 왔다고 볼 수 있다.10) 그러나 현실적으로 모든 산업화가 소외되었던 피지배계급을 체제 안으로 통합하는 결과를 낳는 것은 아니다. 한국에서 산업화를 주도했던 박정희정권은 경부축 중심의 산업화를 추진함으로써 지역차별과 경제적 격차 확대를 초래하여 오히려 지역갈등과 대립의 심화를 가져왔던 것이다.

근대화과정이 대체로 그렇듯이 한국에서도 근대적 산업화에 필요한 노동력은 농업부문 종사자로부터 충원되었다. 이 과정에서 풍부한 농업사회적 기반을 가졌던 호남사회는 한국의 산업화에 요구되는 노동력의 주요 공급원이 되었다. 수도권과 부산권으로 이어진 이른바 경부축 중심의 산업화과정 속에서 농업부분으로부터 충원된 이농 및 탈농 인구들은 자연스럽게 이 경부축 지역으로 집중되었다. 이런 가운데 특히 농업인구가 많았고 지역 내의 근대적 산업기반이 취약했던 호남지역은 수도권과 부산권으로 많은 인구를 유출하게 되었다.11) 이 과정에서

---

10) 이에 대해서는 Barrington Moore, Jr., *Social Origins of Dictatorship and Democracy: Lord and Peasant in the Making of the Modern World* (Boston: Beacon Press, 1965), pp.413-483; Gregory M. Lubbert, *Liberalism, Fascism or Social Democracy* (New York: Oxford University Press, 1991), pp.191-233 참조.

11) 인구가 소득이 낮은 지역에서 높은 지역으로 이동해 가는 것은 당연하다. 이러한 지역간 인구이동은 지역발전의 정도와 밀접하게 연관되는데, 인구가 가장 많이 감소한 지역은 바로 전남이다. 문제의 심각성은 이동한 인구의 대부분이 경제활동을 담당하는 젊은 층이라는 점이다. 홍기훈, 『지역주의와 한국정치』(서울: 백산서당, 1996), 128쪽.

인구 구성비의 감소가 초래되었고 1968년부터 최근에 이르기까지는 지역 내 절대인구가 계속 감소하는 양상을 보여주고 있다.12) 그리고 이러한 지역 내 절대인구의 감소는 지역사회에 빈곤의 악순환을 가져다주었다.

호남지역이 아직 농업사회 수준이었던 1943년에 남한 인구의 25%를 차지하였던 이 지역의 인구는 산업화와 함께 1960년대 후반 이래 계속 감소되었다. <표 1>에서 보는 것처럼 1995년 현재 호남지역의 인구는 남한 전체인구의 12%에도 미치지 못한다. 그러나 출생지를 기준으로 본다면 호남출신은 전국 인구의 19.5%에 이른다. 그리고 지역연고가 작동하는 한국 사회 구조에서 호남인으로 간주되는 2세대까지 감안한다면 호남 연고의 인구는 25% 내외가 되리라 추산된다.13)

---

12) 김만흠, 『한국정치의 재인식: 민주주의, 지역주의, 지방자치』(서울: 풀빛, 1997), 219-220쪽.

13) 최근 정부 주요 인사의 지역별 분포를 둘러싸고 인구 기준에 대한 논란이 있었다. 현재 호남거주 인구비율인 12.0%, 출생지 비율인 19.5%, 그리고 사실상 호남출신이 이보다 더 많다는 기준 등이 제시되었다. 그러한 논란 자체가 과연 어떤 의미가 있는지에 대해서도 따질 수 있지만, 거주 인구비를 기준으로 하는 것은 근본적으로 잘못된 것이다. 거주인구를 기준으로 할 경우 정부의 주요 인사 대부분은 서울 거주자이기 때문이다. 출신지 기준은 상대적으로 타당하다고 할 수 있으나, 현재 언론 등에서 정부 주요 인사의 출신지 분류에는 당사자의 출생지가 아니라 부모의 본적에 따라 분류된 것도 있다는 점에서 출신지의 기준이 명확하지 않다. 또 출생지를 출신지로 간주한다고 하더라도 현재의 출생비는 그 동안 인구유출을 많이 한 지역의 경우 상대적으로 낮은 비율을 점하게 된다. 인구유출이 많은 지역일수록 제2세대에 갈수록 출신지 비율은 낮게

<표 1> 지역별 인구구성

권 역	시·도	인 구(명)	구 성 비(%)
수도권	서 울	10,776,201	45.8
	경 기	7,606,715	
	인 천	2,203,102	
중부권	강 원	1,420,602	13.0
	충 북	1,371,593	
	충 남	1,847,344	
	대 전	1,182,932	
호남권	전 북	1,884,064	11.7
	전 남	2,188,915	
	광 주	1,236,312	
영남권	경 북	2,728,811	28.1
	경 남	3,826,928	
	부 산	3,802,319	
	대 구	2,255,805	
기 타	제 주	519,158	1.0
전 국	계	44,850,801	100

* 자료: 통계청, 『한국통계연감』, 1997.

호남지역이 경제적으로 상대적인 저발전 상태에 머물 수밖에 없었던 데에는 해방 이후 농지개혁과 한국전쟁이 하나의 계기로 작용하였다. 해방 이후 농지개혁과 한국전쟁으로 말미

나오기 때문이다. 그러나 현재 한국에서 출신지역의 문제는 자신(특히 제2세대)의 출생지보다 부모의 출신지, 이른바 고향과 관련된 것이고, 또 정부 주요 인사는 전 인구가 아니라 대체로 40대 이상(평균 50대 중반)의 사람들 중에서 충원된다는 점을 감안하여야 한다. 이런 점에서 오늘날 한국의 사회적 관계에서 의미를 갖고 작동되는 호남 출신은 25% 내외로 추정된다. 참고로 현재 55세 정도의 사람들이 출생했던 1943년 당시 호남의 거주인구는 25.0%였다. 남조선 과도입법정부, 『조선통계연감』(1948) 참조.

암아 호남지역에서는 전통적인 경제적 지배계급인 지주가 몰락하고 농민들은 갖가지의 중과세를 통하여 전비와 전후 부흥비를 조달하는 역할을 떠맡았다.14) 특히 한국전쟁은 영남지역을 제외한 여타 지역을 파괴함으로써 경제적 기반을 약화시켰다. 예를 들어 한국전쟁 당시 지역별로 파괴율을 보면 서울 49.1%, 경기와 강원 62.9%, 전북 61.2%, 그리고 전남 62.2%였던 데 비하여 영남지역은 경북 39.7%, 경남 18.7%에 불과하였다.

따라서 파괴율이 낮고 더구나 유일한 피난지로서 모든 인적·물적 자원이 집중된 영남지역을 중심으로 전후의 경제부흥을 도모할 수밖에 없었다. 제3부 제2장에서 구체적으로 설명하겠지만, 1950년대 후반 들어서 수도권의 경제가 다시 회복되면서 수도권과 영남권을 잇는 경부축을 중심으로 산업화가 이루어질 수밖에 없었고,15) 이에 따라 상대적으로 호남지역의 경제는 저발전의 상태에 머물게 되었던 것이다. 이와 같이 경제력의 측면에서 형성된 수도권과 영남, 그리고 호남지역 사이의 비대칭적 관계는 당시의 통계에서 확연히 드러난다. 1960년 지역별 제조업체수와 부가가치 생산액을 보면, 서울·경기가 각각 26.7%, 41.4%, 경상도가 35.4%, 38.4%인 데 비하여 전라도는 17.3%, 9.3%를 차지하는 데 그치고 있다.16)

---

14) 농지개혁과 한국전쟁을 겪으면서 지주계급이 몰락해 가는 것에 대해서는 김일영, "농지개혁, 5·30선거, 그리고 한국전쟁," 『한국과 국제정치』, 제11권 1호(1995) 참조.

15) 조명래, 앞의 글, 48-49, 54-56쪽 참조.

16) 경제기획원, 『광공업 통계조사 보고서』(서울: 경제기획원, 1970) 참조.

〈표 2〉 호남지역의 사회·경제적 주요지표

	지 역 구 분			호남 전체 (구성비)	전국 총계 전국 평균
	광주	전북	전남		
면적(km²)	501	8,046	11,913	20,460 (20.6)	99,313
거주인구(천명)	1,274	2.005	2,198	5,477 (12.0)	45,512
출생인구(천명)	859	3,193	4,496	8,549 (19.5)	43,835
GRP(10억원)	8,103	12,891	18,289	39,283 (11.2)	144,989
1인당GRP(천원)	5,073	4,945	6,107		7,785
취업자 구성(%)	6.1/14.8/ 79.1	29.8/14.8/ 55.4	46.0/11.8/ 42.2		13.6/23.9/ 62.5
농가인구(천명)	48	545	776	1,369(26.5)	5,167
쌀생산량 구성비	0.8	10.6	16.8	28.2	100
광공업체 구성비	1.2(1.6)	2.5(2.6)	3.4(2.7)	7.1(6.9)	100(100)
지방재정 자립도	50.0	30.6	23.6		55.4

* 자료: 통계청, 『한국통계연감』, 1977 ; 통계청, 『지역통계연감』, 1996. 참조.

다른 한편으로 호남지역의 근대적 산업기반의 취약성은 지역 내 생산수준에서도 보인다. <표 2>에서 볼 수 있듯이 1995년 현재 이 지역의 지역총생산액(GRP: gross regional product)은 전국의 11.2%에 불과하다[17]. 이런 가운데 호남지역은 상대적으로

---

17) GRP란 각 행정지역 단위에서 산업별로 얼마만큼의 부가가치(소득)가 발생하였는가를 알려주는 지표로서, 지역경제의 실태를 포괄적으로 파악하도록 해주는 기본적인 경제지표이다. 물론, GRP가 행정지역간의 생활수준의 차이를 정확하게 반영하는 지표는 아닐지

한국사회 농업부분의 4분의 1 이상을 담당하고 있다. 호남지역은 전국 농가인구의 26.5%를 차지하고 있으며, 쌀 생산량의 경우, 전국의 28.2%를 담당하고 있다. 반면 광공업의 경우, 호남지역은 사업체수의 7.1%, 종사자의 6.9% 정도를 점하고 있다. 지방화와 지방자치 시대를 맞아 지역사회의 주체적 발전에서 중요한 자원이 되는 지방재정에서도 그 자립도가 전국의 최하위인 30% 내외에 불과한 실정이다.

 이상과 같은 한국사회의 지역격차는 1960년대 이후 수출주도형 산업화가 지역별로 불균등하게 전개됨에 따라 심화되어 왔다. 그 동안 중앙집중의 체제와 경부축 중심의 경제성장 정책으로 나타난 지역간 불균형구조하에서 호남지역뿐만 아니라 강원도와 충청도지역 등도 대체로 이와 같은 빈곤의 악순환을 경험해 왔다. 그런데 호남의 경우에는 그 동안 사회적 관계에서 나타났던 다른 지역으로부터의 지역적 소외와 차별의식을 중첩적으로 부과받았다는 점이 다른 지역과는 달리 특이한 점이다.

라도, 각 도별 GRP 규모의 연도별 비교를 통하여 지역 간의 발전 격차를 파악할 수 있게 해준다. 주민 1인당 GRP 규모 및 그 변화, 지역별 GRP 규모에 대해서는 이 글의 <표 16>과, 홍기훈, 앞의 책, 131-132쪽 <표 4-4, 5> 및 <그림 4-1, 2> 등 참조.

3. 정치적 배경

　호남사회의 역사적 배경과 사회·경제적 현실은 1970년대 이후 지역주의가 정치적으로 동원되면서 주목을 받게 되었다. 사실 지리적 차원에서의 호남지역은 통일신라 및 고려시대 이래 최근에 이르기까지 지속적으로 중앙 국가권력으로부터 배제되고 소외되어 왔다. 물론 왕권과 신분질서에 기초하였던 전통사회에서는 어느 지역사회든 지방은 중앙의 국가권력에 의한 일방적 통치의 대상이었다. 그런데 특히 호남지역은 통일신라 및 고려로의 통합과정에서 주도세력이 아니라 주변세력의 일부로 흡수되었고, 이후 정치적 대립과정과 맞물려 지역적 편견이 작동되는 가운데 정치적 소외와 주변화를 면하기 어려웠다.
　역사적 상황은 계승되기도 하지만 변화하기도 한다. 시민권과 민주주의 원리에 기반한 근대정치는 한국이라는 민족국가를 새로이 재구성하는 과정이었다. 이런 점에서 한국의 근대정치 및 근대국가의 형성과정은 호남사회의 정치적 위상을 새로이 정립하는 계기가 될 수도 있었다. 그러나 한국의 현대정치 전개과정은 전통시대 호남의 정치적 위상을 현대 정치체제에서도 그대로 재현하였다. 그것은 다름 아닌 호남인에 대한 경계와 차별이라는 지역편견의 구조였으며 이는 지역패권주의적 지배권력의 장기집권으로부터 비롯된 것이었다. 여기에 1980년 광주항쟁의 희생과 좌절은 한국 현대정치사에서 호남의 소외의식과 피해의식을 집단적 정체감으로 이어지게 하는 결정적 계기가 되었다.18) 결국 한국의 현대정치 전개과정은 끊임없이 계속되어 온 호남배제와 지역편견이라는 호남의 정치·사회적 소외상황을 현대 한국사회에서도 구조화시키면서 호남사회의 현실을 역사적인 문제로서 인식하게 만들었다.

1971년 제7대 대통령선거에서 이 지역 출신 정치인 김대중 후보가 등장하면서부터 동원되기 시작하였던 호남사회의 집단적 정치의식은 1980년 광주항쟁을 거치면서 1997년의 제15대 대통령선거에 이르기까지 야당 및 김대중 후보에 대한 절대적 지지로 이어졌다. 이러한 과정을 거치면서 호남사회는 한국 정치구조에서 지배권력에 대한 비판과 저항의 핵심부분으로 자리잡게 되었다.19) 이 점에서 중앙정부를 둘러싼 민주화과정과 지역주의적 동원화는 호남사회의 정치적 위상과 그에 따른 정치의식을 형성하는 중요한 배경이 되었다고 볼 수 있다.

그러나 이에 비해 그 동안 호남 지역사회 내부를 향한 근대적 정치 동원화는 매우 미미했다. 이런 양상은 호남만이 아니라 한국 지역사회 전반의 특성이기도 하다. 한국 현대정치의

---

18) 역사에서 '만약'은 무의미한 것이라 할 수 있으나, "만약 광주항쟁과 같은 유사한 사건이 영남에서 일어났다면 광주에서처럼 시민을 학살하였겠는가?"라는 질문에 대하여 '그렇지 않다'고 생각하는 영남인은 33.4%, 호남인은 63.5%에 달한다. 이는 오늘날의 지역갈등이 얼마나 심각한지를 보여주는 단적인 조사사례이다. 『WIN』, 1996년 7월 참조.

19) 이 점에서 1997년의 제15대 대통령선거에서 김대중 후보가 대통령에 당선되면서 50년 만에 이루어진 여·야 정권교체는 호남사회의 정치적 위상에 새로운 국면을 제공하였다고 볼 수 있다.

역사 자체가 일천할 뿐만 아니라, 강한 중앙집권적 체제하에서 지방자치제와 같은 근대적 정치기제나 정치적 관심들이 지역사회 수준에서 활성화되지 못했기 때문이다. 중앙집권적 성격이 강한 나라들이 대체로 그렇듯이 한국의 근대적 정치 동원화 역시 중앙정치로부터 비롯되었다. 따라서 중앙집권적 권위주의 체제에서, 그리고 이후에도 여전히 한국정치의 쟁점은 중앙 정치권력의 민주화였다. 더구나 중앙 정치권력을 둘러싸고 계속되어 온 지역주의적 정치 동원화는 지역사회 내부의 근대적 정치 동원화를 상대적으로 지체시켰다. 요컨대 중앙 지향적이고 외연적인 정치 동원화 과정에서 내부적인 정치적 동력이 키워질 수 없었던 것이다.

물론 호남사회의 경우 1980년 광주항쟁을 거치면서 어느 지역사회보다도 정치적 활성화가 두드러졌다고 볼 수 있다. 그러나 중앙권력에 대한 비판과 김대중에 대한 집단적 지지로 이어졌던 이러한 정치적 활성화 역시 지역사회 내부의 근대정치화의 자원으로는 이어지지 못했다. 오히려 어떤 면에서는 중앙정치 수준의 동원이 장기화하면서 지역사회 내부의 근대적 동원화가 지체되었던 면도 있었다고 할 수 있다.[20]

이런 가운데 1990년대 들어 지방자치제가 실시되면서 지역사회 내부에 새로운 정치영역이 일정하게 작동하기 시작하였고, 또한 1997년 말 제15대 대통령선거에서 김대중 후보가 대통령에 당선되고 중앙권력의 지역주의적 위상이 바뀌면서 호남사회의 정치적 조건은 새로운 상황을 맞게 된 것이다.

---

20) 김만흠, 앞의 책, 314-321쪽 참조.

제2장 연구의 내용 및 방법

　이 연구의 목적은 1980년대 이후 한국정치의 변동시기에 집권세력에 대한 비판과 김대중에 대한 집단적 지지를 보이면서 주목을 받았던 호남사회의 정치의식 및 정치행태의 지역주의적 동원배경과 그 구조, 그리고 새롭게 대두되는 호남사회 지방정치의 과제를 통해 지역지배구조 형성의 배경을 탐색하는 데 있다.

　그 동안 선거를 통해서 나타났던 집권세력에 대한 비판, 그리고 김대중과 야당에 대한 집단적 지지라는 투표행태는 호남사회 정치의식의 중요한 부분을 구성한다. 오늘날의 근대 대의정치체제에서 일반 국민들의 정치의식이 가장 구체적으로 표현되는 것이 선거에서의 투표라 할 수 있기 때문이다. 그러나 투표행태 자체가 곧 정치의식은 아니며, 정치의식은 주어진 조건에 따라 서로 다른 정치행태로 표출될 수도 있다. 또한 정치의식은 중앙의 정치, 지방의 정치, 생활에서의 정치 등 여러 영역과 수준에서 파악할 수 있다. 따라서 이 연구에서는 투표라는 정치행태뿐 아니라 여러 정치영역과 현상에 대한 태도를 종합하는 한편, 그것이 동원되는 호남사회의 역사적·구조적 배경에 대해 정리하였다.

물론 근대정치의 경험이 일천한 가운데 한국의 정치가 '중앙으로의 소용돌이 정치(politics of the vortex)'로 비유되었듯이,[1] 중앙의 정치과정이 정치영역의 거의 전부로 인식되었던 한국 정치의 현실에서 중앙권력을 둘러싸고 형성된 정치적 태도는 국민의 정치의식 전반에 지대한 영향을 미칠 수밖에 없었다. 특히 이 과정에서 지역주의적 정치동원이 한국의 중앙 정치과정을 지배했다는 점을 감안한다면 지역주의를 매개로 투표행태에서 보여주었던 정부 및 각 정치세력에 대한 태도는 여타 정치의식에도 영향을 미쳤을 것임을 짐작할 수 있다. 예컨대 이른바 TK정권이 지배하고 있을 때에는 정부에 대한 신뢰도나 민주화에 대한 평가가 가장 높은 집단이 대구·경북 출신이었으며, 김영삼정권에서는 부산·경남 출신이었다. 또 그 동안 호남출신의 김대중이 야당을 주도해 온 상황에서 야당에 대한 신뢰와 지지가 상대적으로 높았던 지역은 호남이었다. 그러나 일상생활의 정치문화에서 나타나는 정치의식의 경우에는 지역주의 구도에 따라 나타난 차별성만큼 호남사회가 특별히 지역적 차별성을 보이지 않는 부분들도 있다. 결국 호남사회의 정치의식은 한편으로는 한국의 근대 정치과정에서 형성된 정치의식 및 정치문화의 일반적 특성, 그리고 다른 한편으로는 호남사회의 특수한 조건들, 이 양자간의 상호관계 속에서 이해되

---

1) Gregory Henderson, *Korea: The Politics of the Vortex* (Cambridge: Harvard University Press, 1968) 참조.

어야 할 것이다. 이 부분 연구의 결과는 한국사회에서 호남사회 정치의식의 동질성과 차별성을 가늠하는 자료가 될 것이다.

이 연구의 대상지역인 호남사회도 여러 개인과 집단으로 구성되어 있으며, 특히 행정구역상으로는 전라북도, 전라남도, 광주광역시로 구분되어 있고 이들 사이에 일정한 차이가 존재한다. 그러나 이 연구에서는 호남사회 내부의 개별 단위들의 특성보다는 전반적인 경향을 살펴보았다. 다만 필요한 경우 각 영역별 특성과 차이에 대해서도 분석하였다.

정치행태 및 정치의식에 대한 구체적인 분석에 앞서 제2부 "지역지배구조의 형성배경(1): 지역주의와 호남사회"에서는 한국의 현대정치 전개과정에서 나타난 전통적 의식과 현대의 경험, 그리고 한국정치의 특징 중의 하나인 지역주의의 역사적·정치적 형성과정, 그리고 한국 정치문화의 특성적 배경과 지역주의의 관계에 대한 분석과 함께 호남사회의 정치적 동원화 과정을 고찰하였다.

제3부 "지역지배구조의 형성배경(2): 호남사회의 정치적 환경과 지방정치"에서는 먼저 산업화과정을 중심으로 호남의 사회경제적 환경을 고찰하였다. 그 동안 호남사회의 정치적 동원화와 정치의식의 배경으로 작용했던 '연고주의와 호남차별의 지역감정', '불균등 산업화와 호남의 저발전' 등을 다루었다. 두번째 장에서는 각종 실증 조사자료를 중심으로 호남사회의 정치행태와 정치의식에 대해 분석하였다. 투표행태 및 정당지지 경향, 정치체제 및 정부에 대한 충성심 여부 및 그 정도, 정치영역에 대한 평가, 정치적 효능감, 정치적 이념 및 성향 등을 주요 분석범주로 삼았다. 지역사회 정치에 대한 인식이나

평가 등도 호남사회의 정치의식을 평가하는 항목으로 포함하였다. 이러한 분석을 위하여 기존의 호남사회 연구와 관련된 여러 자료들을 분석을 위한 조사자료로 활용하였지만, 특히 다음의 네 자료를 주로 참조하였다. 1994년 10~12월 서울대 사회과학연구소에서 호남지역 정치행정 엘리트 147명을 포함한 전국의 지역엘리트 816명을 대상으로 지역사회의 정치환경과 정치적 정향에 대해 조사한 "지역사회 민주화와 지방엘리트 연구" 자료, 1995년 3월 세종연구소에서 호남지역 233명을 포함하여 전국의 성인남녀 1,800명을 대상으로 실시한 "1995 국민의식 조사" 자료, 1996년 7~9월 3회에 걸쳐 공보처에서 매회 호남지역 194명 정도를 포함하여 전국의 성인남녀 1,500명을 대상으로 조사한 "한국인의 의식·가치관 조사" 자료, 그리고 제15대 대통령선거 직후인 1997년 12월 말 한국선거연구회에서 호남지역 141명을 포함하여 전국 성인 1,207명을 대상으로 실시한 "15대 대선과 정치의식"에 관한 면접 설문조사 자료 등이 그것이다.[2] 그리고 마지막 장에서는 지방정치 대두의 배경과 현실, 호남사회 내부가 안고 있는 지방정치의 과제, 그리고 정치엘리트 및 권력구조의 현실과 과제를 정리하였다.

결론에서는 본론의 논의를 종합하면서 새로운 시대 호남정

---

[2] 안청시·김만흠, "지역사회 민주화와 삶의 질: 지역간 비교연구," 『사회과학과 정책연구』, 제17권 2호(서울대학교 사회과학연구소, 1995); 세종연구소, 『'95 국민의식조사』(성남: 세종연구소, 1995); 공보처, 『한국인의 의식 및 가치관 조사 — 자료편 — 』(서울: 공보처, 1996); 한국선거연구회, "15대 대선과 정치의식"에 관한 국민의식조사(1997) 참조.

치의 과제를 전망해 보았다. 새로운 시대는 다름 아닌 여·야 정권교체 및 김대중의 집권시대이며 지방자치 확장의 시대를 말한다. 호남사회의 정치적 과제는 앞으로 한국정치의 구도가 어떻게 전개되느냐에 따라 달라지겠지만, 그 동안 지역주의적 중앙권력 투쟁과정에서 방치되었던 지역사회의 민주적 과제를 재조명하면서 실천하는 것이 중요한 과제의 하나로 지적된다. 이런 과제는 호남정치뿐만 아니라 한국 지방정치의 전반적 과제라 하겠다. 이런 점에서 지역주의적 동원과 맞물린 여·야 흑백 대립구도라는 한국 근대정치의 딜레마가 해소되어야 할 현재적 시점에서 향후 한국정치의 구도는 정치세력간의 적대적 대립이 상대적으로 약화된 가운데 다원적 정당체제 및 경쟁구조가 되어야 할 것이라는 점도 제기해 보았다.

제 2 부

지역지배구조의 형성배경(1): 지역주의와 호남사회

제1장 한국인의 정치의식과 지역주의

　인간이 모여 더불어 살고 있는 모든 사회에는 어떤 양상과 형태, 그리고 특징을 갖든 간에 동질적이고 동류적인 의식을 갖는 지역집단이 존재하기 마련이며, 거기에서는 나름대로의 정치의식이 형성된다. 지역성을 근거로 하는 집단의식으로서 지역의식이 형성되는 것이다. 이런 의미에서의 지역의식은 순기능적으로 작용할 때 집단의 성취도뿐만 아니라 전체 사회의 통합에도 기여할 수 있다. 그러나 이러한 지역의식이 다른 지역 집단에 대하여 배타적이거나 편견적인 속성을 간직하게 되는 등 역기능적으로 작용할 때에는 단절과 분열, 그리고 갈등과 대립을 조장하게 된다. 따라서 역사적으로나 현실적으로 지역의식은 보편적으로 나타난다고 보아야 한다. 그런 만큼 지역의식은 어느 한 시대의 유물로 사라질 요소도 아니며 인간 사회가 존재하는 한 지속적으로 발견될 것이다. 따라서 정도의 차이는 있겠지만 지역의식이 존재하는 사회에는 항상 잠재적으로 지역감정이 내재되어 있다고 볼 수 있다. 다만 지역의식이 편견성과 배타성, 그리고 적대성 등 부정적 속성을 지니게 될 때, 그것은 분열과 대립이라는 심각한 사회문제로 전화된다는 것이다.

이 장에서는 한국인들에게서 나타나는 정치의식과 지역의식이 어떠한 역사적 과정에 의하여 형성되었고, 그것이 지역주의, 더 구체적으로는 지역감정으로 변질되었는지를 살펴보고자 한다.1)

---

1) 본 연구에서의 편의를 위하여 지역주의가 정치과정에 동원되면서 등장하게 된 다양한 유사한 용어들 몇 가지를 규정하도록 하자. 우선 지역주의는 자기 지역 중심주의로서, 지역 내부의 단결성과 주체성을 고양시키는 것을 의미하지만 상대적으로 여타의 지역에 대해서는 경쟁이나 배타성을 갖는다. 둘째, 지역감정은 부정적 함의를 포함하는 개념으로서, 타지역에 대해 배타성을 보이는 맹목적 지역의식, 즉 선입견·이질감·위화감 등을 지칭한다. 셋째, 지역할거주의는 지역주의적 정치세력화를 의미하는 것으로, 지역주의적 정치 동원화의 부정적인 측면을 지칭한다. 넷째, 지역패권주의는 특정의 한 지역 또는 지역주의가 전체 국가를 장악하고 주도하는 것을 말한다. 이는 기존의 영남지역 패권을 지칭할 때 사용되었다. 다섯째는 저항적 지역주의로서, 이는 패권적 지역주의 세력과 대항하여 자기 지역의 권익을 지키거나 되찾으려고 하는 지역주의의 한 형태이다.

1. 전통적 의식과 현대의 경험

 정치의식은 정치현상에 대한 가치체계나 내면화된 행위양식으로서 현실의 정치세계에 대한 인식과 평가, 그리고 태도를 지배하며 정치적 행위에 영향을 준다. 이런 정치의식의 총체를 정치문화라 부른다. 따라서 정치의식과 정치문화의 특성에 따라 유사한 정치현실에 대해서도 대응하는 양식이 달라질 수 있다. 그러나 또한 정치현실에 대한 경험은 정치의식을 형성하는 바탕이 되며, 새로운 정치경험은 기존의 정치의식을 변화시킬 수 있다. 정치적 경험의 차이가 정치의식 및 정치문화의 차이를 만들 수도 있다는 것이다. 예컨대 정치권력으로부터 억압받은 경험은 정치권력에 대한 비판의식과 저항의식을 강하게 만들 수 있으며, 그런 경험이 반복되는 가운데 정치적 비판의식과 저항의식이 개인적으로, 그리고 사회적으로 내면화될 수 있다. 반면에 새로운 정치권력에 대한 경험이나 새로운 조건이 나타나면 그러한 정치의식이 바뀔 수 있으며, 또 그것이 장기화되면 정치문화의 변동이 나타나기도 한다.[2]
 이런 점에서 오늘날 한국인의 정치의식은 한국 현대정치의 발생배경이 되었던 전통시대의 정치의식이 현대정치라는 새로

---

 [2] Michael Thompson, Richard Ellis, and Aaron Wildavsky, *Cultural Theory* (Boulder: Westview Press, 1990), pp.69-100 참조.

운 정치과정에 접합하면서 형성되었다. 물론 주민이 일방적 통치의 대상에 불과했던 전통시대의 정치양식에 비해 시민권에 기반한 현대정치는 새로운 정치양식이었다는 점에서, 현대정치의 전개과정과 그 경험은 오늘날 한국사회에 내면화되어 있는 정치의식을 형성하는 데 결정적인 영향을 미쳤을 것이다.

시민권이 보편화되기 이전인 전통시대에 대다수의 주민은 정치체제의 주체가 아니었다. 그들은 통치의 대상이었고 왕 및 통치자들의 백성이었으며 시혜의 대상이었다. 또한 전통사회는 사회적으로는 신분질서의 사회였다. 따라서 정치권력에 대한 충성심이 백성의 의무인 것처럼 간주되었다. 서구 학자들의 개념을 빌린다면, 이들은 신민적(subject) 정치문화가 지배적인 상황 가운데 있었으며 일부는 정치체제에 대한 인식 자체가 미처 형성되지 못한 향리적(parochial) 정치문화 속에 있었다고 할 수 있다.[3]

물론 하나의 정치체제 내에서는 일정한 유형의 문화가 지배하지만, 이들과 구분되는 다양한 문화도 존재하기 마련이다. 기본적으로 인간은 개성적 존재이며, 개인별·신분별로 사람들의 삶의 환경과 조건이 다르기 때문이다. 어느 나라보다도 단일 정치공동체의 역사가 깊고 문화적 동질성이 강했던 한국사회도 예외는 아니다. 예컨대 개인별·집단별로 국가권력에 대한 충성도가 다를 수 있다. 개혁사상이나 반란에서처럼, 신분적 위계질서에 순응만 하는 것이 아니라 현실의 문제에 도

---

[3] Gabriel Almond and Sidney Verba, *The Civic Culture: Attitudes and Democracy in Five Nations* (Princeton: Princeton University Press, 1963), p.12.

전하고 저항하면서 그것을 개혁하려는 가치체계나 문화도 있었다. 여기에서 이들을 구체적으로 정리하기는 어려우나, 영남의 사림파를 중심으로 전개되었던 개혁사상, 조선시대 중·후기의 실학과 개화사상, 전라도 지방을 중심으로 확산되고 계승되었던 선종불교 사상[4] 등은 당시의 지배적인 가치체계와 구분되는 사상들이었다. 또한 서울 및 기호지역과 영남지역이 고려시대 이래 전통적으로 지배엘리트의 지역기반이었으며, 전라도와 평안도는 농민반란 및 중앙권력에 대한 저항이 두드러진 지역이었다는 공간구조적 특성 등은 한국사회라는 단일한 국가체제 내에서도 어느 정도 서로 구분되는 하위문화 체계가 형성되는 구조적 배경이었을 것이다.[5] 그러나 기본적으로 신분질서에 기초한 전통사회에서 이러한 하위문화적 요소들이 반복되는 일상적 정치과정을 통하여 백성들의 정치의식으로 내면화되기는 어려웠다.

그러나 한국의 현대정치는 이런 전통적 가치체계와 문화를 기반으로 하여 이루진 것이라기보다는 서구에서 형성된 현대 정치제도가 급격하게 이식되면서 출발하였다. 이 현대 정치체제의 특징은 무엇보다 일방적 통치의 대상이었던 백성들을 정치의 주체인 시민으로 전환시킨 것이었다. 즉 전통시대와는 근본적으로 다른 정치환경이 주어진 것이다. 이에 따라 한국의

---

4) 김두진, "호남의 사상과 의식의 형성," 최협 엮음, 『호남사회의 이해』(서울: 풀빛, 1996), 35-59쪽; 이해준, "호남지역의 역사와 문화," 최협 엮음, 위의 책, 63-88쪽 참조.

5) 김만흠, 『한국정치의 재인식: 민주주의, 지역주의, 지방자치』(서울: 풀빛, 1997), 137-152쪽.

현대 정치체제하에서 국민들의 정치의식은 전통적인 신민적 정치문화가 현대적인 정치제도에 대응하는 과정 속에서 구축되었으며, 결국 한국 현대정치 50년간의 경험과 그 조건이 국민들의 정치의식 및 정치행태를 규정하는 결정적 변수가 되었다고 할 수 있다.

근대 시민사회적 경험과 기반이 미약한 상태에서 한국의 현대정치는 형식상으로는 시민권에 기반한 현대정치였지만, 문화적으로는 여전히 전통적 백성사회에 기초하고 있었다. 상당 기간 동안 시민들이 정치적 주체였다기보다 정치권력에 의해 일방적으로 동원되는 대상이었다고 볼 수 있다. 대통령이 국민의 투표를 통해 선택된 제도적 통치자였지만, 대통령 자신도 전통시대의 왕처럼 군림했으며 국민 또한 그렇게 받아들이는 경향이 강했다. 제도적으로 민주주의를 표방하였지만 실제로는 '사적 권위주의'체제로 나타났던 이승만정권이 존립할 수 있었던 배경은 바로 이러한 문화적 현실과 무관하지 않다. 마찬가지로 북한에서 주체사상에 기초한 김일성체제의 상대적 안정 역시 사회주의 및 민족주의 이념의 동원성뿐만 아니라 전통적인 백성의식에 힘입은 바 크다고 할 수 있다.

2. 정치의식의 형성 배경

1) 유교문화

한국인의 정치의식 형성에 미친 전통적 요소는 우선 뿌리깊은 유교문화에서 찾을 수 있다. 효(孝)를 중시하는 유교사상은 사회관계를 조직이나 제도로 인식하지 않고 귀속적 인간관계와 사적 유대의 연장으로 파악하도록 하였다. 이러한 전통적 의식의 영향으로 현대 정치과정에서도 한국인들의 정치적 선택은 정책이나 정당의 성격보다는 사적 유대에 의존하는 경향을 보여 왔다. 또한 유교적 전통은 위계적으로 조직된 가부장적 사회를 이상화하였다.

따라서 종적 충성의 규범이 강조되고 반면에 개인주의적 요소는 억제되었다. 그리고 수직적으로 상하가 분절된 위계의 합리화로 인해 장악적 지배와 종속적 복종이 지배적 정치행태로 자리잡게 되었다.

2) 중앙집권적 전통

한국사회의 전통은 고도의 동질성(homogeneity)과 중앙집권성을 특징으로 한다. 한국에서는 일찍이 지방세력이 제거되고 중앙집권적 지배가 긴 기간 동안 지속되어 왔다. 그리고 인구에 비해 영토가 좁고 인종이나, 종교, 언어상 균열과 대립의 자원이 없으며 보편적 가치체계가 지배하였던 한국사회에서는 기득의 이익, 종교적 분리, 기본적인 정책 차이, 그리고 이념적 분화 등에 따른 균열이 발생하지 않았다. 다시 말하면 한국사회는 다양한 대립과 이러한 대립을 반영한 중간집단이 발전하지 못한 동질적 사회로 발전되어 왔던 것이다. 이로 인해 원자화된 개인과 사회조직들은 상호간 수평적 연계를 갖지 못하고 중앙집권적 국가권력이나 엘리트들을 매개로 하여 서로 관련을 맺어 왔다. 이러한 상황 속에서는 지역적 특성이나 중앙과 지방, 엘리트와 대중을 매개하는 중간조직은 독자적인 기능을 수행할 수 없었으며 중앙에 흡수되거나 유명무실하게 되어, 더욱더 중앙의 권력과 위계적 관료조직에 지배당하게 되었다. 성읍이나, 길드, 무역항, 혹은 상인결사가 없었던 한국에서는 지방 수준에서의 전문화와 위계화를 이룰 수 없었다. 중앙집권화와 사회의 동질성이 정치적·경제적·사회적 변화를 수행할 응집력 있고 전문적인 기구의 형성을 저해하였던 것이다.

이처럼 중앙집권화된 사회에서 모든 가치를 중앙권력이 맡게 되었으며 권력기반이나 안정의 자원, 혹은 야망을 만족시킬 수 있는 대체수단 없이 이 중앙권력을 위한 경쟁자의 수가 끊임없이 증가하였다. 특히 높은 동질성은 중앙권력에 대한 사회의 원자화된 의존을 증대시켰으며 대의정치를 위한 기반형성을 지연시켰다. 이러한 환경에서 개인이나 집단은 단일한 목표를 위해 서로 대립하게 된다. 따라서 동질적인 사회에서 이루어지는 권력접근 현상은 타협의 가능성 없이 모두가 다 동일한 방법으로 동일한 목표를 추구하는 적대적 경쟁의 양상을 보이게 된다. 따라서 중앙집권화된 한국사회에서 집단형성은 오직 권력접근을 위한 기회주의적 근거에 의해 이루어졌다. 각 집단들은 구성원의 퍼스낼리티와 권력과의 관계에 의해서만 상호 구별될 뿐이었으며 집단형성은 파벌적인 수준에 머물렀다. 동질적이고 권력에 경도된 사회에는 파벌을 정당으로 발전시키는 쟁점과 이익이 없기 때문이다.

3) 식민통치의 유산과 탈식민의 정치문화

일제 식민통치는 서구의 경우와는 달리 중앙은 물론 지방 수준에서까지 직접지배의 형태를 취하였으며 제한적 자치는 물론이고 자치에 준하는 여하한 정치활동도 허용하지 않았다. 일본인들이 행정과 경찰부문은 물론 산업부문까지 권력을 독점하였으며 모든 정치자원을 완전히 장악했던 것이다. 그 결과 한국인들은 개인 수준이나 집단 수준에서 근대적 민주주의와 의회주의를 경험할 수 있는 기회를 가질 수 없었다. 또한 군국주의에 의한 국가중심의 비민주적 근대화과정은 식민 종식 이후 한국의 정치엘리트로 하여금 권위주의적 효율성을 신봉토록 만들었다.

한편 탈식민 사회의 보편적 현상 중의 하나이기도 하지만, 일제 식민통치는 전통적 권위를 단절시켰으며 법적·합리적 권위의 정당성에 대한 이해를 보편화시키지 못하였다. 따라서 식민통치가 종식된 한국사회에서도 카리스마적 지배가 용인될 수 있는 풍토가 조성되어 있었다.

4) 분단의 정치문화

한국인의 정치의식에 가장 큰 영향을 주어 온 변수 가운데 하나는 남북한의 분단상황이다. 한국전쟁과 남북한의 군사적 대치구조는 전쟁 재발의 위기의식을 한국인의 정치의식에 지속적으로 내면화시켰다. 이 과정에서 안보 지상주의가 합의적 가치로 널리 수용되었을 뿐만 아니라 안보 우선의 명분은 정치적 논쟁에서 초월적 지위를 누렸다. 이러한 안보지상 의식은 전쟁의 경험과 명분으로 내세운 정치적 동원을 용이하게 만들었다. 그리고 이는 또한 안정 선호와 수구적 태도, 순응주의를 확산시켰다.

남북한 분단과 대치는 곧 이념적 대립을 의미하였다. 따라서 분단은 이념의 획일화와 경직화를 초래하였으며 다원주의적 가치관보다는 반공이념에 순응토록 만들었다. 이러한 이념적 성향 속에서 반공의 대의로 내세워진 자유민주주의 이념은 공산주의에 대한 대칭적 범주로서만 그 의미가 제약되었으며 수구적 이데올로기로 그 성격이 왜곡될 수밖에 없었다.

5) 민주주의 수용의 정치문화

민주주의 이념이 한국에 수용되는 계기는 탈식민의 내적 상황과 냉전이라는 외압이 접목되면서 마련되었다. 즉 해방 후 미군정에 의한 한반도의 정치적 처리과정을 통해 미국적 가치가 이입되고 미국의 군사적·정치적 이익이 반영되는 맥락 속에서 그 계기가 마련되었던 것이다. 그리고 당시의 냉전구조와 이 냉전구조가 내면화된 좌·우의 이념적 대립, 그리고 단정수립과 한국전쟁 등 국내적 정황전개 속에서 민주주의 이념은 경직된 반공이데올로기와 동일시되면서 그 배타적 지위를 독점하여 갔다. 다시 말하면 반공이 곧 자유민주주의라는 논리가 지배하면서 민주주의의 부정적이고 대항적인 성격이 굳어져 갔던 것이다. 따라서 민주주의 이념은 비록 보편적 원리로서 거부될 수 없는 지배적 위치를 점하였지만 실제 차원에서는 그 내용이 왜곡되고 형식화될 수밖에 없었다. 그 결과 민주주의의 규범적 가치에 대한 도덕적 신봉과 정권 담당자들의 실제적 관행은 일치될 수 없었으며, 민주주의에 대한 해석과 적용문제는 지속적인 정치적 쟁점의 영역을 이루어 왔던 것이다. 사실상 실질적 민주주의와 정권세력에 의한 민주주의의 형식화 사이의 이와 같은 간극과 이로 인한 정치적 긴장이 바로 한국 현대정치사의 대표적 갈등구조를 이루었다고 볼 수도 있다. 말하자면 한국에서의 자유민주주의는 그 신화적 측면과 현실적 측면이 각각 상반된 모습으로 지속되면서 전체적인 왜곡구조를 이루어 왔던 것이다.

결국 자유민주주의 이념은 구체적인 한국정치와 의미 있는 현실적 연관을 맺지 못한 채 그 실제화가 사실상 집권세력에 의해 저지되어 왔다고 볼 수 있다. 그리고 이와 같은 맥락과 궤를 같이하면서 한국의 정치과정이 때로는 무력화되기도 하고 형식화되기도 하였으며, 또 급기야는 그 핵심이 파괴되기도 하였던 것이다.

선진 자본주의국가의 경우 자본주의 이데올로기는 민주주의 개념을 증진시켜 주었으며 정치적 민주주의는 경제로부터 정치로 투쟁영역을 전환시켜 경제적 갈등과 분쟁을 분산시키는 효과를 발휘하였다고 볼 수 있다. 이와 같이 서구의 경우에서 보는 것처럼 자유민주주의가 지니는 보편적 가치는 사실상 자본주의 경제질서와 현실적으로 연관되었을 때 그 구체적 의미를 부여받을 수 있었다. 그러나 한국의 경우 자유민주주의는 앞서의 지적처럼 헤게모니 도구로서의 독점적 지위를 획득할 수는 있었으나, 그것은 냉전이라는 외압을 배경으로 국가에 의해 창출된 것이었으며, 따라서 자유민주주의의 가치는 실제 정치과정과 의미 있는 연관을 맺을 수 없는 것이었다.

6) 정치적 저항과 좌절

한국의 현대사는 조선조 말 반봉건·반외세 저항운동과 일제 식민지배 시대 반식민 저항운동을 시작으로 반(反)이승만 독재의 4월혁명, 반유신 부마항쟁, 반신군부 집권의 5·18광주항쟁, 6월항쟁 등으로 이어지는 정치적 저항의 역사였다. 그러나 다른 한편, 저항의 역사를 바로 세우고 그 정신을 계승한다는 측면에서는, 한국의 현대사는 이러한 저항이 정권과 기득권세력에 의해 왜곡되고 과거의 청산이 좌절되어 온 실패의 역사였다. 해방 후 일제잔재 청산의 좌절과 친일세력의 득세, 5·16군부쿠데타,

1980년 신군부의 집권 등이 바로 정당한 역사인식과 계승을 저해해 온 계기들이었다. 이러한 저항과 좌절은 바로 한국 정치문화의 독특한 성격을 형성시킨 현대적 경험이었다.

3. 시민의식의 형성과 분화과정

 전통적 백성의식으로부터 주체적 시민의식으로의 전환이 서구에서 절대군주에 대한 저항과 비판 속에서 이루어졌듯이, 한국에서의 시민의식 형성은 현대적 독재권력에 대한 비판과 저항 속에서 이루어졌다. 한국에서의 이러한 비판과 저항의식은 현대적 문물에 대한 경험과 지식을 체득한 세력에 의해 주도되었다. 그리고 이러한 의식은 정치세력 내부에서의 경쟁과 대립에 의해 매개되었다. 정치세력간의 대립은 여러 유형으로 나타날 수 있으나, 한국에서 그것은 집권당과 반대당, 즉 여·야의 대립형태로 나타났다. 물론 여·야 대립은 집권세력과 이에 도전하면서 반대하는 세력간의 대립이다. 그런데 한국정치에서는 여·야간의 정권교체가 이루어지지 않는 상황이 장기간 지속되면서 여당세력과 야당세력은 각기 구별되는 정치적 정향을 지닌 세력으로 인식되게 되었다. 이에 따라 여·야의 구분은 정치적 의식과 행태를 가르는 주요한 축이 되어 왔다. 제1공화국 초기 여·야의 대립은 동질적인 정치세력간의 단순한 정권경쟁으로서의 성격이 강했다. 그러나 집권세력의 비민주성이 심화되고 이들의 장기집권이 지속되는 가운데 야당의 주장 및 투쟁의 목적은 민주주의 이념으로 정착되었다. 이렇게 하여 적어도 1980년대에 이르기까지 정부의 정당성 및 절차적 민주주의의 문제가 여·야 대립의 쟁점이 되어 왔다.

그렇다면 이와 같은 여·야 대립이 한국정치와 정치의식 분화의 축이 될 수 있었던 배경은 무엇인가. 미군정 시기 체제선택을 둘러싸고 전개되었던 정치갈등이 각기 극단적인 이데올로기의 분단체제로 귀결되면서 정치체제의 이념적 선택의 폭이 극히 제한된 가운데 한국의 현대정치는 전개되었다. 분단체제의 이념적 폐쇄성뿐만 아니라 일원적 민족주의와 공공선의 관점에서 바라보는 한국사회의 정치적 전통 속에서 정치세력들의 경쟁은 권력을 둘러싼 단순한 파벌싸움으로서의 성격이 강했다. 물론 집권세력과 차별성을 보이는 개혁적이고 진보적인 정치세력이나 반체제세력이 없었던 것은 아니다. 그러나 이들 세력은 이들을 허용치 않는 체제와 정부에 의한 배제와 한국전쟁의 과정을 거치면서 거의 소멸되어 갔다. 그 대신 정권경쟁으로 출발한 여·야 대립이 점차 민주주의를 쟁점으로 한 갈등으로 전환되어 갔던 것이다.

그리고 이와 같은 여·야 대립과정이 시민사회의 지지와 연계관계를 구축해 가면서 여·야의 성향은 한국사회의 정치의식과 정치행태의 주요한 기준이 되었다. 먼저 야당 및 민주화에 대한 지지는 지식인 및 도시 신중산층 일부로부터 나왔다. 야당과 민주이념을 지지하는 이들 시민들의 정치의식과 행태는 사회·경제적 이해관계에 기반한 것이 아니라 민주주의라는 이념적 가치와 시민의식에서 비롯된 것이었다. 즉 근대화된

세력의 정치의식과 행태가 야당의 기반이 되었던 것이다. 그리하여 여·야 정권교체가 이루어지지 않는 가운데 현실정치에 대한 비판세력이 대체로 야당 성향으로 포괄되어 오다가, 지역주의 구도가 강화되었던 1980년대 후반부터 야당 성향 및 그 핵심 지지기반이 호남사회로부터 나오게 되었다.

반면 여당에 대한 지지세력 중에도 근대적 문물에 대한 경험과 가치에 대한 인식을 가진 사람들이 없었던 것은 아니나, 반공이념을 철저하게 신봉하였던 그들은 보수적인 기득권세력들과 월남한 이북 출신들, 그리고 농촌 거주민 등이 대다수를 차지하고 있었다. 여당 성향의 이념적 기반은 시민권 및 민주주의라는 근대적 가치보다도 반공 보수주의와 전통적 백성의식이었다. 반공 보수주의는 분단체제와 한국전쟁의 경험, 그리고 지배체제의 반공이데올로기 속에서 형성되어 남한사회 이데올로기의 주조를 이루었다. 반공 보수주의의 성향은 월남한 이북 출신과 기득권세력들에게서 더욱 두드러졌다.

백성의식은 자신을 정치의 주체로 생각하지 않거나 못하면서 국가권력에 대한 충성심이 강한 정치의식이다. 신분체제였던 전통사회의 정치구조에 부합하는 정치의식이다. 이러한 전통적 백성의식은 시민권에 기반을 둔 현대 정치체제가 채택되었음에도 불구하고 한국 현대정치의 발생론적 특성 속에서 온존해 왔던 것이다. 근대적 경험이 미약한 집단일수록 이러한 전통적 백성의식이 온존하는 경향은 강하게 나타났다. 이는 윤천주 등 여러 학자들에 의해서 제시되어 왔던 '여촌야도' 현상의 부분적 원인이 되기도 했다.[6] 이와 같은 야당 성향에 대비되는 정치의식과 기득권집단의 정치·경제적 이해관계가 결국 여당 지지의 정치행태로 나타났다고 할 수 있다.

이러한 여·야 대립구조 및 이념은 체제세력 대 반체제세력의 경향을 띠기도 하였으며, 또한 야당의 민주화 주장과는 구분되는 급진적 정치이념 및 세력들이 대두되기도 하였다. 여·야 대립의 정치구조 속에서 야당세력의 활동기반인 의회주의가 침식당하면 당할수록 야당은 반체제적인 성향을 보여주었으며 이에 따라 반체제세력도 확산되었다. 정치적 비판 자체를 허용하지 않았던 1970년대의 유신체제 기간 동안에는 여·야 대립이 사실상 체제세력·반체제세력의 대결양상으로 전개되었다.7) 제5공화국 기간에도 이런 양상은 마찬가지였다. 그런데 유신체제 및 1980년대 전반기 야당세력에 포괄되었던 반체제세력은 1980년대 중·후반부터 독자적인 정치세력으로 성장하면서 야당세력으로부터 분화하여 이른바 재야세력이라는 독립

---

6) 윤천주, 『투표참여와 정치발전』(서울: 서울대학교 출판부, 1986) 참조. '여촌야도' 현상에 대한 종합적 해석 및 관련 문헌에 대해서는 조기숙, "합리적 유권자모델과 한국의 선거분석," 이남영 편, 『한국의 선거①』(서울: 나남, 1993), 401-434쪽 참조. 여촌야도 현상은 한국 선거의 가장 특징적인 면이었으나, 지역주의 투표성향에 의해 상쇄되어 사라지게 되었다. 또한 여촌야도 현상이 약간 남아 있다 하더라도 거주지의 특성에서 오는 차이는 없으며 다만 연령이나 교육수준의 차이에 기인한다. 이러한 논의에 대해서는 박찬욱, "14대 대선의 승인과 패인," 고려대학교 노동문제연구소 주최 학술포럼 발표논문(1993); 이갑윤, "투표행태와 민주화," 김광웅 편, 『한국의 선거정치학』(서울: 나남, 1990) 참조.

7) 백운선, "체제세력·반체제세력과 한국정치," 『한국정치학회보』, 제22집 3호(1988), 117-124쪽.

된 정치세력을 형성하였다. 이때부터 일정기간 동안 여·야·재야라는 세 축이 한국정치의 이념구조를 지배하기도 했다.
 그런데 지난 1990년 기존의 여·야를 포함한 '3당합당,' 집권세력과 유착관계에 있었다고 볼 수 있는 정주영의 야당(국민당)화, 과거 야당세력(김영삼 및 민주계)이 주도한 통합여당 민자당의 정권 재장악, 그리고 민간정부의 등장으로 인한 상대적 민주화의 진전 등 일련의 과정을 거치면서 기존 여·야관계의 이미지와 유권자들의 여·야 일체감이 상당부분 약화되었다.[8] 그리고 지역균열이라는 정치적 갈등구조는 기존의 여·야 대립구조를 사실상 완전히 대체하였다. 지역주의 구도가 전통적 여·야 성향에 따른 정치의식을 압도하는 변수가 되었던 것이다. 그러다가 1997년의 대통령선거를 통해 현대정치 50년 만에 여·야 정권교체가 이루어짐으로써 전통적인 여와 야의 개념은 완전히 새로운 국면을 맞게 되었다.

4. 정치의식 형성의 특징과 지역주의

 한국의 지역주의는 정치의식의 한 표현이다. 그리고 정치의식 및 행태는 결국 개인의 성향과 선택에 따라 결정된다. 하지

---

[8] 전통적 여·야 성향이 지난 제14대 대선의 투표행태에서 어떤 변화를 보여주었는가에 대해서는 조중빈, "유권자의 여야성향과 투표행태," 이남영 편, 앞의 책, 49-65쪽 참조.

만 한국의 현대정치 과정 속에서 형성되고 표출된 한국인의 정치의식 및 행태는 전통적 백성의식으로부터 근대적 시민의식으로의 전화과정, 집권세력의 성격 및 그에 대한 인식, 지역주의 구도, 정치이념 및 이데올로기 운동, 그리고 이들과 맞물려 있는 한국사회의 구조 등에 의해 규정되었다고 하겠다. 물론 이런 요소들은 고정적인 것이 아니고 동태적인 것이다. 따라서 어떤 요소는 상황적 조건에 따라 나타나면서 그 동안의 과정 속에서 변화해 왔고, 또 어떤 요소는 동일한 형태가 지속적으로 유지되면서 구조화된 정치문화로 자리하기까지 하였다. 지역주의와의 연관 속에서 이것들을 정리해 보면 다음과 같다.

1) 시민의식과 저항운동

현대정치의 출발 시기에 지배적인 한국의 정치문화였던 백성의식으로부터 근대적 시민사회 문화로 이행하는 데는 근대적 가치체계를 체득한 지식인 및 도시 신중간층의 역할이 주도적이었다. 그리고 이들의 정치의식은 야당에 대한 지지로 나타났다. 이와 같은 근대적 시민의식은 산업화의 효과와 현대정치에 대한 경험과 함께 확산되었다. 특히 집권세력의 권력에 의한 부당한 억압은 그것에 대한 경험과 저항을 통해 상대적으로 시민의 정치적 주체의식과 민주적 권리의식을 성장시키는 계기가 되었다. 근대적 시민문화의 형성과 성장은 기존의 지배체제에 저항하고 반대했던 민주화운동을 전개하는 과정에서 이루어졌다. 이 때문에 혹자는 한국의 시민사회가 1970년대 후반에 이르러 정부에 대한 비판의식을 핵심으로 하는 정치적 주체의식을 갖는 수준으로 성장한 것으로 보기도 한다.9)

한국사회에서 집권세력에 대한 시민의 주체적 비판의식이 결정적으로 성장한 계기는 1980년의 광주항쟁이었다. 그리고 이러한 시민의식이 정치적 저항의 형태로 폭발한 것은 1980년대 후반 한국 민주화운동의 분수령이었던 1987년 '6월항쟁'이었다.10) 그리고 6월항쟁 이후에는 단순히 정치의식의 근대성 여부보다는 지역주의 구도와 사회적 이해관계가 정치행태를 규정하는 변수가 되었다.

2) 권위주의정권과 연고주의 지지기반

정치행태를 결정하는 가장 핵심적인 변수라 할 수 있는 집권세력의 성격은 제1공화국에서부터 제6공화국의 노태우정권에 이르기까지 비민주적인 권위주의정권이라는 점에서 유사하였다. 따라서 민주화를 요구하는 정치행태는 야당 및 야권에 대한 지지로 이어졌으며, 4월혁명, 부마항쟁, 광주항쟁, 6월항

---

9) 장달중, "한국정치의 사회적 기원과 민주주의의 과제," 구범모 편저, 『2000년대와 한국의 선택』(성남: 한국정신문화연구원, 1992), 85쪽.

10) 장달중 교수는 한국 시민사회의 변화과정을 산업화의 과정 및 단계와 연관지어 설명하면서 "중화학공업의 단계로 접어든 1970년대 중반부터 지금까지 개별적이거나 단순한 권력압제에 대한 저항운동이 시민반란의 형태로 나타나기 시작했다"고 말하고 있다. 위의 글, 84쪽.

쟁 등의 민주화 시위로 나타났다. 반면에 민주적인 정통성과 정당성이 취약한 정권이 집권하게 되면서부터 자기보호를 위해 일차적 사회관계인 연고주의에 입각한 정치·행정관료의 대대적인 충원이 행하여졌다. 이 과정에서 인사정책에 균형이 깨지면서 소외지역 주민들에게는 상대적 박탈감이 강화되었으며 지역감정이 자극되고 유발되었던 것이다.

그런데 박정희정권, 전두환정권, 노태우정권, 나아가 김영삼정권은 영남지역을 지지기반으로 하는 정권이었다는 점에서 또 다른 공통된 특징을 보여주었다.11) 따라서 이 시기에는 집권세력과 지역의 관계가 정치행태를 결정하는 중요한 변수가 되었다. 그리고 이러한 지역주의가 강화되고 심화될수록 비호남 지역의 민주의식은 집권세력에 대한 비판으로부터 이탈하여 오히려 집권세력의 지지기반이 되었던 것이다.

3) 지역주의 동원과 지역연고 투표행태

박정희정권 시기에 나타나기 시작하였던 지역주의적 정치

---

11) 예를 들어 권력의 정당성과 정권의 정통성이 취약한 전두환정권의 신군부 집권세력은 그들과 신임을 같이할 수 있는 지역성이라는 충원요소에 의존하였고, 군부의 지지세력 기반이 부족하였으므로 그들의 출신지역 배경이 되는 경상도라는 지역적 요소와 결합하였다. 전두환정권 시기 동안 장관급 이상 행정엘리트는 영남 41.2%, 호남 11.8%였다. 노병만, "지역할거주의 정치구조의 형성과 그 원인 분석: 지역감정·지역갈등 개념을 중심으로," 『한국정치학회보』, 제32집 1호(1988년 봄), 72쪽.

동원화 현상과 이로 인한 정치의식의 변화는 1987년의 제13대 대통령선거에서부터 1997년의 제15대 대통령선거에 이르기까지의 투표행태에 결정적인 변수로 작용하였다.12) 지역주의적 투표는 단순히 자신의 출신지역 정치세력에 대한 지지만이 아니라 호남에 대한 부정적 편견 및 배제를 동반하였다.13) 이런 가운데 상대적으로 호남지역 주민은 김대중에 대한 압도적 지지를 나타내면서 결과적으로 호남은 집권세력에 대한 비판과 저항의 중심지역이 되었다. 물론 자신의 출신지역 정치세력에 대한 우선적 지지로 나타났던 지역연고 투표는 지연이 사회적 관계에서 중요한 연줄망으로 작용하고 있는 한국적 현실을 반영한 것이기도 하다.14) 그러나 이 현상은 박정희정권 이후의

---

12) 제14대 대선의 경우 지역주의가 외면적으로 두드러지게 나타나지는 않았으나, 당시 당선자인 김영삼 후보와 김대중 후보간의 유효득표수의 차이는 1,935,956표로 김영삼 후보가 영남지역에서 얻은 득표수 4,747,184표와 김대중 후보가 호남지역에서 얻은 득표수 2,814,226표의 차이와 거의 일치하고 있다. 이 점에서 선거가 지역분할체제의 강화로 나타났음을 알 수 있다. 또한 당시 지역주의적 성향의 특징 중의 하나는 기존의 선거와는 달리 지역갈등 구도의 우위 속에서 '비민자, 반민주'(민자당은 싫지만 DJ의 민주당은 더 싫다는 것)라는 것이었다. 이에 대해서는 문병주, 『국가·정치사회·시민사회: 한국 민주주의의 이행과 공고화』(서울: 도서출판 양지, 1999), 261-262쪽 참조.
13) 물론 1997년 제15대 대선에서는 이른바 'DJP'연합으로 호남고립의 구도는 일정하게 파괴되었다.
14) 여기에서 특정지역의 유권자들이 그 지역 출신의 지도자가 있는 정당(즉 지역연고 정당)에 대해 압도적 지지를 보이는 현상을 지역주의라고 한다면, 연고지역을 출신지로 한정하느냐 또는 거주지를

집권세력에 의해 재생산되고 더욱 확대되었던 것이다.

호남배제는 전통사회 정치세력간의 갈등과정에서 형성되었던 호남에 대한 편견이 근대화과정을 거치고 집권세력의 지역주의적 전략에 의해 동원되면서 한국사회의 문화로까지 자리했다고 할 수 있다. 반면 호남배제의 권위주의정권이 지속되는 가운데 호남의 지역주의는 호남의 역사적 주변성, 호남의 정치·경제적 소외, 사회적 관계에서의 호남인에 대한 차별, 그리고 광주항쟁의 희생과 좌절 등과 맞물리면서 역사성을 갖는 지역적 정치의식으로 확대되어 갔다. 호남의 이런 정치의식은 호남출신의 정치인이 야당세력의 중심이 된 상황에서 집권세력에 대한 비판과 저항, 그리고 정치의 민주화를 요구하는 정치행태로 나타났고, 실제로 한국사회의 민주화에 많은 기여를 하였다. 그러나 과연 호남인들이 여타 지역 주민들에 비해 민주주의적 정치의식을 내면적 가치체계로 더 생활화하고 있는가에 대해서는 답하기가 쉽지 않다. 이에 대해서는 뒤에서 실증자료와 함께 살펴볼 것이다.

포함해야 하느냐의 문제가 발생한다. 지역연고를 출신지로 한정할 경우 지역주의는 유권자가 어디에 살든지 간에 자신의 출신지 정당에 대한 지지태도를 나타낸다. 그러나 현실적으로 생활터전인 거주지역도 연고지역일 수밖에 없다. 최한수, "6·27지방선거의 평가: 정당지지 및 지역주의실태," 『한국정치학회보』, 제29집 3호(1995), 142-143쪽 참조.

4) 정치의식과 이데올로기

정치현실에 대한 인식과 이에 따른 정치행태는 정치엘리트 및 지식인들의 정치운동에 의해 표출되고 동원되는 정치이념에 의해 영향을 받는바, 한국의 정치발전 과정에서 동력이 되었던 핵심적인 정치이념 및 이데올로기는 민주주의였다. 물론 이 시기 민주주의 이념은 국가공동체의 구체적인 구성원리에 대한 것은 아니었고, 독재정권을 반대하고 선거정치의 절차적 민주주주의를 달성하자는 것이었다. 따라서 군부 권위주의정권이 사라진 이후 민주주의 정치이념은 상대적으로 그 호소력을 잃었다. 민주주의 정치이념에 대응했던 반공논리의 경우 아직도 남북 분단상황에서 일정한 힘을 발휘하고 있지만, 인구구성상 전후세대가 증가하고 반공논리의 집중적 표적이 되었던 김대중이 제15대 대통령에 당선되는 과정을 거치면서 민주주의의 원리를 저지하는 명분으로서의 힘은 더욱 줄어들고 있다고 볼 수 있다.

다른 한편, 민주화운동 과정에서 학생운동 세력을 중심으로 민중주의나 마르크스주의 등이 정치운동의 이념으로 제기되기도 하였다.15) 이 급진이념 세력은 한국의 민주화운동 과정에서

---

15) 1980년대 들어 학생운동은 조직화와 이념논쟁을 활발하게 전개하였다. 1984년 3월 이후 조직적인 저항운동의 필요성을 인식하게 된 학생운동권은 동년 후반기 전국 42개 대학이 참여하는 '전국학생총연맹'(전학련)을 결성하여 사회민주화를 위한 투쟁을 전개하였다.

가장 전투적인 역할을 하였고, 주요 정치변동기 때마다 일정한 변수가 되었으나 일반대중의 긍정적인 동조를 얻어내지는 못하였다. 더구나 1980년대 후반에 가장 두드러졌던 급진이념은 이후 사회주의권의 몰락과 마르크스주의의 몰락이라는 세계사적 추세, 그리고 군부 권위주의정권의 퇴조와 민주화의 상대적 진전 등 국내정치 상황 속에서 대중적 정치이념으로서는 그 힘을 사실상 상실하였다.

이런 가운데 1990년대 들어 참여민주주의, 환경운동 등이 새로운 요소로 등장했으나, 현재까지는 대중 수준에서의 광범한 정치이념으로 뚜렷하게 자리하지는 못한 상태라고 하겠다. 제15대 대통령에 당선된 김대중은 경제발전과 더불어 민주주의를 국가운용의 핵심적 과제로 제기하여 주목을 끌고 있기도 하지만, 아직 군부정권하에서 제기되었던 민주주의 이상의 논리가 구체화되고 있지는 않는 상태이다.

5) 정치권력과 사회구조

한국의 정치적 지역주의는 사회적 관계에서 존재하는 지역연고주의적 특징, 호남에 대한 차별과 경계라는 문화적 요소, 지역간 사회·경제적 불균형과 차별구조 등의 전체 사회구조

또한 학생운동은 이른바 'CNP논쟁'으로 일컬어지는 민주변혁논쟁, 즉 시민민주혁명론, 민족민주혁명론, 그리고 민중민주주의혁명론 등으로 최초로 체계화된 이념 지향적 성향을 갖기 시작하였다. 이에 대해서는 문병주, 앞의 책, 170-172쪽 참조.

를 반영하고 있다. 정치권력은 한편으로 사회구조를 반영하면서 다른 한편으로는 그것을 재구조화한다. 사회구조나 정치권력 모두 서로 다른 관점에서 규정될 수 있다. 이 중에서 어떤 사회구조가 정치과정에서 두드러지고, 또 정치권력의 어떤 성격이 두드러지느냐는 앞서 살펴본 여러 정치동원 메커니즘이 매개되는 가운데 사회구조와 정치권력의 상호작용을 통해 결정된다.16) 사회구조와 정치권력의 상호작용 과정에서 정치사회의 집단별 차별성이나 갈등현상이 주목을 받게 된다. 이런 차별성을 형성하는 변수들은 크게 문화적 차별구조, 신분 및 계급 등 사회·경제적 차별구조, 정치이념, 그리고 정책 및 정치적 쟁점들로 범주화된다. 물론 현실적으로 이들 각 요소들은 배타적으로 존재하는 것이 아니고 서로 중복되는 경우가 대부분이다.17)

한국의 현대정치 초기에는 농촌지역을 중심으로 집권세력을 보편적 국가권력으로 간주하여 충성의 대상으로 삼는 경향이 지배하는 가운데, 지식인과 도시 신중산층을 중심으로 집권세력의 비민주성에 대한 비판세력이 등장하였다. 즉 여촌야도 현상으로 표현되는 농촌과 도시의 정치의식 차이가 일정하게 존재했다.18) 그러다가 1980년대 후반 이후 지역주의적 균열이 한

---

16) 김만흠, 앞의 책, 36쪽 참조.
17) Robert A. Dahl, "Some Explanation," Robert A. Dahl (ed), *Political Oppositions in Western Democracies* (New Haven: Yale University Press, 1966), pp.348-386 참조.
18) 물론 1980년대에도 여촌야도 현상은 나타났다. 그 예로 제13대 국회의원 선거의 경우를 볼 때, 정당 지지율에 있어서 여당은 농촌에

국정치의 핵심적 균열구조로 등장하였다.

　이러한 지역주의적 균열이 정치과정에 두드러지게 부각되게 된 데는 한국정치의 몇 가지 특징적인 경향이 배경으로 작용하였다. 여기에는 분파적·계급적 이익보다는 민족공동체라는 공공선의 관점에서 정치를 보는 한국정치의 전통, 시민사회의 차별적 동원이 없었던 한국정치의 발생론적 특성, 그리고 분단체제의 이데올로기적 폐쇄성 속에서 사회적 균열요소가 쉽게 동원되기 어려운 가운데 박정희정권으로부터 김영삼정권에 이르기까지 상대적으로 두드러졌던 지배권력의 지역주의적 성격 등이 포함된다. 결국 이와 같은 지역주의적 정치의식 및 행태는 사회구조, 정치권력의 속성, 정치적 동원구조 등이 상호 작용하여 나타난 것이다.

　그런데 제15대 대통령선거의 과정과 결과는 그 동안의 지역주의적 동원구조를 일정하게 파괴하였으며, 만일 앞으로 지방자치가 활성화된다면 그것은 중앙정치를 둘러싼 지역주의적 동원구조에 새로운 영향을 미칠 것이다. 물론 박정희정권 이후

서 야당은 도시에서 지지를 많이 받는 여촌야도 현상이 일정하게 나타났다. 다만 여촌야도 현상은 두 가지의 사실에 주의해야 한다. 하나는 여촌야도가 여당이 도시보다 농촌에서 더 많은 지지를 받는다는 것이지 과반수의 지지를 받는다는 것을 의미하지는 않는다는 것이다. 다른 하나는 도시인과 농촌인의 교육수준과 연령, 직업과 수입 등 사회·경제적 요인에 의하여 정당 지지도가 달라지는데, 이 중 교육수준과 연령이 가장 큰 영향을 미친다는 점이다. 이에 대한 경험적 조사는 이갑윤, "제13대 국회의원 선거에서의 투표행태와 민주화," 김호진 외, 『한국의 민주화: 과제와 전망』(서울: 경남대 극동문제연구소, 1989), 16-20쪽 참조.

30~40년간 과거의 역사적 자원까지 환원적으로 동원되면서 구축되어 온 지역주의적 정치행태는 일정한 정치문화로까지 자리하게 되었다고 볼 수 있다. 그러나 정치권력이 사회구조적 편재를 주도해 왔던 한국정치의 현실을 감안한다면,19) 정치권력 구조의 변화가 지역주의 구도 및 그에 따른 정치행태에 커다란 영향을 미치지 않을 수 없을 것이다.

5. 지역주의의 역사적·정치적 형성과정

한국사회에서 지역주의는 언제 어떠한 역사적 과정을 거쳐 형성되었으며, 현대 한국정치에 있어서 어떤 특성을 보이고 있는가?

오늘날 우리가 살고 있는 한국사회에서는 지역갈등의 객관적 요인들이 심리적 긴장이나 대립을 넘어서 정치·경제·사회·문화 등의 모든 분야에 깊은 뿌리를 내리고 있다. 동시에 지역주의적 감정은 시민사회 구성원들의 의식 속에 각인되어 있어 그 극복 또한 쉽지 않은 상황에 이르렀다.20) 어느 국가

---

19) 이갑윤, 『한국의 선거와 지역주의』(서울: 오름, 1998), 6쪽.
20) 이 점에서 지역갈등의 문제를 다룰 때에 '지역에 기초한 시민사회'(territorially-based civil society) 또는 지역적 시민사회의 속성을 파악하여야 한다. 왜냐하면 개인으로서의 지역주민은 지역적 시민사회가 창출하는 주도적 담론(hegemonic discourse)과정에 적극적으로

또는 어느 사회를 막론하고 지역주의적 갈등과 대립이 없는 경우는 없겠으나,[21] 한국의 경우 그것이 개인적 차원이 아닌 집단과 지역의 차원에서, 그리고 '갈등'의 차원을 넘어 '감정'의 단계에까지 이르렀다는 데서 사회적으로나 국가적으로 엄청난 역기능을 발휘하고 있는 것이 문제이다.

1) 지역주의의 역사적 배경

우선 지역주의가 영·호남간의 지역감정으로 대립하고 갈등을 유발하게 된 역사적 배경이 있는지 살펴보도록 하자.[22] 백

가담하여 이를 창출하며 동시에 그렇게 형성된 담론에 의하여 영향을 받기 때문이다. 이러한 입장에 대해서는 강명구, "선거와 지역갈등: 구조화과정과 지역적 시민사회," 『한국정치학회보』, 제27집 2호(상)(1993), 77-98쪽 참조.

21) 서구의 지역주의는 그 나라마다 원인과 양태를 달리하지만, 이들 국가에서는 인종·언어·종교 등 인위적으로 극복하기 어려운 문제들 때문에 비롯되고 있다. 프랑스·독일·미국, 그리고 일본에서의 지역주의에 대한 개관은 홍기훈, 『지역주의와 한국정치』(서울: 백산서당, 1996), 215-219쪽 참조.

22) 지역주의의 형성과 그 원인에 대해서는 현재까지 역사적 잔재, 정치·경제적 차별, 그리고 인위적 동원 등 세 범주에서 논의되고 있다. 첫째, 지역주의가 고려 초 '훈요십조'로까지 거슬러 올라간다는 역사적 고정관념 또는 편견의 잔재로 보는 견해로는 고흥화, 『자료로 엮은 한국인의 지역감정』(서울: 성원사, 1989), 67-102쪽; 남영신, 『지역패권주의 연구』(서울: 학민사, 1992), 65-124쪽을 참조할 수 있다. 둘째, 지역주의적 성격을 지닌 특정 정치세력이 엘리트 충원이

제를 멸망시켰던 신라는 671년 사비에 소부리주를 설치함으로써 백제지역과 유민들을 직접 지배하기에 이르렀으며, 백제지역을 지방 통치체제로 편제하고 군부대를 배치하는 등의 정책을 시행하였다. 신라는 백제지역을 효과적으로 다스리고 민심을 수습하기 위하여 백제 유민들에게 일정한 대우를 보장하는 관등을 부여하였다. 관등 수여 대상자의 폭이 좁았다거나 고구려 유민들에게 부여된 관등과의 차이에서 볼 때는 약간의 차별적인 모습을 보이기도 하였으나, 제도적인 차원에서 백제지역을 차별하지는 않았다.

한편 고려시대에는 오늘날의 지역감정의 근거로 제시되는 '훈요십조'가 있기는 하였으나,23) 문물제도가 정비된 성종 이

나 경제개발 면에서 의도적으로 불평등을 조장함으로써 지역주의를 키웠다는 주장에 대해서는 황태연, 『지역패권의 나라』(서울: 무당미디어, 1997), 42-51, 64-77쪽을 참조할 수 있다. 이는 지역주의 문제를 비판이론적 시각에서 접근하는 입장으로서, "호남문제는 계급·계층문제와 중첩되어 있다"고 보면서 지역주의를 경제적 갈등의 또 다른 표현으로 이해하고, 영남의 패권적 지역주의와 호남의 저항적 지역주의로 구분하는 영·호남간의 비대칭성에 주목하고 있다. 셋째, 앞서의 정치·경제적 차별이 특정의 시기에 특정 정치세력에 의하여 정치적 자원으로 의도적으로 동원되었기 때문이라는 견해이다. 이에 대해서는 김일영, "지역주의의 또다른 배경: 지정학적 요인과 야당 내부적 요인," 한국정치학회 지역주의특별학술회의 발표자료집(1999. 7. 16), 1-3쪽 참조. 이 글에서는 이 세 가지 요인을 복합적으로 정리하고 평가할 것이다.

23) 예를 들어 '훈요십조' 가운데 제8조 후백제인 불등용 내용을 들어 오늘날 지역감정의 근거로 제시하고는 있으나, 태조 당대의 인물로서 왕의 측근이었던 영암 출신의 최지몽, 그리고 태조의 두번째 부

후 지방제도는 편재상 주·현을 중심으로 한 영속관계를 통하여 중앙정부가 직접 장악하였으므로 광역의 지방감정이 생길 여지가 없었다. 그리고 지배층의 배출도 고려시대 중기까지 지역적 균형을 이루고 있었다. 다만 고려시대 말기 몽고 침입 이후 지배층이 경상도 지역으로 집중 유입된 현상에서 이 지역의 성관 진출이 많았을 뿐이다.

고려시대 말기의 정치사회적 모순을 극복하고 개창되었던 조선시대에 지역주의가 있기는 하였지만, 그 시대의 사회구조는 중앙집권세력과 지방 향촌세력간의, 즉 지배층만의 대응관계였다.24) 따라서 지방과 지방간의 대립이나 갈등양상은 구체적으로 찾아지지 않을 뿐만 아니라 성립될 수도 없었다. 우선 조선시대 전기의 경우 관료선발 체제인 '과거'의 최초 단계였던 생원이나 진사시험 합격자가 지역별로 편중되지 않았으며,

---

인이면서 혜종의 모후였던 장화황후가 나주 출신임을 감안하면 그렇게 볼 수 있을지 의문이다. 그럼에도 불구하고 학계에서는 왕건이 남긴 '훈요십조'를 특정지역 배제의 첫 공식기록으로 꼽는다. 신복룡, "한국의 지역감정의 역사적 배경: 호남 phobia를 중심으로," 『한국정치사상사』(서울: 나남, 1997), 372-386쪽; 남영신, 앞의 책, 65-124쪽 참조.

24) 조선시대 법제의 근간이었던 『經國大典』이나 『續大典』에서는 인사에 있어서 지역별 차별과 제한을 가하는 조항이 있었는데, 그것은 서북과 개성 사람들의 등용을 제한하라는 내용이었다. 고흥화, 앞의 책, 54쪽. 이와 같이 조선시대의 지역차별은 관서 및 관북지방에 대한 것이었으며 이에 비하면 호남에 대한 차별은 그다지 크지 않았다. 뿐만 아니라 조선시대 지역주의의 핵심은 중앙과 지방의 갈등이었다. 김일영, 앞의 글, 5-6쪽.

정종 이후 중앙정계에 진출하였던 사림파 인물의 출신지역이 전국적 분포를 보인다는 점에서 그러하다.

그리고 조선시대 후기의 정치세력인 붕당은 지역적 속성을 어느 정도 지킬 수밖에 없었으므로 전라도와 경상도 사이의 대립이나 갈등이라고는 할 수 없지만, 지역과 지역 사이의 붕당의 차이로 인한 대립이나 갈등이 있었음을 상정해 볼 수도 있다. 그러나 인재등용의 차원에서 볼 때, 인조반정 이후 거의 전기간을 서인이 정권을 장악하였기 때문에 경상도 지역이 오히려 전라도 지역보다 과거 등용에 있어서는 열세에 있었다. 이는 당시 정치사회적으로 중앙집권적 성격이 강하여 지방은 중앙정부의 운영을 위한 보조적인 수단에 지나지 않았음에 기인하는 것이다. 다른 한편으로 조선시대 민란의 경우에도 지방차별에 대한 반발이 아니라, 당시 세도정치로 인한 삼정의 문란과 지배층의 가혹한 경제적 수탈에 기인하는 것이었다.[25]

이와 같이 한국사의 진전과정에서 지배층의 정치적 입장 차이로 인하여 지역 사이의 대립이 있기는 하였지만, 그것은 어디까지나 극히 일시적이고 지엽적인 현상일 뿐이었다. 즉 그러한 대립은 지배층의 이익을 보호하는 중앙집권적인 지배체제로 인한 대립이나 갈등이었지 지역간의 대립이 아니었으며, 더구나 한 지역이 소외되었다 하더라도 그것은 지배층의 이해관계를 반영하였을 뿐 기층민간의 불협화음으로까지 확산되지는

---

[25] 신복룡 교수는 갑오동학농민혁명의 연구에서 "지배층의 농민수탈 과정에서 최대 곡창지역인 호남이 가장 큰 희생자였고, 이에 대한 항거로 인하여 유교와 양반사회에 반체제세력으로 인식되었다"고 설명하고 있다. 신복룡, 앞의 글 참조.

않았다.

역사적으로 한국사회에서 지역갈등이나 지역감정은 정치적으로는 영남과 서울·기호, 그리고 정치·사회적으로는 호남과 서울·기호간의 관계가 그 중심이었던 것이다. 조선시대에 있어서의 당파성을 지역감정이나 지역갈등이라는 측면에서 논의한다면, 영·호남간의 관계는 중앙으로부터 다 같이 박해를 받은 동병상련 내지는 상호 화합관계일 뿐 상호 갈등관계로는 볼 수 없다.26) 또한 지역주의, 구체적으로 지역차별은 해방 후의 한국정치 풍토에서, 적어도 이승만정권의 12년과 4월혁명 후의 민주당정권 1년 동안에는 정당이나 정치집단의 인적 구성에서 영남출신과 호남출신의 구분이 없었다.27)

한국사회는 오랫동안 단일한 인종구성, 단일한 언어, 그리고 문화적·지역적 동질성을 누려 왔다. 정치적으로는 강력한 중앙집권적 관료제가 오래 전부터 정착되어 통합적인 통치체제가 유지되어 왔다. 일제의 식민지배하에서도 단일세력, 단일체계에 의한 획일적 통치를 경험하였으며 해방 후에도 강력한 중앙집권적 체제를 발전시켜 왔다. 그리고 이념적 차원에서도 전통적으로 단일한 통치이데올로기가 배타적 지배의 위치를 점해 왔으며, 특히 해방 이후 현대정치의 진전과정에서는 분단이라는 특수상황과 맞물려 있는 이념적 단순화와 획일화의 구도를 발견할 수 있다.

그렇다면 과연 한국사회에서의 지역, 구체적으로 영·호남지

---

26) 이와 같은 논의는 홍기훈, 앞의 책, 241-245쪽 참조.

27) 리영희, "'지역갈등' 매듭 묶은 자가 풀어야," <한겨레신문>, 1998년 1월 6일.

역 사이에 상호 적대감을 형성할 정도의 이질성이 존재하는가. 서로를 구별지을 수 있는 지역적 특성이 과연 두 지역 사이의 동질성의 정도를 능가할 만큼 대단한 것인가. 여기서 우리는 두 지역 사이의 직접적인 대립이 심각한 사회문제로 대두되었던 예를 찾아볼 수 없다는 점에 주목해야 한다. 그러므로 지역주의 문제는 과거의 역사적 경험과는 무관한 별개의 것으로 보아야 할 것이다. 지역간의 대립적 태도는 정치라는 전국적 수준의 현상을 매개로 해서만 그 심각성이 표출되었던 것이다. 따라서 한국사회의 지역주의란 정치권력과의 친소 여부를 내용으로 하는 것이며, 나아가서는 특정지역에서의 특정 정당에 대한 압도적 지지는 사실상 집권세력에 대한 정치적 태도라는 점에 그 일차적인 의미가 있다고 보아야 할 것이다. 이 점과 관련하여 부마항쟁이나 광주항쟁에서 보여준 정치권력의 파행적 행동이 특정지역에서의 이와 같은 태도 형성에 깊게 개입되어 있다는 점이 간과되어서는 안 되리라 본다.

이상의 논의를 종합해 볼 때 지역주의의 문제성은 그 정치성에 있다고 보아야 할 것이다. 즉 그 문제성은 바로 '정치적 태도의 지역화,' 구체적으로는 정권에 대한 지지의 지역적 분화라는 데서 찾을 수 있을 것이다. 이는 곧 정권에 대한 지지 기반의 편중을 의미한다. 지역감정의 문제가 선거라는 정치참여의 계기를 맞아서만 쟁점화되어 왔다는 사실이 그 정치성을 반증해 준다.

2) 정치적 지역주의의 형성과 발전과정

지역적 분열과 대립이 정치적이고 전사회적인 문제로 발전하기 시작한 것은 5·16 군부쿠데타를 통해 새로운 집권세력이 형성되는 과정에서부터였다. 쿠데타를 통한 집권이라는 약점으로 인해 폭넓은 지지를 확보할 수 없었던 집권세력은 자연히 연고주의에 의한 강력한 응집력을 가지고 권력기반을 유지·강화하려고 하였으며, 이 과정에서 핵심엘리트들의 지역적 장악이 시작될 수밖에 없었다. 이처럼 정치적 헤게모니의 지역적 독점이 굳어 가면서 자연히 지역간의 경제적·사회적 불균형이 초래되고 심화되어 갔다. 개인소득, 산업구조의 수준, 고용 노동자의 수 등 성장의 정도를 나타내 주는 모든 지표를 통해 지역간의 심한 격차를 읽을 수 있음은 재론할 필요가 없다.

한편 정치적 헤게모니의 지역적 독점이 가속화된 요인을 정권의 권위주의적 속성 자체에서 찾을 수도 있다. 권위주의정권의 보편적 특성 가운데 하나는 엘리트의 충원이 주로 사적 연계에 의해 이루어진다는 점이다. 박정희정권 이래 각 부문 상층 엘리트의 충원에는 사적 연계라는 측면이 가장 두드러진 인자로 작용하였으며, 이와 같은 사적 연계의 토대는 자연 지역적 연고일 수밖에 없었다.

하지만 무엇보다도 정치적 태도의 지역화가 표면화되게 된 직접적인 계기는 역시 집권세력이 특정지역에 대한 배타적 혜택을 자신들에 대한 지지라는 보상으로 끌어들이려 했던 1971년의 대통령선거였다. 초기의 정치적 안정과 비교적 성공적인 경제성장에도 불구하고 정치참여의 억제에 따른 불만의 누적으로 인해 박정희정권은 점차 국민적 지지기반으로부터 멀어져 갔으며, 1960년대 말에 이르러서는 일종의 정치적 위기를 맞기 시작하였다. 이 정치적 위기는 박대통령의 집권연장을 위해 3선개헌이 강행되는 것을 계기로 더욱 가속화되었으며 이에 따라 박정권의 권력기반이 흔들리기 시작하였고, 경제성장의 업적을 통해 확보될 수 있었던 정권의 정당성마저 약화되기에 이르렀던 것이다.

이와 같은 위기상황 속에서 맞게 된 1971년의 대통령선거에서 집권세력은 자신의 연고지역, 배타적 혜택을 누린 지역에서 집중적인 지지를 끌어내려 하였다. 이를 위해 선거유세 기간 동안에 기득권 유지의 욕구를 자극하는 각종 발언과 흑색선전이 동원되었다. 그 결과 박정희 후보는 영남지방에서 총투표수의 72%를 획득했으며, 특히 경북지방에서는 박정희 후보와 김대중 후보의 득표차가 무려 92만여 표에 달해 전국적인 표차 94만여 표에 거의 육박하는 정도였다.

이처럼 집권세력이 특정지역에 대한 혜택을 자신에 대한 지지로 끌어들이는 메커니즘과 이로 인한 지지의 편중구조는 유신체제와 제5공화국 기간 동안 국민의 지지를 묻는 형식이 필요치 않게 됨에 따라 표면화되지 않았다. 그러나 이 구조는 표면화되지 않았을 따름이지 사실 이 기간 동안 더욱 심화되고 내면화되어 갔다. 정치적 헤게모니의 지역적 독점이 더욱 심화되었으며, 특히 광주항쟁 당시 군사적 적대행위와 같은 파행적 권력

행사가 특정지역에서의 정치권력에 대한 반감을 극대화시켰기 때문이다. 결국 제5공화국 붕괴 이후의 대통령선거와 총선 과정에서 이 메커니즘과 구조는 더욱 치열한 양상으로 되살아났던 것이다.

한국사회의 지역주의는 박정희정권에 의한 경제개발전략 속에서 호남이 지역적으로 상대적 낙후에 처하게 되고, 여기에 박정권의 지역 패권주의적 전략이 결합하여 지역감정으로 발전하게 되었다. 즉 박정권이 산업화 논리를 앞세워 영남출신 인사들을 중용하게 됨에 따라 호남을 배제한 지역감정이 조장되었고, 이것이 또한 정권안보에 이용되었던 것이다.[28] 박정희 집권시기 동안에 시행된 경부축 근대화 플랜이 본격화되면서 여타 지역은 지배층으로부터 더욱 외면을 당하였다. 하지만 이것만으로 호남지역에 대한 차별을 설명하기는 어렵다. 왜냐하면 엘리트의 충원과 경제개발 과정에서 불이익을 받은 지역이 많음에도 불구하고 유독 호남지역에서만 피해의식이 강한 이유를 해명할 수 없기 때문이다.

따라서 박정희정권이 지역주의를 정치적 경쟁에서 승리하기 위한 수단과 자원으로 인위적으로 동원했다는 점에 주목하여

---

[28] 최장집 교수는 이러한 지역주의의 등장 배경에 대해서 "지역문제의 본질은 군부독재의 해악적 적폐물"이라고 주장한다. 최장집, "지역문제와 국민통합," 최협, 앞의 책, 145쪽. 특히 지역개발 정책과 인사정책(충원)에 있어서의 지역간 차별의 실상에 대한 기존의 연구로는 문석남, "지역격차와 갈등에 관한 한 연구," 『한국사회학』, 제18집(1984년 겨울), 194-200쪽; 남영신, 앞의 책, 139-227쪽; 김만흠, 앞의 책(1997), 171-182쪽 등 참조.

야 한다. 박정희정권은 유신독재로 영구집권 체제를 구축한 이후 국가 권력기관과 언론기관을 총동원하여 호남지역의 정체성과 전라도 주민의 인간성과 도덕성에 대해 근거 없는 중상과 비방을 전개하였다. 경상도 출신이 독점한 거대한 행정기구와 군·검찰·정보기관에서는 물론이고 모든 공공적 성격의 기관들에서도 전라도인들은 악의적으로 모욕을 당하고 조직적으로 배제되었다.29) 이 과정에서 지역주의는 영남지역 패권주의로 전화하였다.30) 이에 대한 반작용으로 전라도인들은 김대중이라는 정치인을 자신들의 권리와 인간성을 회복시켜 줄 수 있는 대안적 정치 지도자로 생각하였고 그 주변에 단결하기에 이르렀던 것이다.

여기에서 우리는 호남문제와 김대중의 관계를 간단하게나마 살펴볼 필요가 있다. 호남문제를 김대중과 분리할 수 없기 때문이다. 앞서 설명하였지만, 호남문제는 박정희정권의 개발전

---

29) 리영희 교수는 전라도인에 대한 모욕과 조직적 배제는 19~20세기 유럽의 퇴폐한 부르주아 지배계층과 그 체제가 자신들보다 우수한 유태인들을 인종적으로 배제하기 위하여 취했던 온갖 비열한 수법들을 방불케 하였다고 술회하고 있다. 리영희, 앞의 글.

30) 영남 패권주의의 한 실례로 軍의 경우 제3공화국에서 제6공화국 시기까지 육군참모총장의 전체 임기 중 90% 가까이를 영남 출신이 차지하였다. 육참총장은 1966~1990년 10대에 걸친 24년의 임기 동안 20년을, 해군참모총장은 21년 가운데 18년을, 그리고 공군참모총장은 21년 가운데 16년을 그들이 차지했다. 그 외에도 금융계, 시민사회의 재야운동권, 언론계와 학계 등 상부구조 전체를 정복한 것에 대해서는 손호철, "한국의 지역패권적 사회구조와 지역혁명의 논리," 『정치비평』(서울: 아세아문화사, 1996년 창간호), 105-108쪽.

략에 따른 지역적 낙후 등으로 인해 그 영역이 정치・사회적 문제로까지 확대되었다. 이후 호남문제는 1971년의 대통령선거와 1980년의 광주항쟁을 거치면서 김대중과 밀접한 관계를 형성하게 되었고, 나아가 저항적 지역주의로까지 발전하게 된 것이다. 한마디로 호남지역 주민들은 단순한 지역적 낙후나 인사차별 차원을 넘어서 군사독재정권에 가장 철저하게 저항하였던 김대중과 소위 '호남의 한'과 '희망'을 연계시키는, 그람시(A. Gramsci)의 표현을 빌리자면 단순한 이해관계를 넘어서 유기적 세력으로서의 '역사적 블록'(historical bloc)을 형성해 왔던 것이다.31)

다시 돌아와서, 박정희정권부터 시작된 영・호남 지역갈등은 특히 광주항쟁을 거치면서 호남의 감정을 단순히 소외 내지 박탈감을 넘어서 저항적 성격마저 갖도록 만들었다. 그런데 문제는 과거 군부정권에서 유발되었던 지역주의가 1987년 민주화 이후에도 여전히 한국정치에서 극복하기 어려운 문제로 잔존하거나 혹은 오히려 더 심화되어 갔다는 점이다. 여기에서 지역감정이 단순히 집권세력뿐만 아니라, 야당에 의해서도 인위적으로 동원되었다는 점을 상기해야 한다.32) 1987년 6월항쟁으로 민주화가 진행되자 야당 내부에 잠복해 있던 지역감정은 다시 수면 위로 떠올랐다. 그 후 1990년의 3당합당과 1997년의 DJP연합을 거치면서 정치적 자원으로의 동원은 지속되었다.

---

31) 역사적 블록의 개념에 대해서는, A. Gramsci, *Selections from Prison Notebooks* (New York: International Publication, 1971).

32) 김일영, 앞의 글, 16-18쪽.

3) 한국 지역주의의 특색

한국에서의 지역주의는 중앙과 지방이라는 차원과 지역간의 수준에서 이루어졌다. 경상도 출신의 정치·경제·군부 엘리트가 중앙의 권력을 장악하고 있었던 시기, 그리고 1960년대 이래의 개발독재 시기 전 기간에 걸쳐 한국사회에서는 경상도 외의 타 지역, 특히 호남지역에 대한 차별과 배제, 그리고 이를 바탕으로 하는 지배적 권력관계가 존재해 왔다. 이 결과 광주 및 전라도 지역민들은 중앙에 의한 지방의 지배라는 형태와 영남지역에 의한 호남지역의 지배라는 지역간 지배형태, 이 두 형태의 지배구조를 동일한 것으로 생각하게 되었다.

결국 한국의 지역문제는 동서고금을 초월하여 모든 지역이 지닐 수 있는 소(小)지역의 '향토색,' '지방색' 또는 애향심이나 지역간의 경쟁심을 의미하는 '지역감정'을 지칭하는 지역주의로부터 비롯된 것이 아니라고 할 수 있다. 거주지나 출신지라는 지리적 조건과 근접성에 근거한 향토색이나 지방색은 분위기상 애향심과 자연적 유대감을 낳고, 이것은 타 지역과의 자연스런 경쟁심으로 이끌어진다. 그런 만큼 지역주의 문제는 지연공동체 발전의 사실적 기초이자 지방자치체를 통해 지역발전과 민주주의의 활력으로 승화될 수 있는 긍정적인 에너지인 것이다.

그러나 한국의 지역주의는 출신과 거주지역에 대한 특정한 정서적·심리적 의식상태를 반영하는 에토스(ethos)적 지역정서가 집단적으로 형성·표출되는 것을 일컫는 것으로,33) 지역적 연고에 기반한 집단의식과 그에 따른 정치·사회적 행위패턴으로 구성되어 있다. 달리 표현하자면, 한국의 지역문제는 소지역들로 분절된 자연적 향토(community)감정이 아니라, 인위적으로 제도(制度)화되어 국가권력과 경제를 관통하는 거대 지방적 갈등으로서 지배와 피지배의 사회적 차원에 속하는 속성을 가지고 있다.34) 동시에 한국의 지역문제는 영·호남 이외의 여타 지역을 방관자로 배제하고 영·호남간의 갈등만으로 이해될 수 있는 성질의 것이 아니다. 한국의 지역문제는 바로 일종의 '호남 대 비호남의 대립 또는 대결구도'의 양상을 보여주었던 것이다. 무엇보다도 이러한 한국사회의 지역주의는 '지역패권주의,' '지역 할거주의,' '지역 등권론' 등으로 보다 체계화되어 실천적 욕구를 가지게 되면서 하나의 '이데올로기'로 발전하였다는 데에 그 문제의 심각성이 있다.

---

33) 특히 한 개인의 내부에 자리하고 있는 심리적 성향으로서의 지역주의는 ① 자신의 출신지역을 사랑하는 마음인 애향심, ② 자기 고장 출신 정치인을 지지하는 성향, ③ 자신의 출신지역을 대표하는 정당을 지지하는 성향, ④ 특정지역을 혐오하거나 적대시하는 성향, 그리고 ⑤ 국가적 차원의 문제보다 지역적 차원의 문제를 더 중시하는 성향 등의 요소들의 집합으로 간주할 수 있다. 이남영, "유권자의 지역주의 성향과 투표," 한국정치학회 한국정치특별학술회의 발표자료집(1998. 2. 11), 4쪽.

34) 손호철, 앞의 글(1996), 91-92쪽.

제2장 호남사회의 지역주의적 정치동원화 과정

시민권에 기반한 현대 정치제도가 채택되면서 호남사회도 지역주민을 포함하는 정치·사회적 동원기반을 갖게 되었다. 물론 이들 지역주민들이 형식상으로 시민사회를 구성하면서 정치의 주체가 되었지만, 실제적으로 주체적인 영향력을 행사하기 시작한 것은 지역주의가 중앙정치의 권력투쟁 과정에 동원되면서부터였다.[1]

---

1) 지배세력에게 생존문제의 핵심은 선거에서의 승리였으며, 이들은 선거 승리의 전략으로서 균열의 동원, 정당의 도구성(instrumentality), 그리고 정치적 게임규칙 고치기 등을 선택하였다. 이 중 가장 보편적으로 이용되는 것은 바로 정치적 연합을 구축하는 수단으로서의 균열의 동원이다. 서구의 경우 정당체계는 사회 내의 종교·이념·계급·지역 등의 균열을 반영하고 있다. 그러나 한국의 경우에는 종교적·이념적 균열이 약했기 때문에 도농(都農)균열과 지역균열을 가장 적극적으로 동원하였다. 이영조, "한국여당의 지배전략: 균열동원·도구성·규칙고치기," 1998년도 한국정치학회 춘계학술회의 논문집(1998. 4. 25), 1쪽.

중앙집권적 성격이 강한 나라들이 대체로 그렇듯이,[2] 한국의 현대적 정치동원화 역시 중앙정치로부터 비롯되었다. 그런데 시민사회적 기반과 무관하게 서구의 현대정치 양식을 제도적으로 도입한 한국 현대정치의 발생론적 특성 속에서, 여전히 전통적 백성의식은 지역주민들의 정치의식을 상당기간 동안 지배해 왔다. 더구나 지역사회 내부의 현대적 정치양식인 지방자치제도가 단절되면서 중앙정치가 소수의 독재세력에 의해 장악되었던 그 동안의 정치현실 속에서 지역사회에서는 현대적 정치동원이 이루어지기 어려웠다. 그런 가운데 중앙권력을 둘러싼 지역주의적 동원이 나타나면서 지역사회가 중앙정치에 적극적으로 동원되기 시작하였고, 1990년대 들어 지방자치제가 실시되면서 지역사회는 비로소 지역 내부에 새로운 현대적 정치공간을 일정하게 확보하게 되었다.

1. 지역주의적 동원화의 전개과정

1) 군부 권위주의체제의 등장과 지역주의

(1) 박정희정권의 권위주의화 과정

5·16군부쿠데타를 계기로 전통적인 민간 정치엘리트의 권력

---

[2] 김만흠, "지역사회와 민주화," 『한국사회과학』, 제19권 1호(서울대 사회과학연구원, 1997) 참조.

적 지위는 주변화되고 군부엘리트가 국가기구 장악세력의 주축을 이루게 되었다. 정치의 활성화, 개방적 정치과정 등 4·19 이후 민주당정권이 지향하였던 정치구도를 정면으로 부정하고 나섰던 군부정권 세력은 종속적 경제개발을 바탕으로 체제세력의 강화를 추진하였다. 이를 위해 우선 물적 기반의 육성이 도모되었다. 1960년대부터 착수된 국가주도의 경제개발정책은 민간자본을 자본축적과 공업화의 주체로 삼는 것이었다. 산업화단계의 측면에서 1960년대는 외자도입, 수출주도, 정부의 재정투융자를 기반으로 저임금에 바탕한 독점자본의 축적을 추진하여 세계자본주의체제 속에서의 적극적인 분업연관을 통해 경제성장을 도모한 시기였다.

그러나 이와 같은 자본육성의 기제는 동시에 자본에 대한 통제의 기제로도 작용하였다. 예를 들면 금융권에 대한 통제와 신용배분에 있어서의 영향력, 그리고 외국자본의 배분권 등은 국가기구 장악세력의 자본에 대한 통제의 수단으로 활용되었다. 바로 이와 같은 육성과 통제라는 양면적 기제가 국가기구 장악세력과 독점자본간의 유착을 지속시키고 공고화하는 구조적 고리였던 것이다.

한편 1960년대의 국가주도 경제개발은 국가기구의 강화와 함께 관료조직의 발달과 관료제의 역할증대를 가져왔다. 이들 관료세력은 사회 전반에 편재된 침투적 영향력을 바탕으로 집권유지의 근간 역할을 수행하였다.

쿠데타라는 수단 자체로부터 비롯되는 정당성의 부담을 안고 출범한 박정희정권은 고도성장의 업적 속에서 정치적 정당성의 자원을 구하였다. 따라서 시민사회에 대한 정치적 대표성이나 책임성을 추구하기보다는 경제적 보상으로 이를 대체하려고 하였다. 이는 결국 정치적 반대에 대한 억압과 정당 및 의회의 기능위축을 경제발전의 대가로 지불하자는 것이었다. 공업생산의 증가, 수출증대, 개인소득의 증가 등 외형상의 급속한 경제성장에 힘입어 이와 같은 정책논리는 초기에 어느 정도 성공을 거둘 수 있었다. 그러나 1969년 3선개헌은 그 동안 유보되었던 정당성의 부담이 현실화되는 계기가 되었다. 말하자면 그 동안의 경제성장의 업적에도 불구하고 박정희 리더십의 유지라는 집권세력의 선택이 민주적 룰에 대한 기본적 신봉과 상충되면서 정치적 반대의 행동화를 유발한 것이다. 1969년에 선택된 박정희 리더십의 강화·유지 프로그램은 1971년의 위수령 발동, 그 해 12월의 비상사태 선언과 대통령에게 비상대권을 부여하는 '국가보위에 관한 특별조치법' 통과 등을 거치면서 일관되게 추진되었다. 그리고 결국은 집권세력의 배타성과 독점성, 그리고 비민중성이 응축되어 유신체제로 구체화되었다.

 박정희정권의 집권유지에는 반공·안보의 위기의식이 뒷받침되었다. 이 위기의식은 자본가로부터 나오는 이념적 헤게모니를 대신하여 집권세력 유지의 도구로 활용되었다. 또한 경제개발 수혜계층의 암묵적 지지도 정권유지의 외부적 힘으로 작용하였다. 그리고 새마을운동과 같은 동원운동은 주민동원의 효과와 더불어 국가기구 중하층 구성원을 집권세력의 받침대로 묶어 두는 효과를 발휘하였다.

(2) 집권유지와 지역주의

앞장에서 지역주의가 역사적으로 그리고 정치적으로 형성되는 과정을 설명하면서도 언급했지만, 지역주의 논리는 한국정치의 근본적 작동원리 중의 하나라 할 수 있다. 그리고 이것이 '정치과정'에 최초로 동원되었던 것은 박정희정권의 등장과정과 함께였다. 일반적으로 갈등은 여러 가지 경로를 통하여 표출된다. 예컨대 계층간의 갈등은 착취와 배고픔이라는 개인주의에서 기인하고, 지역간의 갈등은 패거리라는 집단주의에서 기인한다.3) 특히 지역간의 갈등은 선거라는 제도를 통하여 부각되는 갈등이며, 한국정치에서도 지역주의 또는 지역갈등을 정치화하는 대표적인 공간과 시간은 선거였다. 그런 선거에서 지방색을 보여주지 못하는 정당은 득표나 의석의 점유에 취약할 수밖에 없었다. 또한 지역주의를 활용하지 못했던 정당들은 선거에서의 정치적 경쟁력이 떨어져 소멸되어 갔다. 이처럼 선거정치에 지역주의를 동원하기 시작한 것이 바로 박정희정권이었다.

1961년 5·16군부쿠데타를 통해 사실상 권력을 장악한 박정희 군부세력은 민선정부 형태로 전환되는 1963년의 제5대 대통령선거에서부터 후보자의 출신지역을 지지기반화하기 시작하였다. 당시 박정희는 그의 직접적인 연고지였던 경북에서 많은 지지를 받은 것은 물론이고 경남에서도 60% 내외의 지지를 받았다. 서울에서 38%의 지지를 받았던 박정희 후보는, 여촌야

---

3) 김재한, 『합리와 비합리의 한국 정치사회』(서울: 소화, 1998), 109쪽.

도라는 투표행태의 전통에도 불구하고 제2의 도시였던 경상도의 부산에서 50.4%의 지지를 받았다.4) 이때 만일 지역 주민의 수가 가장 많은 경상도로부터 이처럼 높은 지지를 받지 않았다면 박정희 후보의 당선은 어려웠을 것이고 그후의 선거결과도 달라졌을 가능성이 높다.5)

박정희정권에서 지역주의의 이미지는 사실상 정부 출범과정에서부터 형성되기 시작하였다. 당시 정치현장을 취재했던 기자에 따르면, 박정희정권 전반기 실질적인 권력기구였던 청와대 비서실의 인적 구성과정에서부터 경상도정권이라는 말이 나타나기 시작하였다고 한다.6) 청와대 수석(1급)비서관 6명 중

---

4) 자기 지역출신 정치인(home-town boy)에게 더 많은 지지를 보내는 것은 어느 나라에서나 마찬가지일 것이다. 그러나 이런 요소 자체가 선거에서의 당락에 결정적인 변수가 되는 나라는 드물다. 예를 들어 미국이나 일본에서도 주(州), 현(縣) 등의 지역단위를 배경으로 지역연고 의식이 정치과정에서 나타나기도 한다. 그러나 이들 나라에서는 연고지역의 단위가 전국 규모의 수십분의 일에 불과하기 때문에 선거과정에서 결정적인 변수가 되지는 않는다. 그런데 한국에서는 경상, 전라 등의 지역단위에 따른 지역연고는 전국을 2~4개로 나누고 있기 때문에, 이것이 중앙 권력투쟁을 둘러싼 선거에 동원된다면 결정적인 변수가 될 수 있다. 또 정치권력의 지역주의적 성향 여부와 그 정도는 한국정치 전반의 위상에 중대한 영향을 미칠 수 있다. 일본의 縣民性에 관해서는 고홍화,『자료로 엮은 한국인의 지역감정』(서울: 성원사, 1990), 303-310쪽 참조.

5) 이갑윤, "투표행태와 민주화," 김광웅 편,『한국의 선거정치학』(서울: 나남, 1990), 170쪽.

6) 이경남, "박정희시대의 권력엘리트들,"『정경문화』, 1983년 11월, 90-91쪽.

4명, 차하 비서관 8명 중 6명, 그리고 확대·개편된 이후에는 31명의 비서관 중 45%인 14명이 경상도 출신으로 구성되었다. 집권 초기 전국적 동원체계로 조직화했던 민주공화당의 인적 구성도 마찬가지였다. 공화당 창당 당시 인적 구성에서는 특정한 지역편중 현상이 두드러지지 않았으나 1963년의 국회의원 선거결과 지역구 당선자의 42%가 영남지역에서 나오면서 공화당은 두드러지지는 않았지만 어느 정도 경상도 당의 이미지를 갖기 시작하였다. 공화당 지역구 당선자 88명 중 37명이 영남지역에서 당선되었다. 이 점에서 오늘날 '지역당' 등의 문제가 거론되고 있으나 한국 최초의 지역당은 공화당이었다고 할 수 있다. 그리고 국회의장 역시 이 지역을 대표하는 인물이었던 이효상이었다. 결국 박정희정권은 대통령 자신이 경상도 출신이었다는 점 외에도 초기 권력집단의 구성 자체에서 경상도정권이라는 이미지를 심어 주기에 충분하였다.

자신의 출신지역인 경상도 지역으로부터 상대적으로 많은 지지를 받으면서 민선정부로 재출범한 박정희정권은 그 행태나 이미지에서 점차 지역주의적 성향을 뚜렷이 함으로써 이어지는 선거에서도 연고지역으로부터의 지지를 더욱 강화하였다. 기본적으로 지역적 연고의식이 존재하고 있었던 데에다 집권세력의 이와 같은 지역 이미지가 보태진 상황에서 집권세력의 연고지역 지지기반화는 강화될 수밖에 없었다. 또한 구체적 정책결정 및 실행과정에서도 영남지역은 박정희정권 기간 동안 많은 혜택을 보았다. 지역주의 정책의 결과였든 아니었든 박정희정권에서 본격화한 산업화전략은 경부축 중심의 집중투자였다. 따라서 영남 유권자의 연고세력 지지는 지역적 정체감의 발휘이자 정책적 차원에서의 합리적 선택이기도 하였다.

1967년 제6대 대통령선거에서는 경상도 유권자의 박정희에 대한 지지가 평균 72% 내외에 이르렀다. 한때 여촌야도의 가설 속에서 농촌이 한국 집권세력의 지지기반이었으나 이때부터 집권세력의 기반은 경상도로 이전되기 시작하였다. 물론 제6대 대통령선거에서 여촌야도 현상이 완전히 사라졌다고는 할 수 없지만 매우 미약하였다. 더구나 영남지역 전반에서의 여당 지지 경향에 압도되어 여촌야도 현상은 더욱 무의미해졌다. 제6대 대통령선거에서 두 후보의 득표 중 박정희 후보는 도시에서 55.3%를 차지하였는데 농촌에서도 55.88%를 차지해 도시와 농촌 사이에 별다른 차이를 보이지 않았다.[7]

집권세력 연고지인 영남지역의 여당기지화 현상은 이후 제7대 대통령선거에서도 계속되었다. 특히 3선개헌을 통해 장기집권을 기도하였던 박정희 후보진영은 지역감정의 유발을 통해 영남지역에서의 안정적 득표를 노렸다. 더구나 제7대 대통령선거에서는 여당에 대응하는 야당 후보도 반사적으로 연고지의 유권자들로부터 강한 지지를 받음으로써, 결국 지역대립의 정치균열과 이를 반영한 대립적 투표행태가 나타나기 시작하였다. 이때로부터 본격적으로 지역주의가 정치적으로 동원되었고, 그 결과 영·호남의 대립적 투표행태가 나타나기 시작한 것이다. 당시 전체 투표자의 98%가 박정희 후보와 김대중 후보에게 집중되었는데, 영남지역에서는 이 중 72%가 박후보를 지지하였고 호남지역에서는 64%가 김후보를 지지하였다.[8]

---

[7] 윤천주, "투표참여의 변화와 정치발전," 김광웅 편, 앞의 책, 42-43쪽.
[8] 그러나 박정희 후보가 전라도에서 36%, 김대중 후보가 경상도에

2) 지역주의 투표

지역주의는 지역을 정당의 지지기반으로 대두시켰다. 정당과 후보자는 사실상 연고지역 주민들의 집단적 지지투표에 의존하게 되었다. 이러한 집단적 투표의 구도는 정당체제와 구성의 변동에 따라서 호남―충청―경북―경남, 호남―비호남, 호남―영남―충청 등으로 그 형태를 바꾸어 가면서 지속되었다. 지역에 기초한 대립적 투표행태는 결국 지역주의적 투표를 고착시켰다.

지역주의적 투표는 정책적 차이와는 무관하게 자신의 지역을 대표하는 정당 후보에게 표를 던지는 것이다. 예컨대 대통령선거에서 지역주의적 투표는 유권자 자신의 출신지역과 동일한 지역출신의 대통령 후보에게 투표하는 것이다. 국회의원선거의 경우에는 국회의원 후보의 출신지역을 보고 투표하는 것이 아니라, 후보자의 소속정당 지도자의 출신지역을 보고서 투표를 하는 것이다. 그런 만큼 지역주의적 투표행태는 지역적 귀속의식에 기반을 두고 있는 투표행태라고 할 수 있다. 이 점에서 지역주의적 투표행태는 이른바 유권자들의 비합리적 행태로 볼 수 있다. 그것은 특히 지연에 기초하여 형성된 여타 지역(인)에 대한 부정적이고 편견적인 속성의 심리상태를 의미

서 25%의 득표를 하였다는 점을 감안하여 볼 때 출신지역과 투표성향이 거의 일치하는 극단적 투표행태는 아직 나타나지 않았다고 할 수 있다. 홍기훈, 앞의 책, 24쪽.

하는 지역감정에 기초하고 있다는 점에서 그렇다는 것이다.9) 그런 만큼 지역주의적 투표행태나 그 양상은 사실상 선거의 진행과정, 특히 후보자들의 출마와 공천과정에서부터 나타나기 시작하여, 그들의 선거전략이나 유세에 관계없이 선거결과를 특정 후보에게 유리하게 또는 불리하게 사전에 고착시킨다. 따라서 그것은 '결과를 예측할 수 없는 정치적 경쟁'으로서의 선거가 갖는 의미를 퇴색시키고 있다. 이러한 투표행태가 지배적인 상황에서는 정치인이 다음 선거에서 당선되기 위하여 의정활동에 주력하면서 명망을 쌓아 가기보다는 특정 정당의 공천권에 매달리는 결과를 초래하게 된다. 오늘날의 정당정치와 의회정치가 보여주는 바와 같이, 이러한 상황에서는 책임정치가 이루어질 수 없고 정상적으로 작동하지도 못하는 것이 현실이다. 지역주의적 투표는 정당제 구조의 불안정과 정당의 사당화를 초래하였다. 지역주의에 의존하는 정당 지도자들의 선택에 따라 기존 정당이 분열되거나 통합되었고, 정책대안이나 이슈를 제기하지 않아도 지역주민의 지역주의적 정서에 의존하여 정당에 대한 지지를 확보할 수 있으며, 정당 지도자들이 출신지역 주민들의 지지를 수단으로 소속의원들에 대해 자의

---

9) 김형국, "제13대 대통령선거의 투표행태에 대한 지정학적 연구," 김광웅 편, 『한국의 선거정치학』(서울: 나남, 1990), 214-215쪽. 물론 지역주의 투표행태가 현저한 정치적·사회적·경제적 차별구조와 결부되어 있는 경우에는 그것을 단순히 비합리적인 투표행태로 치부할 수만은 없다. 조연수, "합리적 유권자모델과 한국의 선거분석," 한국정치학회 편, 『선거와 한국정치』(서울: 한국정치학회, 1992), 80-86쪽.

적인 권력을 행사해 왔기 때문이다.

  지역주의적 투표의 폐해는 정당정치의 발전에 장애가 된다는 점 이외에도 지역주민 사이의 감정을 악화시킴으로써 사회 통합을 저해하고 정치체제의 민주화에 대한 합의를 분열시켜 민주화의 진행을 지연시킨다는 데 있다. 나아가 지역주의 투표는 권위주의정권을 지속시키는 데 일조했을 뿐만 아니라 사회경제적 개혁의 추진을 제한하기도 하였다.

3) 지역주의적 지배구조의 형성

  정부권력이 정치·경제·언론 등 국가의 전 영역을 지배했던 한국의 정치상황에서 핵심권력의 지역적 편중은 정부 고위관료는 물론이고 사회 전 영역에서 영남출신 중심의 지배체제를 구조화시켰다.[10]

---

[10] 한국정치의 상황에서 정부 고위관료의 지역편중 인사를 둘러싼 불균형 시비가 일기 시작한 것은 박정희정권 이후부터였다. 조선시대에는 서울·경기·충청인들에 의해 중앙관직이 독과점되었고 영·호남지역은 주변부를 떠돌았다. 그리고 해방 전인 1943년 차관급 이상 고위관료의 지역별 분포는 경상도 19%, 전라도 16.3%로 거의 대등한 수준이었다. <표 3>에서 볼 수 있는 바와 같이 해방 이후 제1, 2공화국 시기에도 지역간의 편차는 그리 크지 않았으나, 박정희정권 들어서부터 커지기 시작하였으며 제5공화국 들어서는 더욱 심화되었다.

〈표 3〉 역대정권 고위관료의 출신지역별 분포

(단위: %, 명)

구 분	서울	경기	강원	충청	경상	전라	제주	황해	평안	함경
제1공화국 (243)	19.7 (48)	13.5 (33)	6.1 (15)	16.0 (39)	18.8 (46)	6.2 (15)	0.4 (1)	3.7 (9)	9.8 (24)	5.3 (13)
과도정부 (33)	17.6 (6)	5.9 (2)	0.0 (0)	8.8 (3)	20.6 (7)	20.6 (7)	0.0 (0)	2.9 (1)	5.9 (2)	14.7 (5)
제2공화국 (96)	9.2 (9)	7.1 (7)	0.0 (0)	16.3 (16)	25.5 (25)	16.3 (16)	1.0 (1)	4.1 (4)	13.3 (13)	5.1 (5)
제3·4공화국 (429)	10.4 (45)	3.7 (17)	5.6 (24)	13.9 (60)	30.1 (130)	13.2 (57)	2.1 (9)	6.0 (26)	8.1 (35)	6.0 (26)
과도정부 (56)	16.1 (9)	7.1 (4)	5.4 (3)	17.9 (10)	26.8 (15)	14.3 (8)	0.0 (0)	5.4 (3)	5.4 (3)	1.8 (1)
제5·6공화국 (505)	11.5 (58)	7.9 (40)	5.0 (25)	12.3 (62)	41.2 (208)	12.6 (64)	0.4 (2)	9.1 (46)		
김영삼정권 (476)	16.6 (79)	6.7 (32)	5.5 (26)	14.5 (68)	38.2 (182)	12.8 (61)	0.2 (1)	5.6 (27)		

* 자료: 김만흠,『한국정치의 재인식』(서울: 풀빛, 1997), 178쪽; 이병석, "김영삼대통령의 인사정책에 관한 연구"(서울대 행정대학원 석사학위논문, 1998). 노태우정권까지는 중앙행정부 차관급 이상을 대상으로 하였으며, 김영삼정권은 청와대의 수석비서관까지 포함된 것임.

지배엘리트의 구조화는 조직의 지도자가 바뀌는 상황에 따른 불안정성을 극복하기 위하여 통제의 전략적 수단으로 국가권력의 공고화와 관료적 중앙집권화가 이루어짐으로써 형성된다. 즉 새롭게 출현한 지도자는 통제의 불확정성을 줄이기 위하여 혈연이나 지연 또는 학연 등 기존의 사회적 연결망 내에 들어와 있는 사람으로 참모들을 대체하게 되는 것이다. 한국의 경우 제3공화국 이후 이러한 연고를 중심으로 한 인사정책 역시 그와 같은 동기에서 이루어졌다고 할 수 있다(<표 3>, <표 4> 참조). 특히 1980년대 들어온 이후 인사정책에 있어서 지역차별은 비교적 그 전까지는 약했던 지연이라는 연줄이 더욱 강해짐으로써 심화되었다.

〈표 4〉 1980년대 후반 주요 지배엘리트의 지역별 구성비

(단위: %, 명)

출신 부문별	서울	경기	강원	충청	전라	경상	제주	기타	합계	자료 시점
장관	20.8 (5)	4.2 (1)	8.3 (2)	12.7 (3)	8.3 (2)	37.5 (9)	0.0 (0)	8.3 (2)	100.0 (24)	1989.8
3급 이상 공무원	38.8 (514)	6.3 (84)	1.6 (22)	11.7 (155)	9.1 (127)	28.0 (372)	1.0 (13)	3.5 (39)	100.0 (1326)	1988.8
청와대 수석비서관	8.3 (1)	8.3 (1)	0.0 (0)	16.7 (2)	8.3 (1)	41.7 (5)	0.0 (0)	16.7 (2)	100.0 (12)	1989.8
청와대 비서관	16.7 (6)	2.8 (1)	0.0 (0)	16.7 (6)	2.8 (1)	42.7 (17)	0.0 (0)	13.8 (5)	100.0 (36)	1989.8
군장성	12.6 (55)	7.6 (33)	4.6 (20)	14.7 (64)	11.5 (50)	44.0 (192)	2.1 (9)	3.0 (13)	100.0 (436)	1988.8
역대육군 참모총장	11.1 (3)	3.7 (1)	0.0 (0)	14.8 (4)	3.7 (1)	37.0 (10)	0.0 (0)	29.6 (8)	100.0 (27)	1988.8
한국은행 임원	30.8 (4)	0.0 (0)	7.7 (1)	7.7 (1)	7.7 (1)	46.1 (6)	0.0 (0)	0.0 (0)	100.0 (13)	1989.8
금융통화 운영위원	11.1 (1)	11.1 (1)	0.0 (0)	11.1 (1)	11.1 (1)	55.6 (5)	0.0 (0)	0.0 (0)	100.0 (9)	1989.8
50대재벌 창업주	18.0 (9)	6.0 (3)	8.0 (4)	8.0 (4)	6.0 (3)	44.0 (22)	0.0 (0)	10.0 (5)	100.0 (50)	1985.4
50대재벌 임원	37.9 (299)	6.7 (53)	3.7 (29)	9.7 (77)	6.3 (50)	32.6 (258)	1.1 (9)	1.8 (15)	100.0 (790)	1988.8
일간지 발행편집인	26.1 (18)	10.1 (7)	2.9 (2)	7.2 (5)	10.1 (7)	33.3 (23)	1.4 (1)	8.7 (6)	100.0 (69)	1988.8

출신 부문별	서울	경기	강원	충청	전라	경상	제주	기타	합계	자료시점
KBS, MBC 임원	27.4 (17)	11.3 (7)	4.8 (3)	11.3 (7)	6.5 (4)	35.5 (22)	0.0 (0)	3.2 (2)	100.0 (62)	1988.8

* 자료: 김만흠, 앞의 책, 179쪽.

이와 같은 인사정책에 있어서의 지역차별은 지역감정을 자극하고 국민의 정체감을 크게 약화시켰다. 사회의 상층부로의 이동이 출신지역 때문에 저해를 받는다면, 그리고 엘리트로의 상승이동이 국민들 자신과 자녀들의 상징적 지향점이라고 본다면, 피해지역의 주민들이 느끼는 상대적 박탈감은 더욱 클 것이다. 물론 지배엘리트의 구조는 일반 민중들의 삶과 아무런 관련이 없으며 어느 지역 출신이든 마찬가지로 지배계층일 뿐이라는 점이 지적되기도 한다. 그러나 여전히 수직적 권력망이 현실적으로 존재하고 연고주의가 사회적 관계에서 주요한 자원이 되고 있는 한국사회에서 권력집단과의 연결망은 일반 민중의 사회적 관계에까지도 영향을 미칠 수밖에 없었다.

2. 지역주의적 동원과 호남사회의 정치적 위상

1) 반호남의 지역주의 동원

집권여당 후보 박정희의 지역주의 동원전략에 기초한 집권연장과 야당 대통령 후보 김대중의 좌절, 그리고 선거결과에 나타난 호남고립의 구도는 호남의 집단적 정체감을 강화시켰다. 호남출신 김대중이 지속적으로 박해받고 있다는 인식은 호남에 대한 박해와 동류의 것으로 이미지화하게 되었다. 집권유지를 위한 지역주의적 동원이 지속되는 가운데 호남지역 주민들이 보여주었던 집단적 정치행태는 여러 가지 의미를 지닌다. 그 중에서도 무엇보다 주목해야 할 점은 정치적 대립구도에서 지역주의가 공식적으로 대두되었다는 점이다.

호남세력의 연고지 지지기반화는 앞서 지적한 대로 지역 정체감의 동원이라는 측면에서는 자연스러운 것이었다. 그러나 제7대 대통령선거 이전까지의 투표에서는 호남의 연고투표는 영남과 비교하여 상대적으로 낮았다. 그런데 이 선거를 거치면서 호남의 정치적 정체감이 강화되기 시작하였다. 이 점에서 호남의 지역주의는 단순히 혈연이나 지연에 따른 일체감에서 기인된 것이라기보다는 호남 주민들의 높은 정치적·사회적·경제적 소외감으로부터 비롯된 것이라 할 수 있다.[11]

앞서 지적했듯이, 외부로부터의 집단적 배제와 고립이 집단 정체감 형성의 가장 결정적인 계기가 됨은 새삼 말할 필요가 없다. 물론 모든 차별과 박해가 곧 저항의식으로 표출되거나 표출될 수 있는 것은 아니다. 신분제 사회에서처럼 노예나 종

---

11) 한마디로 지역주의에는 경상도 정권의 장기집권에 따른 지역적 불균형발전과 정책결정에 있어서의 소외의 정도가 기여하였다는 것이다. 특히 전라도 주민들은 사회적으로 심각한 문제라고 인식하고 있을 뿐만 아니라 정치적으로 높은 소외감을 가지고 있다고 본다. 이에 대해서는 김광수, "한국정치에 있어서의 전라도," 『한국정치학회보』, 제20집 1호(1986), 85-108쪽 참조.

들이 가장 억압받으면서도 그 질서에 순응하면서 사는 경우도 있다. 그러나 어떤 정치·사회적 상황에서는 그것이 정치적 동원의 주·객관적 조건과 맞물리면서 동원화의 계기가 될 수 있다. 당시 박정희정권의 지역주의적 경향과 유신체제의 억압성 및 비민주성이 호남의 정치적 저항과 도전을 가능케 하였던 객관적 조건이었다면, 반독재 투쟁의 한 중심에 서 있었던 김대중의 등장과 좌절은 제15대 대통령선거에 이르기까지 호남의 지역적 정체감을 정치적으로 동원했던 주관적 구심점으로 기능하였다.

영남의 지역주의적 권력독점과 이에 대한 호남의 저항적 대립과 소외로 이루어진 한국사회의 지역균열 구도는 하나의 두드러진 특징을 나타내기 시작하였다. 그것은 바로 비호남의 호남에 대한 경계와 부정적 편견이다. 사실 이러한 특징이야말로 한국사회에 형성·심화되면서 민족통합을 저해하고 정치발전의 발목을 잡고 있는 지역주의 문제의 핵심이라 할 수 있다. 이는 지역주의 현상을 부각시켰던 제7대 대통령선거에서부터 정치과정에서 나타나기 시작하였으며, 오늘날까지도 한국의 선거정치를 지배해 오고 있다. 제7대 대통령선거에서 집권여당 박정희 후보가 승리하고 야당 김대중 후보가 패배한 것은 영·호남 지역주의의 대립결과가 아니라 반호남 지역주의가 동원된 결과였다. 그 당시에는 장기집권의 문제와 3선개헌 등으로 여당에 대한 비판 분위기가 제6대 대통령선거 때보다 강했다. 그러나 선거 결과는 제6대 대통령선거에서 야당에 대한 지지가 높았던 비호남지역 모두에서 오히려 여당 지지가 높게 나타났다. 이와 같은 현상은 김대중이라는 개인 정치가에 대한 부정적 이미지와 그의 연고지역인 호남에 대한 편견과 경계가 결합한 결과였으며, 동시에 박정희 후보가 이것을 결정적인 선거전략으로 이용한 때문이었다.12)

이처럼 영남패권과 호남에 대한 경계와 배제, 그리고 호남의 지속적 도전과 저항이 상호 작용하면서 제7대 대통령선거에서부터 나타나기 시작한 지역주의적 정치동원은 1980년 광주항쟁,13) 전두환정권, 노태우정권, 김영삼정권에 이르기까지 계속되었다. 그리고 중앙권력을 둘러싼 지역주의적 동원은 대통령선거에 한정되었던 중앙 권력투쟁이 국회의원 선거, 나아가 지방 선거에까지 확산되면서 지역주의적 동원 역시 이들 선거에까지 확산되었다.

그 이후 1980년대 중반에 이르기까지 중앙 정치권력을 둘러싼 시민들의 정치적 의사표시는 사실상 대통령선거에 한정되었다. 이는 한국정치의 권위주의적 체제가 갖는 초(超)대통령제적 현실을 반영하는 것이었다. 따라서 대통령 선출마저도 국민직선에 의해 이루어지지 않았던 유신체제나 제5공화국 시기에는 지역주의적 동원 역시 나타나지 않았다.14) 그러다가 1980년

---

12) 김충식, 『정치공작사령부: 남산의 부장들 1』(서울: 동아일보사, 1992), 233-239쪽 참조.

13) 이후 광주항쟁은 매번 여당 선거운동원에 의하여 비호남지역에서 저질러지는 흑색선전 속에서 비호남인들의 호남인들에 대한 거부감을 증폭시킨 획기적인 사건이었다. 단지 호남인과 재야 민주화세력에게만 '광주민주화항쟁'일 뿐이었다.

14) 다만 유신체제하에서 실시된 국회의원선거에서 전라도·충청도·서울 경기인들은 박정희정권의 경상도 지역패권에 기반한 지역차별 정책에도 불구하고 지역주의적으로 반응하지 않고 각 지역에서

대 후반의 민주화과정과 함께 선거정치의 비중이 커지면서 대통령선거는 물론 국회의원 선거에서도 계속 지역주의가 동원되었다.

특히 1980년의 광주항쟁은 한국사회에서 지역주의 및 지역갈등을 보편적인 정치적 담론으로 만들어 버렸다. 정치적 민주화과정 속에서 정당정치가 상대적으로 활성화되는 가운데, 지방자치제의 실시와 더불어 지방선거에서도 지역주의적 투표양태가 나타났던 것이다.15) 이러한 지역주의적 정치동원의 구조는 사실상 최근의 제15대 대통령선거에까지 이어졌다.

2) 지역패권과 지역차별

한국사회에서 지역주의는 흔히 조건 없이 비판받는다. 그러나 긍정적으로 볼 때, 지역주의가 지역 단위별로 집단적 정체감을 형성하고, 그것이 주체적 정치자원으로 동원되는 것은 자연스러운 것이다. 지역적 정체감이 정치적으로 동원되는 것이 자연스러운 것임에도 불구하고 문제가 되는 것은 특정 지역주

여·야 국회의원을 엇비슷하게 당선시켜 주었다. 이 점은 전라도인이나 충청도인들이 원래부터 지역주의적으로 뭉쳐 정권에 도전했다는 경상도 지역 패권주의자들의 지배담론을 부정하기에 충분한 역사적 사실이다. 손호철, "한국의 지역패권적 사회구조와 지역혁명의 논리," 『정치비평』(서울: 아세아문화사, 1996년 창간호), 95-96쪽.

15) 예를 들어, 6·27지방선거에서의 정당지지와 지역주의 실태에 대해서는 최한수, "6·27지방선거의 평가: 정당지지 및 지역주의실태," 『한국정치학회보』, 제29집 3호(1995), 152-158쪽 참조.

의가 지속적으로 한국정치를 주도함으로써 상대적으로 여타 지역이 지속적으로 배제된다는 데 있다. 노태우정권을 이은 김영삼정권도 선거과정은 물론 이후 정책집행 과정에서도 지역주의적 행태를 보여주었다. 그러나 지역패권의 핵심이 대구·경북(TK)에서 부산·경남(PK)으로 바뀌면서 기존 구도에 새로운 변화를 주었다는 점에서 지역주의의 긍정적 변화라고 할 수도 있다.

그러나 그 동안의 지역주의가 사실상 영남이라는 커다란 범주의 지역주의였으며, 더구나 그것이 호남의 배제를 상대축으로 해 왔다는 점에서, 박정희정권에서 출발한 영남의 지역주의는 김영삼정권에 이르기까지 장기화되면서 영남패권과 호남차별의 지역균열 구조를 강화해 왔다고 볼 수 있다.16) 한마디로 한국의 지역주의 문제는 40년 패권지역과 여타 소외지역간의 갈등문제가 그 본질이다. 그럼에도 불구하고 이러한 본질적인 대립을 은폐하기 위하여 지금까지 패권지역 지배집단은 정치적 갈등구도를 '호남 대 비호남의 대립구도' 또는 '영·호남의 갈등'으로 변형시키는 수사를 쉴새없이 구사하고 사회 구성원들에게 각인시켜 왔던 것이다.

이처럼 한국의 지역갈등의 역사적 성격이 지역패권과 지역차별로 야기되었다는 점에서, 그것은 근대 민주주의의 지역평등 이념에 반하는 전근대성을 띠고 있다.17) 한국에서의 출신지역은 마치 원죄와도 같은 것이며, 거주이전의 자유가 법적으로

---

16) 영남패권과 호남차별, 즉 지역패권과 지역차별이 갖는 역사적 성격과 구조에 대한 논의는 손호철, 앞의 글(1996), 91-110쪽 참조.
17) 위의 글, 93쪽.

는 보장되어 있으나 정치·사회적으로는 보장되지 못하였다고도 말할 수 있다. 달리 극단적으로 표현하자면, 한국에서는 사람이 출생지를 갖는 것이 아니라 출생지가 사람을 소유하고 사람의 운명을 결정하는 셈이 된 것이다.

그리고 지역주의는 이처럼 여타 지역에 대한 지속적 배타로 나타날 경우 공동체의 통합윤리를 파괴하게 된다. 앞에서 살펴보았듯이, 한국의 사회적 관계에서 나타나는 지역주의 현상의 특징은 호남에 대한 비호남인의 경계와 배제이며 그것이 바로 한국사회에 심화된 지역주의의 또 다른 핵심 문제이다. 그리고 이러한 사회적 관계가 영남패권의 장기화와 비호남인의 호남(인)에 대한 배타성이 상호 작용하면서 더욱 심화되어 왔다는 데에 그 특징이 있다. 한국사회 지역균열의 정치구도가 안고 있는 문제가 바로 여기에 있었다. 이런 점에서 호남의 지역적 동원은 한국사회의 불평등과 차별에 대해 저항하는 지역주의였던 것이다.

이렇게 지역주의의 정치적 동원은 '영남의 지역패권,' '호남지역주의의 지속적 도전,' 그리고 '비호남의 호남에 대한 경계와 배제'라는 세 요소가 상호 작용하면서 작동되었다. 그리고 이것은 한국 정치발전과 정권교체의 딜레마로 작용해 왔다. 이 세 요소가 어떻게 나타나느냐에 따라 지역주의 구도와 그 상관관계는 달라질 수 있다. 제15대 대통령선거에서는 영남지역에 직접적인 기반을 둔 유력한 대통령 후보가 없어 영남패권의 동원구조가 박정희정권의 등장 이래 36년 만에 약화되었다. 이런 상황에서 이른바 DJP연합이라는 야당연합 및 지역연합을 통해 호남에 대한 경계에 따른 호남고립 구도를 극복하면서

한국 현대정치사에서 선거를 통한 최초의 여·야 정권교체가 이루어졌다.18)

3) 지역주의와 호남의 정치

　호남지역은 한국 역사에서 중앙집권적 통합 국가체제가 구축된 이래 통치의 대상지역으로만 존재했다.19) 적어도 고려시대 이래 김영삼정권에 이르기까지 호남사회가 중앙 정치세력에 포섭되거나 중앙 정치권력의 기반이 된 적은 한 번도 없었다. 그 동안 한국 역사에서 호남은 정치적 주변지역이자 통치의 대상지역이었을 뿐이다. 그런데 지위나 신분과는 상관없이 인구 자체가 정치적 자원이 될 수 있는 현대 시민국가 체제에 들어오면서, 호남은 정치적 동원자원으로서 어느 정도 잠재력을 갖게 되었다. 그리고 박정희정권 이래로 지역주의적 정권이 지속되는 가운데 정치적 저항과 도전세력으로 동원될 수 있었다. 특히 정치인 김대중의 좌절과 박해는 호남의 지역차별 상황과 상호작용을 하면서 한편으로는 지역차별과 소외에 대한 의식을 다시 불러일으키고, 다른 한편으로는 정치적 저항의 집

---

18) DJP연합을 둘러싼 논란과 평가에 대해서는, 김만흠, "15대 대선의 민주발전 과제와 지역주의," 『한국의 15대 대통령선거 전망과 언론·지방정치의 역할』, 1997년 10월 한국정치학회 충청지회 학술회의 논문집, 95-97쪽 참조.

19) 김만흠, 『한국정치의 재인식: 민주주의, 지역주의, 지방자치(서울: 풀빛, 1997), 137-152쪽.

단적 자원으로 동원화되었다.

호남의 이러한 정치의식과 지역적 정체감을 하나의 역사의식으로까지 진전시키면서 강화했던 결정적 계기가 바로 1980년의 광주항쟁과 그 좌절이었다. 광주항쟁이 당시 한국사회의 정치·경제적 문제가 그것의 핵심이었던 지역에서 폭발한 것이었든, 신군부 정치세력의 폭력과 이에 대한 저항이 우연히 이 지역에서 충돌한 것이었든 간에, 결과적으로 광주항쟁과 그 좌절은 한국사회에서 호남의 비극적 위상을 총체적으로 각인시켰던 것이다.

그 동안 호남의 세력화가 두드러질수록 호남에 대한 편견도 강화되어 왔다. 이로 인해 호남의 지역주의가 여타 지역주의를 불러일으키고 확산시켰다는 점에서 한국사회 지역균열 현상에 대한 책임론의 대상이 되기도 하였다. 그런데 모든 지역주의가 기본적으로 자기지역 중심주의일 수밖에 없지만, 호남 지역주의의 위상은 패권의 유지를 위한 지역주의나 상대지역에 대한 배제와 경계로부터 비롯되는 지역주의와는 성질을 달리하였다. 호남의 지역주의는 독점과 배타적 이기주의 이전에 지역적 소외와 한이 표출된 것이었다. 또한 그것은 박정희정권 이래 지역패권적 권위주의체제에 대한 비판과 저항의 핵심자원이 되어 왔다.

호남이 정치적으로 세력화하는 데 결정적 역할을 한 것은 앞서 지적했듯이 제15대 대통령에 당선된 김대중이었다. 호남은 지속적으로 정치권력의 주변에 머물렀으며 지역편견의 집중적인 대상이 되어 왔다. 그리고 경부축 중심의 산업화과정에서 상대적으로 소외되었으며 광주항쟁을 통하여 좌절과 희생을 경험하였다. 이처럼 호남은 한국사회에서 정치적·사회적 소외를 총체적으로 안고 있었다. 그러나 정치적 소외 자체가 곧 저항적 정치세력화로 이어지는 것은 아니다. 그것이 정치적 동원자원으로 전환될 수 있는 계기를 가져야 한다. 그런데 백성들이 통치의 대상에 불과했던 전통사회와 달리 시민주권에 바탕을 둔 현대정치 시대에 들어오면서 호남의 인구력은 일정한 정치적 잠재력을 갖는 자원이 되었다. 여기에 박정희정권 이래 지역패권적 권위주의체제는 호남의 주변화와 소외를 그대로 재생산하였으며, 상대적으로 정치적 비판과 저항세력에 정당성과 도덕성을 부여하였다. 이 시기에 김대중이라는 개인 정치가가 집권세력에 도전하는 유력한 대통령 후보가 됨으로써 호남의 지역의식이 정치적으로 동원될 수 있는 계기를 만들었던 것이다. 이후 김대중의 정치역정과 호남의 지역주의는 상호 작용하면서 진행되었다.

김대중 자신이 처음부터 호남의 지역주의적 위상을 대변하려 했는가에 대해서는 알 수가 없다. 하지만 제7대 대통령선거에서부터 집권세력의 선거전략과 호남에 대한 경계 속에서 그는 호남 지역주의를 대표하는 정치인이 되었다. 호남고립의 지역균열 구도 속에서 이러한 성향이 두드러지면 두드러질수록 지역패권과 장기집권 전략은 성공할 수 있었다. 따라서 이에 도전하는 김대중은 당연히 선거 등 정치적 경쟁과정에서 호남·비호남의 균열구도가 두드러지는 것을 가급적 피하고자 하였다. 그러나 호남고립의 지역균열 구도가 지속되어 오면서 호남과 김대중과의 운명공동체적 성격은 강화될 수밖에 없었다. 지역문제의 쟁점화를 가급적 피하고자 했던 김대중은 은퇴

후 다시 정계복귀를 시작했던 지난 1995년 지방자치선거에서부터 한국의 지역주의 문제를 정면에서 쟁점화시켰다. 그 이전처럼 지역주의 자체를 비판하는 것이 아니라 각 지역주의의 현실성을 인정하면서, 대신 특정 지역주의가 독점적 패권을 행사하고 여타 지역이 소외되는 지역패권 현상을 비판하는 이른바 '지역 등권론'을 주장하였다. 그리고 그것은 '지역간 정권교체론'으로 이어졌다.

김대중과 호남의 운명공동체적 성격은 단순히 호남출신의 한 유력한 정치인과 호남의 연계가 아니라, 그의 정치적 입지와 특성이 호남의 정치적·경제적·사회적 위상을 첨예하게 담아 내고 있었다는 데 있다. 그는 1971년 선거 이후 집권세력들을 위협하는 가장 강력한 정치가였으며 상대적으로 진보적 성향을 보인 정치가였다. 따라서 장기집권을 도모하는 집권세력은 '빨갱이,' '위험스런 인물' 등 그에 대한 부정적 이미지를 조작하거나 동원하였으며, 그것은 호남에 대한 부정적 편견과 상호 작용하였다. 부정적 편견의 확대재생산 과정이 그렇듯이 김대중에 대한 부정적 이미지는 호남에 대한 지역편견으로 그대로 이어졌으며, 호남에 대한 부정적 편견 역시 김대중에 대한 부정적 이미지로 이어졌다.[20]

이와 같은 김대중의 위상은 그 동안 한국 야당과 정권교체

---

[20] 호남과 김대중에 대한 부정적 편견이나 이들의 상호작용 관계에 대해서는 서울대 사회과학연구소·전남대 사회과학연구소·부산대 사회조사연구소, 『전남이미지 실태연구: 국민의식조사 결과보고서』 (1995); 강준만, 『김대중 죽이기』(개마고원, 1995); 『전라도 죽이기』 (서울: 개마고원, 1995) 등 참조.

의 딜레마로 나타났다. 즉 김대중은 호남의 지지를 바탕으로 야당을 끌어 갈 수 있었지만, 동시에 비호남 지역으로부터의 고립을 초래케 하여 김대중이 야당의 대표주자가 되는 상황이 오히려 야당의 집권을 어렵게 해왔던 것이다. 이에 따라 제15대 대통령선거에서는 집권세력은 물론 야당세력의 일부까지도 '지역할거 타파,' '3김청산,' '세대교체,' '제3후보' 등을 주창하면서 김대중을 비판했다. 또한 호남의 지지자들 중에서도 김대중의 계속된 도전과 좌절, 그리고 이 과정에서 누적된 여러 문제점들로 인해 김대중에 대한 불만과 한계를 토로하기도 했다. 그러나 현실적으로 김대중은 호남의 지역의식과 공동운명적 관계 속에서 호남의 지역권력 채널을 독점해 온 가운데, 결국 호남을 중심기반으로 한 정치세력의 집권을 성공시켰다.

이렇듯 호남의 현대적 정치동원화는 호남차별이라는 한국의 사회구조와 호남고립이라는 정치구조에 대한 저항과 도전의 양식으로 이루어졌다. 그리고 그것은 1997년 제15대 대통령선거에 이르기까지 김대중에 대한 집단적 지지로 이어졌다. 중앙정치가 한국의 정치과정을 지배했던 그 동안의 현실에서 결국 중앙권력에 대한 비판과 김대중에 대한 지지가 호남사회의 정치의식을 지배하는 핵심적 변수였다고 할 수 있다.

이상과 같은 과정을 거치면서 호남사회는 여타 다른 지역사회에 비하여 중앙권력에 대한 정치적 비판의식이 강한 경향을 보여 왔다. 또한 그 동안 호남사회는 중앙권력을 둘러싼 갈등과정에 동원되면서 상대적으로 강한 비판의식과 민주적 이데올로기를 보여주었지만,[21] 다른 한편으로 호남사회 자신에 대한 그런 정치의식과 행태를 보여주지는 못했다. 어떤 조직이나 집단이 대외적 목적에 동원되는 경우 자칫 대내적 가치나 질서의 문제를 경시하게 된다. 대외적 목적이 우선이기 때문이다. 반제국주의 운동을 벌이는 민족주의 운동과정에서도 민족 내부의 문제를 경시하거나 유보하는 양상이 흔히 나타나는 것도 이런 경우이다. 마찬가지로 그 동안 한국의 지역주의적 정치동원도 지역사회 내부가 아니라 외부를 향한 동원이었다. 그 결과로 지역주의적 동원이 지역기반의 정당조직이나 지역사회 자체의 민주화문제 등을 경시하게 만들었다.[22] 이에 따라 지방자치도 중앙정치의 볼모를 벗어나기가 힘들었다.[23] 이것이 중앙정치의 지역주의적 동원구조가 갖는 현실이자 한계였다. 호남사회의 경우 민주화를 기치로 내걸었지만, 여타 지역에 비해 집단적인 동원이 더욱 두드러졌던 만큼 어떤 면에서는 그러한 한계가 더 클지도 모른다.

이미 지방자치의 시대를 맞으면서 이와 같은 문제들에 대한 비판은 호남사회 내부에서도 제기되어 왔다. 그러나 중앙정치

---

[21] 이렇게 볼 때, 시민사회의 지역주의가 민주화를 촉진시키고 정권교체를 이룩하는 데 있어서 순기능을 수행하였지만, 정치사회의 지역주의는 정치파벌과 접맥되어 지역주의를 확대재생산하고 심화시킴으로써 정치발전과 국민통합을 저해하는 역기능을 하였다는 분석의 의미가 있다고 하겠다. 한용원, "군부정권과 지역주의," 한국정치학회 지역주의 특별학술회의 발표자료집(1999. 7. 16), 1쪽. 여기에서 시민사회와 정치사회에 대한 논의는 문병주, 『국가·정치사회·시민사회: 한국 민주주의의 이행과 공고화』(서울: 양지, 1999), 94-100, 119-123쪽 참조.

[22] 김만흠, 앞의 책, 106-109쪽.

[23] 위의 책, 317-321쪽.

를 둘러싼 권력투쟁이 당면과제로 인식되고 있는 상황에서 그것은 크게 주목받지는 못했다. 이제 중앙정치를 둘러싼 지역주의적 요인이 김대중의 당선으로 일정하게 해소되고[24] 지방자치의 영역이 확장되는 추세 속에서 호남 지역사회 내부의 구조 및 정치질서를 둘러싼 정치적 인식과 태도의 비중이 점차 커질 수밖에 없을 것이다. 이런 현실을 반영하듯, 호남지역의 시민단체들은 1998년 6·4지방선거를 계기로 지역주의적 정치동원 과정에서 폐해로 누적되어 왔던 문제를 개선하려는 시민운동을 전개하는 양상이 나타나기 시작했다.[25]

---

24) 김대중정권 출범 이후 지역주의적 요인들이 일정정도 해소될 것이라는 분석과 함께, 여전히 한국의 정치상황에서 가장 결정적인 요인으로 남을 것이라는 분석도 있다. 이 분석에 따르면 김대중정권 들어서 실시된 지방자치선거와 몇 차례의 보선에서 나타난 것과 같이 지역주의 현상이나 지역 정체성이 약화되기는커녕 내면화·고착화되고 있다는 것이다. 최영진, "김대중정부와 한국 지역주의의 장래," 1998년도 한국정치학회 연례학술회의 논문집(1998. 12. 3~5) 참조.

25) 경실련, 기독교청년회, 시민연대모임 등 광주지역 12개 단체 대표들로 이루어진 '올바른 지방자치 실현을 위한 1000인 시민위원회'를 구성하고 후보자의 자질과 상관없이 그 동안 특정 정당의 공천이 곧 당선으로 되어 왔던 광주지역의 비민주적 선거관행을 타파하기 위한 시민운동을 전개하면서, "아래로부터 후보결정을 통해 참된 지방자치를 넓혀야 한다"는 취지 아래 1998년 6월 4일의 지방선거에서 국민회의가 공천하는 광주시장, 5개 구청장, 지방의원들의 후보 공천과정을 주요 감시대상으로 선정했다. <한겨레신문>, 1998년 3월 30일, 25면.

제 3 부

지역지배구조의 형성배경(2): 호남사회의 정치환경과 지방정치

제1장 호남사회와 지역주의정치의 사회·경제적 맥락

1. 지역 연고주의와 호남차별의 지역감정

　연고주의가 한국사회의 사회적 관계를 지배하는 핵심변수임은 여러 연구를 통해서도 밝혀진 바 있다. 이런 연고는 가족·가문 등 혈연적인 것, 동창·교우 등 여러 사회 조직적인 것, 기타 우연한 계기를 통해서 형성된 연고 등 여러 가지가 존재한다. 그런데 그 동안의 연구결과를 보면 사회적 경쟁관계가 좁은 범위로 압축되는 엘리트들의 사회적 관계에서는 가문, 출신학교 등이 핵심적인 연줄망이 되고 있다.[1] 그러나 역시 일

---

[1] 지방 수준에서는 소속단체와 출신 고등학교가, 전국 수준에서는 출신 대학과 권력자와의 연줄이 사회적 연줄망에서 가장 중요한 것으로 나타났다. 김만흠, 『한국정치의 재인식: 민주주의, 지역주의, 지방자치』(서울: 풀빛, 1997), 155-156쪽; 안청시·김만흠, "지역사회의 민주화와 삶의 질: 지역간 비교연구," 『사회과학과 정책연구』, 제17권 2호(서울대 사회과학연구소, 1995), 18-19쪽; 서울대 사회과학

반인 수준에서는 가문 및 출신학교를 포함하는 지역단위의 집단 기준이 가장 보편적이고 포괄적인 정체감이자 연줄망이 된다. 물론 전라, 경상 등의 지역구분 외에도 마을, 읍·면, 군 등의 지역단위도 지역 정체감의 주요한 범주이다. 집단의 규모가 작을수록 집단 정체감이 클 수 있다는 점에서 이런 소규모의 지역 정체감이 전라, 경상 등의 지역 정체감보다 더 강할지도 모른다. 그러나 전국적인 교류와 사회적 관계 속에서는 읍·면 등 작은 단위의 지역범주보다 도(道)별 지역단위 및 영·호남 등의 광범한 지역범주가 더 보편적 의미를 갖는 지역구분으로 기능하였다.

오늘날 한국사회에서는 강원, 충청, 전라, 경상 등 이른바 출신지역별 소속이나 정체감은 이른바 지역주의적 정치동원화 과정에서 특히 주목받게 되었다. 혹자들은 지역주의적 정치동원이 마치 사회현실을 잘못 반영하는 것이라면서 왜곡된 정치현상으로 비난하기도 한다. 그러나 사회생활에서 지역주의가 전혀 무의미한 상황에서는 그것이 정치적으로 동원되기 어려울 것이다. 또한 지역주의적 정권의 장기집권과 이에 따른 지역주의적 정치동원은 한국의 정치적·사회적 관계에서 이미 지역주의를 주요한 변수로 만들어 버렸다.

물론 한국의 전통사회에서부터 지역균열의 잠재적 요인들은

연구소·전남대 사회과학연구소·부산대 사회조사연구소, 『전남이미지 실태조사: 전문가 의견조사 결과보고서』(1995), 3-34쪽. 여러 가지 인과관계를 고려했을 때 중앙을 무대로 한 일반인들의 사회적 관계에서는 결국 출신 고등학교를 포함한 출신지역이 가장 중요한 사회적 연줄망으로 작용하고 있다고 판단된다.

존재했다. 그러나 그것은 상대적으로 미미한 것이었다. 이 점과 관련하여 한국에서는 일찍이 지방적 세력이 제거되고 중앙집권적 지배가 긴 기간 동안 지속되어 왔으며, 인종이나 종교, 언어상 균열과 대립의 자원이 결여된 채 보편적 가치체계가 지배하였다는 지적에 주목해 볼 필요가 있다.2) 그런데 오히려 현대 국민국가로의 재통합과정에서 그러한 잠재적 지역균열 요인들이 완화되거나 재통합되었던 것이 아니라 확산되고 심화되었다. 박정희정권 이래 지속된 지역주의적 정권의 장기집권과 이에 따른 지역주의적 정치동원화는 각 지역별 지역 정체감을 강화시키는 계기가 되었다. 특히 이 과정에서 지역주의적 정권에 대한 가장 강력한 도전세력으로 등장했던 호남의 지속적 좌절과 소외, 그리고 호남인에 대해 가해진 사회·경제·문화 등 제반 영역에서의 차별은 호남의 집단 정체감을 강화시켰다. 이것은 상대적으로 여타 지역의 지역 정체감을 형성하거나 강화하는 결과로 이어졌다. 특정 집단에 대한 배제, 소외, 부정 등이 집단 정체감을 강화하는 결정적 계기임은 여러 정치·사회학자들에 의해서도 지적되고 있다.3)

---

2) 한국 전통사회의 중앙집권화와 고도의 동질성은 정치적·경제적·사회적 변화를 수행할 응집력 있고 전문적인 기구의 형성을 저해하였으며, 중앙권력에 대한 사회의 원자화된 의존을 증대시켰다. 이러한 상황 속에서는 지역적 특성이나 중앙과 지방, 엘리트와 대중을 매개하는 중간조직은 독자적인 기능을 수행할 수 없게 되며, 중앙에 흡수되거나 유명무실하게 되어 더욱더 중앙의 권력과 위계적 관료조직에 지배당하게 되었다. Gregory Henderson, *Korea: The Politics of the Vortex* (Cambridge: Harvard University Press, 1968) 참조.

3) Thomas Scheff, "Emotion and Identity," Craig Calhoun, *Social Theory*

오늘날 한국사회 지역균열의 주요집단이 되고 있는 전라, 경상, 충청 등의 지역범주 형성은 그 역사가 매우 깊다. 앞에서도 개괄적으로 살펴보았지만, 전라(호남), 경상(영남)의 지역구분은 적어도 고려 초기 '오도 양계'(五道兩界) 행정구역 체계에서부터 등장한다. 경기, 강원, 충청, 전라, 경상, 황해, 평안, 함경도의 8도 체제는 조선 태종 때의 행정구역 체계인 '조선 8도'에서 비롯되었다.4) '조선 8도'의 지역편제는 갑오경장 이후인 1896년 충청, 전라, 경상, 평안, 함경이 남북도로 갈라져 13도가 되었고, 1946년 제주도가 전라남도에서 분리되어 도(道)로 승격되었으며, 이후 서울특별시, 각 직할시(광역시) 등의 행정구역 단위가 생겨났지만, 남한 내 지역균열의 범주로 나타나고 있는 전라, 경상, 충청 등의 커다란 지역구분은 조선 초기에서 오늘에 이르기까지 그대로 이어져 내려오고 있다. 호남과 영남이라는 지역 개념은 전라와 경상을 지칭하는 다른 개념이며, 전라와 경상 개념보다 훨씬 오래되었다.

최소한 조선시대에서부터 오늘날까지 이어져 온 이러한 지역구분은 한국사회에 있어서 집단 및 지역구분의 보편적 개념

---

and the Politics of Identity (Cambridge: Blackwell, 1994), p.281.

4) 조선 8도는 태종 2년(1402)에 전국을 경기·충청·전라·경상·강원·황해·평안·함경으로 나누고 관찰사를 배치하여 도내의 정사를 주관케 하였다. 道의 명칭에는 王城이 있는 특별지구라는 뜻의 京畿 이외에는 당시의 주요 도읍명이 반영되어 있다. 즉 忠淸은 忠州와 淸州, 全羅는 全州와 羅州, 慶尙은 慶州와 尙州, 江原은 江陵과 原州, 黃海는 黃州와 海州, 平安은 平壤과 安州, 咸鏡은 咸興과 鏡城이 있는 방면의 땅이라는 뜻이다. 권혁재, 『한국지리』(서울: 법문사, 1988), 17-18쪽 참조.

이 되었다. 그러면서 자연스럽게 가문, 문벌 등과 더불어 특정 개인들의 소속을 규정하는 주요 집단의 준거가 되었다. 더구나 고려시대 이래의 특정지역에 대한 차별과 편견은 이런 지역적 정체감을 더욱 강화하는 계기로 작용하였다. 물론 전통사회의 사회적 관계에서 가장 유의미한 집단 준거는 소수의 관리 및 양반을 대상으로 사용되었던 가문 및 문벌이었다. 가문 및 문벌이 별로 의미를 갖지 못했던 기층민중 수준에서는 가문 및 문벌도 지역구분 속에 포괄되었다고 볼 수 있다.

현대사회에 들어오면서 지역구분이 한국인 전반에 대해 가장 포괄적이고 일반화된 호명의 기준이 되었다. 정체감이 사회적 관계 속에서 그 의미를 갖게 된다는 면을 감안한다면, 사회적 이동과 지역간 상호작용이 극히 미미하였던 전통사회에서 대다수의 기층 지역 주민들에게 지역 정체감은 그렇게 유의미한 준거가 되었다고 볼 수 없다. 그러나 신분사회가 해체되고 근대화를 중심으로 사회변동을 겪으면서 지역 주민간의 상호작용이 증가함에 따라 지역구분은 여타 지역 주민들과의 관계 속에서 그 의미가 커지게 되었다. 더구나 그 동안 지역주의적 정치동원과 지역적 정체감은 상호 작용하면서 강화되어 왔다. 여기에서 유용한 지역규모는 작은 지역보다 전국을 2~4개로 나누는 큰 지역단위였다. 읍·면이나 군 등 작은 지역단위는 대통령선거 등 중앙권력을 둘러싼 권력경쟁의 과정에서 결정적 영향을 미치는 변수가 될 수 없었다. 일본의 경우에도 현민성(縣民性)이라는 뚜렷한 지역별 정체감 및 지역의식이 존재하는데, 그것이 수십 개의 단위로 나누어지는 것이기 때문에 중앙 정치과정에서 중요한 동원자원이 되지 못하고 있다.

물론 한국의 지역 정체감 및 지역의식은 출신지역이라는 일차적 요소에 근거하고 있다. 따라서 전통사회적 속성의 변화와 더불어 이런 집단적 정체감도 변화할 수 있다. 특히 사회구성원들간의 상호교류의 증가와 생활 시·공간의 확장을 특성으로 하는 근대사회의 진전은 전통적이고 일차적인 집단의식을 약화시키기 마련일 것이다. 한국사회에서도 근대화의 과정 속에서 전통적 공동체의 상당부분이 해체되고 토착 지역 주민들의 타지역 이동이 증가하였다.5) 그런데 토착지역을 떠난 사람들에게서 출신지역이라는 정체감은 오히려 현실생활 속에서 중요한 의미를 가지게 되었다. 고향을 떠나 생활하면서 이른바 '고향의식'이라는 지역적 정체감을 갖게 되었고, 이는 오늘날 한국사회의 지역적 정체감을 재형성하는 주요한 기제가 되었다.

앞서 정리하였듯이, 집단 정체감은 기본적으로 자기 내부집단에 대한 연고의식 및 동류의식과 상대 집단에 대한 거리감 및 배타성으로 나타난다. 그런데 집단 정체감에 내포된 상대집단에 대한 거리감과 배타성은 정도의 문제로서, 그것이 특정 상대집단에 대한 지속적 배제와 차별로 이어진다면 사회의 전체 수준에서 볼 때에는 균열과 갈등을 초래하게 된다.6)

한국사회의 지역주의 현상에 대해 비판하는 사람들은 연고주의를 전근대적 현상이라는 점에서 비판한다. 연고주의가 전

---

5) 통계청 자료에 따르면, 1970년에는 전체 인구의 21%, 1980년에는 30.2%, 1990년에는 41.3%, 그리고 1995년에는 남한 전체 인구의 44.3%가 타향살이를 하고 있는 것으로 나타났다. <한겨레신문>, 1997년 9월 4일.

6) Craig Calhoun, op. cit., p.4.

근대적이라는 논지에서의 비판은 이론적으로 적절하지 못하다.7) 왜냐하면 연고주의나 집단 정체감은 사회적 관계에서 자연스럽게 나타나는 생활양식 중의 하나이기 때문이다. 문제는 특정 연고주의 및 집단 정체감이 여타 집단을 배제하고 부정하는 것으로 나타나면서 공동체의 도덕과 윤리를 파괴하는 경우이다. 한국사회의 지역의식에 나타난 공통적 특성 중에 하나는 비호남지역(인)의 호남지역(인)에 대한 경계와 배제 경향이다. 이른바 호남에 대한 부정적 편견이라 하겠다. 이는 지역간 거리감과 호오도(好惡度)에 대한 여러 연구들에서도 실증적으로 조사된 바 있다.

가족의 배우자, 가까운 친구, 사업의 동반자, 가까운 이웃 등의 관계에 있어 호오도를 조사한 한국사회학회의 1988년도 조사에 의하면,8) <표 5>에서 보여주듯이 전라도 사람에 대하여 거부감을 보이는 응답자의 비율이 가장 높고(전남 48%, 전북 45%), 다음으로 이북출신(24%), 그리고 경상, 서울, 제주 순이다. 반면 충청, 강원, 경기는 상대지역으로부터의 거부감이 가장 낮다. 그리고 타 지역 주민에 대한 배타성에 있어서는 제주, 경상, 강원, 충북에서 두드러진다. 반면에 전남, 충남에서는 타 지역에 대한 배타성이 낮게 나타난다.

---

7) 한국의 지역주의 현상에 대한 근대화론적 비판론의 진단에 대해서는 김만흠, 앞의 책, 101-106쪽 참조.
8) "한국의 지역주의와 지역갈등" 연구와 관련하여 1988년 10월 1~20일 전국의 성인남녀 2,011명을 비례확률 표집방법에 의해 추출하여 조사한 것임. 한국사회학회 편, 『한국의 지역주의와 지역갈등』(서울: 성원사, 1990) 참조.

〈표 5〉 출신지역별 지역(민)간의 호오도(1988)

(단위: %[거부율])

상대 응답	서울	경기	강원	충북	충남	전북	전남	경북	경남	제주	이북	평균
서울	4.6	4.6	5.2	6.5	7.2	38.6	39.2	14.4	12.4	7.8	12.4	14.8
경기	7.7	3.4	3.9	5.2	5.2	39.9	40.8	9.4	9.9	8.6	15.9	14.2
강원	21.7	13.2	4.7	6.6	6.6	47.2	49.1	14.2	16.0	19.8	32.1	22.6
충북	12.0	7.2	10.4	4.0	5.6	48.8	50.4	13.6	15.2	19.2	40.0	19.4
충남	7.2	3.2	4.5	2.7	2.7	32.4	35.1	6.8	7.2	5.4	10.4	10.7
전북	14.7	9.6	11.9	7.3	7.3	2.8	9.0	31.6	31.1	14.7	32.8	15.5
전남	9.7	6.9	9.3	8.0	7.3	6.6	3.1	25.6	25.6	8.3	18.0	11.2
경북	13.8	10.1	9.8	9.8	9.8	53.2	55.4	3.4	5.8	16.8	31.2	20.6
경남	23.0	15.2	11.1	9.8	9.8	51.4	55.7	9.8	3.4	15.2	27.0	22.7
제주	15.6	13.3	13.3	13.3	11.1	48.9	60.2	15.6	15.6	0.0	33.3	24.0
이북	10.3	10.3	3.4	6.9	6.9	37.9	37.9	17.2	13.8	10.3	3.4	15.5
평균	13.4	9.1	8.4	8.1	7.8	45.2	47.7	16.9	17.0	12.4	23.8	

* 자료: 나간채, "지역민간의 사회적 거리감," 한국사회학회 편, 『한국의 지역주의와 지역갈등』(서울: 성원사, 1990), 79-100쪽을 토대로 재구성한 것임.
* 설문내용: 선생님께서는 다음의 경우에(가족의 배우자, 사업의 동반자, 가까운 친구, 가까운 이웃으로서 등 4개 부문) 어떻게 생각하십니까(선택내용: 찬성/중간/반대).
* 여기에서는 반대에 대한 비율의 평균을 백분율로 표시하였음. 평균에 있어서는 지역별 내집단(in-group)간의 반대율을 제외하였음.

이러한 조사결과들을 본다면, 제주와 경상은 지역내 집단에 대한 정체감도 강할 뿐더러 여타 외부지역에 대한 배타성도 상대적으로 강한 것으로 나타나고 있다. 또 전라도(특히 전남)

지역은 지역내 집단 정체감은 강한 반면 여타 외부지역에 대한 배타성은 상대적으로 약하다고 할 수 있다. 그리고 충남의 경우는 집단 정체감도 약하지만 동시에 상대지역에 대한 배타성도 약하게 나타나고 있다. 물론 이 자료는 1988년의 조사자료이므로 충남의 경우 그 이후 김종필을 매개로 한 지역적 정치동원이 이루어지는 경험을 통해서 집단 정체감이 상대적으로 강화되었을 것이라 추측할 수 있다.

〈표 6〉 결혼에 있어 특정지역 출신에 대한 반대율(1987)

(단위: %[반대율])

상대 출신지	응답자 출신지역							
	서울	경기	강원	충청	전라	경상	제주	평균
서 울	(0.0)	5.7	9.4	8.1	8.1	9.1	10.8	8.5
경 기	4.9	(1.3)	2.8	3.1	8.4	8.9	13.5	6.9
강 원	7.7	6.3	(4.7)	10.3	15.6	10.7	24.3	12.5
충 청	6.3	11.3	7.5	(4.6)	11.0	9.3	21.6	11.2
전 라	38.0	45.5	48.1	47.3	(3.1)	46.1	48.6	45.6
경 상	16.9	12.0	10.4	15.3	29.8	(3.0)	10.8	15.9
제 주	19.0	21.7	14.2	25.3	17.3	23.3	(5.4)	20.1
평 균	15.5	17.1	15.4	20.8	15.0	17.9	24.6	17.3

* 설문내용: 다음 지역의 출신 사람들이 (미혼인 경우) 선생님의 배우자 또는 (기혼인 경우) 선생님 자녀의 배우자가 된다면 어떻게 하시겠습니까?
* 선택내용: 반대할 것이다/반대하지 않을 것이다.
* 평균에 있어서는 자신의 출신지역에 대한 반대율을 제외하였음.

그런데 이러한 지역적 정체감과 배타성이 지역간 균열을 의미한다고 할 수는 없다. 단지 한국사회의 지역의식 속에 내포된 지역균열의 잠재적 방향성을 유추할 수 있을 뿐이다. 또한 이러한 지역균열의 잠재적 방향성도 여타 다른 요인에 의해 상쇄될 수 있을 것이다.

〈표 7〉 결혼 및 동업에 있어서 특정지역에 대한 반대율(1997)

(단위: %[결혼/동업])

상대 출신지	응답자 출신지역								
	서울	경기	강원	충청	전라	경상	제주	이북	평균
서울,경기	(0.0)	(0.9)	0.0	4.2	4.3	4.0	8.3	9.1	3.9
	(0.7)	(2.7)	6.7	3.1	6.3	8.7	9.1	9.1	6.7
강 원	2.8	0.0	(1.3)	2.1	8.5	4.3	4.8	0.0	4.2
	4.2	1.8	(2.7)	1.0	10.2	6.1	4.8	9.1	5.5
충 청	5.6	3.6	4.0	(1.6)	3.9	6.3	4.8	18.2	5.8
	6.3	5.5	5.4	(1.6)	8.3	9.3	4.8	18.2	7.8
전 라	18.2	29.8	22.4	22.1	(1.5)	34.7	36.4	27.3	27.7
	20.4	29.7	29.3	30.9	(3.1)	40.2	36.4	36.4	32.8
경 상	11.1	11.5	2.7	7.3	15.1	(1.4)	0.0	18.2	10.5
	9.9	9.1	6.7	8.3	16.8	(1.7)	4.3	9.1	11.1
제 주	11.8	6.3	4.0	6.3	4.3	6.7	(9.5)	18.2	6.6
	7.0	5.5	9.5	6.8	3.9	8.1	(9.5)	18.2	6.7
이 북	14.6	16.4	19.2	15.3	16.0	23.6	19.0	(0.0)	18.3
	10.6	9.3	25.4	10.6	16.7	24.9	23.8	(0.0)	17.3

* 자료: 한국선거연구회, "15대 대선과 정치의식"에 관한 조사자료(1997).
* 설문내용: 선생님께서는 다음의 각 경우에 각 지역출신 주민들을 어떻게 생각하십니까?
* 선택항목: 찬성/중간/반대
* 평균은 자신의 출신지역에 대한 응답을 제외한 것임.

한국사회의 지역간 호오도 및 거리감에 있어 이런 점들을 감안하더라도 전라도인에 대한 여타 지역인들의 거부감은 매우 두드러져 보인다. 전라도의 외집단 지역들에서 가장 강한 거부감을 보이는 지역이 모두 전라도이며, 그 정도에 있어서도 <표 5, 6, 7>이 보여주듯이 여타 지역과 비교할 수 없을 정도로 강하다. 최홍국의 연구에서도 응답자 중 63.5%가 전라도 사람에게 월세나 하숙을 주기 싫다고 응답하고 있다.9) 김만흠의 1987년의 조사에 따르면, 조사대상자들의 45.6%가 전라도 출신을 가족의 배우자로 삼지 않겠다고까지 말하고 있는 실정이다 (<표 6>).10)

한국의 지역주의에서 나타나는 호남에 대한 배제 및 경계는 전통사회의 지역편견이 근대화와 현대 정치과정에서 더욱 강화되고 확산된 결과이다. 앞에서 살펴보았듯이 전통사회에서의 지역편견은 정치적 주변지역임과 동시에 집권세력에 대해 가장 강력한 저항력을 가졌던 지역에 집중되었으며, 그 구체적 대상지역은 서북지역(평안도 및 황해도 일부)과 전라도 지역이었다. 그런데 남북이 분단되면서 남한 내에서는 전라도가 유일하게 지역편견의 굴레를 승계하게 되었다. 이런 가운데 한국의 근대화과정에서 호남은 경제적 주변화의 부정적 폐해를 가장 많이 받게 되었다. 또 박정희정권 이래 지역주의적 정권은 호

---

9) 최홍국, 『한국인의 투표성향과 지역감정에 관한 조사연구: 1987 대통령선거 성향분석』(서울: 현대사회연구소, 1988), 61쪽.

10) 1987년 8월 26일~9월 2일 전국의 18세 이상 2,050명을 행정구역 체계에 따라 계통 추출하여 현지 조사하였다. 김만흠, 『한국사회 지역갈등연구』(서울: 현대사회연구소, 1987) 참조.

남에 대한 경계와 부정이라는 전통적 지역편견을 집권전략으로 삼아 왔다. 특히 전통사회에서 강력한 저항지역일수록 부정적 편견이 형성되었던 양식과 마찬가지로, 전라도가 1970년대 이후 지역주의적 독재정권에 대한 저항세력의 대표적 기반이 되는 과정에서 이 지역에 대한 부정적 지역편견은 더욱 강화되었다.

해방 이후 사회적 유동성의 증가에 따라 지역 주민간의 상호작용도 급증하게 되었다. 그런데 급격한 사회적 유동성은 지역 주민 상호간에 깊이 있는 인간관계를 형성하지 못하고 극히 표피적인 인간관계를 만들기 마련이다. 따라서 기존의 고정관념이나 지역 연고가 새로운 인간관계에서도 크게 작용하게 되었다.[11] 이로 인해 결국 지역민간의 상호작용의 증가는 새로

---

[11] 지역특성에 대한 편견적 고정관념은 지역차별에 의한 정치적 소외와 더불어 지역감정을 더욱 부채질하였다. 예를 들어 이중환의 『擇里志』와 안정복의 『八道評』은 전통적 농경사회에 대한 긍정적 평가라기보다는 폐쇄성과 협소성만을 꼬집는 내용이 대부분으로 특정지역에 대해 편견적으로 묘사함으로써 후대에 이것이 바로 고정관념으로 일반화되는 악영향을 미치게 되었다. 문석남, "지역감정의 원인과 해소방안," 김호진 외, 『한국의 민주화: 과제와 전망』(서울: 경남대 극동문제연구소, 1989), 73쪽. 그러나 전남·광주·대구·경북 등의 지역 중·고·대학생 1,010명을 대상으로 캘리포니아 성격검사를 사용하여 조사한 연구에 따르면, 호남 학생들이 영남 학생들보다 지배성, 안정감, 독자적 성취, 융통성 등의 척도에서 유의미하게 높은 점수를 나타내고 있으며, 호남인의 성격이 영남인의 성격과 크게 다르지 않다는 것을 보여주고 있다. 오수성·고형일·이무석, "지역갈등의 요인으로서 성격특성에 관한 연구," 『성곡논총』, 제21집(1990), 97-138쪽 참조.

운 인간관계를 형성하는 것이 아니라 전통적 지역편견이 광범하게 확산되는 계기가 되었다.

서구의 근대화과정에서 전통적인 일차집단 외에도 새로운 사회적 집단과 연결망이 존재했다. 종교, 직장 및 계층적 지위 등에 따른 사회적 연결망이 형성되었으며, 이들이 시민사회의 공공영역을 활성화시키는 기초가 되었다. 전통사회에서 통치원리의 핵심이었던 종교는 근대화과정을 거치면서 민중의 생활양식으로 전환됨으로써 각 개인들의 사회생활에서 공공영역을 구성하는 중요한 구심점이 되었다. 또 산업화과정에서 나타난 실업문제, 노동조건 등은 직업별, 계층·계급별 지위에 따른 이익집단들을 조직화하도록 만들었으며, 이들은 종교와 더불어 서구 시민사회의 전개과정을 규정하는 중요한 변수가 되었다.

한국은 근대화과정을 거치면서 종교가 보편적 생활양식의 구심점이 되는 계기를 갖지 못하였다. 현대로의 전환기에 민중의 종교이자 생활양식으로서의 가능성을 갖고 있었던 동학운동은 제국주의의 침탈 속에서 좌절되었다. 또한 유교 등의 전통적인 종교 역시 서구 기독교에 토대를 둔 서구적 생활양식과 정치원리의 이식으로 이루어진 현대로의 이행 속에서 그 위상을 제대로 정립하지 못했다. 그리고 서구에서 나타났던 산업화의 과정에서 직업별, 계층·계급별 분화는 한국 현대정치의 발생론적 특성, 급속한 산업화과정, 남북분단으로 인한 권위주의체제 등장 등의 요소와 맞물리면서 정치·사회적 동원력을 별로 발휘하지 못했다. 이런 상황에서 사회적 연결망과 정체감의 자원으로서 지역적 정체감이나 연고의식은 더 큰 힘을 발휘하게 되었다.

1960년대 이후 한국정치의 지역주의적 성격과 지역적 경제구조는 기존의 지역편견을 더욱 확대・심화시켰다. 1960년대부터 본격적으로 추진되었다고 볼 수 있는 불균등 성장거점전략은 지역간 경제적 격차를 형성하였으며,[12] 게다가 이러한 지역격차가 고려시대 이래 누적되어 왔던 정치적 중심과 주변관계에 병렬하여 나타남으로써 한국사회의 지역관계에 정치적・경제적, 그리고 사회심리적 중심과 주변관계를 중첩적으로 구조화시켰다. 여기에서 전라도 지역의 중첩된 주변성은 여러 측면에서 전라도인에 대한 부정적 편견을 확대재생산하는 현실적 배경으로 작용하게 되었다.

특히 공업화 위주의 성장전략이 수행되는 가운데 농업부문에 종사했던 상당수의 사람들이 대도시의 비공식부문이나 저임 노동부문 등에 종사하게 되어 사회・경제적 하위계층을 형성하게 됨에 따라, 이 하위계층의 문화에 대한 부정적 인식이 전라도인 전반에 대한 부정적 편견을 확대 재생산하는 주요한 요인이 되었다고 할 수 있다. 전국에서 가장 많은 농업 경작지를 점유하고 있었으며 상대적으로도 농업에 대한 소득의존도가 높았던 전라도 지역은 공업화과정에서 가장 많은 이농 및 탈농인구를 배출하게 되었다. 더구나 지역 내 공업지역이나 거대도시가 취약했던 상황에서 전라도 지역은 서울, 부산 등 원거리 중심도시로의 이주민을 가장 많이 배출하였다. 사실 지역

---

[12] 성장거점이론(growth pole theory)에 대해서는, P. F. Perroux, "Economic Space: Theory and Applications," *The Quarterly Journal of Economics*, Vol.LXIV(1950), pp.89-104 참조.

간 경제격차가 지역 주민의 의식 및 생활구조에 영향을 미친 가장 결정적 요인은 지역경제력 그 자체뿐만 아니라 그것의 파급효과였다. 경부축 중심의 불균형 성장과정에서 강원, 충청, 전라 등이 모두 경제적으로 주변화된 지역이 되었으나, 이에 따른 부정적 파급효과는 전라도에 가장 많이 미쳤다. 낯선 곳으로의 원거리 인구이동, 정치·경제적 소외와 전통적 지역편견에 따른 불리한 사회적 관계 등에 따른 폐해를 가장 많이 입은 지역이 전라도가 되었다.

이런 상황에서 대도시의 하위계층 문화나 행태에 대한 부정적 인식의 상당부분이 대도시 하위계층의 주요 구성원인 전라도인에 대한 부정적 편견으로 연결되었을 것이라 생각된다. 이러한 현실인식은 TV, 라디오 등의 방송매체에서 하위계층의 부정적 행태나 언어의 대다수가 전라도인의 행태나 언어를 통해 묘사되는 상황에서 단적으로 드러났으며, 그것은 다시 전라도인에 대한 부정적 편견을 강화하고 확산시키는 악순환으로 이어졌던 것이다. 이런 점에서 그 동안 한국사회를 지배했던 언어의 구조는 불평등한 정치·경제적 지배가 불평등한 문화적 지배에 이르게 된다는 것을 그대로 보여주고 있으며, 극단적으로 표현하고 있는 전라도인에 대한 부정적 편견을 고정관념화하는 악순환을 초래하였다.[13]

---

13) 아울러 지역언론들 역시 1987년 민주화 이후 정론을 펴기보다는 지역 유권자들이 후보자에 대해 갖고 있는 기존의 이미지를 지지하고 보완하는 메시지를 재생산함으로써 지역사회의 지배적 가치나 권력관계를 반영하는 데에 일조하였다. 강상현, "영호남 지방신문에 나타난 대통령후보 이미지비교," 한국사회언론연구회 편,『언론, 선출되지

호남문화를 학술적으로 접근하고 연구하는 사람들은 호남문화의 민중성과 여기에 포함된 한의 정신과 변화지향을 높이 사기도 한다. 이해준 등은 1980년의 광주항쟁도 이런 역사성 속에서 파악되어야 한다고 주장하기도 하였다.14) 그러나 정치·경제적 지배질서와 맞물린 한국의 문화권력 체계는 호남에 대한 부정적 편견을 대중사회에 확대시켰다. 특히 대중매체에서 이른바 전라도 사투리를 통해 묘사되는 대부분의 민중의 생활이나 문화는 대부분 룸펜문화이거나 부정적인 것이었던 것이다.

몇 해 전 대중의 주목을 받으면서 '모래시계 세대'라는 신조어를 만들어 냈던 드라마 '모래시계'는 극중에서 호남출신들이 주인공이었던 보기 드문 TV드라마였다. 그런데 세 남자 주인공 중에서 영웅적 주인공 역을 맡았던 두 사람은 모두 서울 표준말을 썼지만, 가장 비열한 악역을 맡았던 한 사람(이종도/정성모 분)만은 줄기차게 전라도 사투리를 쓰는 것으로 묘사되었다.15)

않는 권력』(서울: 한울, 1992), 115쪽. 이처럼 언론은 장기간에 걸쳐 지역적 시민사회에 담론을 형성하고 사회화를 추진함으로써 고정화된 지역균열 구도를 재생산하고 심화시켰던 것이다.

14) 이해준, "호남지역의 역사와 문화," 최협 엮음, 『호남사회의 이해』 (서울: 풀빛, 1996), 86-87쪽.

15) 여기에서 우리는 TV라는 대중매체가 호남인을 어떻게 인식하도록 하였는지에 대해 생각해 볼 필요가 있다. 광주항쟁시 TV는 지배세력의 현실인식과 정치적 의도를 그대로 방영하여 광주시민을 '폭도'로 매도함으로써 대다수 국민들로 하여금 광주를 '과격한 반란의 도시'로 각인시켰다. 또한 TV드라마를 통해 전라도민에 대한 부

1997년 12월 호남출신의 정치적 구심점으로 간주되었던 김대중이 대통령이 된 이후 TV 등 방송매체에서 극중 배경과 사투리의 사용에 많은 변화가 있다는 지적이 있기도 하다. 사실 그 동안 간혹 민중과 서민들의 건강한 삶을 배경으로 한 방송소재나 TV드라마의 배경이 대부분 경상도였다면,16) 정권교체 후 초기에 전라도가 그것을 대체하고 있는 경향도 보였다. 어느 드라마에서는 사기행각을 벌이는 부부가 경상도 사투리를 쓰고 있어 이에 대한 비판이 제기되기도 하였다.17) 이런 현실은 한편으로 한국사회에서 정치적 권력구조가 언어를 포함한 문화적 위계질서에도 그대로 영향을 미쳤음을 보여주는 것이며, 다른 한편으로 그 동안의 호남에 대한 부정적 편견이 재생산되어 왔던 역사를 반증하는 것이라고도 할 수 있다.

분권체제의 통합을 통해 현대국가를 형성했던 유럽 국가들에서 가장 우선적인 통합과제의 하나는 언어의 표준화였으며, 언어체계의 헤게모니나 존속을 둘러싼 싸움이 공동체의 분열에 이르기까지 하였다. 한국은 다른 나라들에 비해 단일 정치공동체의 역사가 깊기 때문에 상대적으로 문화적 이질성이 별로 크지 않다. 그런 가운데도 각 지방의 사투리를 포함한 지방 나름대로 특유한 문화가 존재한다. 이러한 문화들이 다원적 자

정적인 고정관념을 표현함으로써 그것을 고착화시키는 잘못을 범하기도 하였다.

16) 김만흠, 앞의 책(1987), 164-165쪽 참조.

17) MBC에서 주말 드라마로 방영하여 시청률 1위를 기록하였던 '그대 그리고 나.' <한겨레신문>, 1998년 3월 10일. 이처럼 지역감정을 부추기는 것 중의 하나가 바로 대중매체임을 알 수 있다.

원으로 조화를 이룰 수 있다면 한국의 문화는 각 지방문화의 특유성을 살리면서 통합을 유지할 수 있는 적절한 사회구조를 가지고 있다고 볼 수 있다. 그런데 그 동안 한국사회는 서울이 지배하는 가운데 지방이 소외되었고, 영남이 장기적 지역패권을 행사하는 가운데 상대적으로 호남에 대한 배제가 이루어졌던 것이다. 결과적으로 호남은 중앙·지방관계의 차별과 지역적 차별을 중첩적으로 부과받았다고 하겠다.

〈표 8〉 5·18과 지역감정의 관련성에 관한 평가

구 분	매우 관련있다	관련 있는 편이다	관련 없는 편이다	전혀 관련이 없다	모르겠다
응답율(%)	14	55	18	2	11

* 대상: 대구·경북지역의 대학생(경북대, 대구대 사회과학대학 1, 2, 3학년) 200명.
* 질문: 5·18과 지역감정이 관계 있다고 보십니까?

여기에서 호남에 대한 지역감정을 파악하여 보기 위하여 대구·경북지역 대학생들이 갖고 있는 5·18에 대한 인식을 조사한 결과를 보도록 하자(<표 8>). 그 조사에서는 학생들의 5·18에 대한 사회적 인식을 알아보기 위해 5·18과 지역감정이 관련성이 있는지에 대해 질문을 해보았다. '5·18과 지역감정이 관계 있다고 보십니까?'라는 질문에 '매우 관련 있다' 14%, '관련 있는 편이다' 55%, '관련 없는 편이다'가 18%, '전혀 관련이 없다'가 2%, '모르겠다'가 11%로 나타나, 69%의 학생들이 5·18과 지역감정이 관련이 있는 것으로 인식하고 있었다. 이것은 당시 항쟁의 초기부터 나돌았던 지역감정과 관련된 유언비어 (그것이 신군부세력의 의도였든 아니었든)들이 신군부세력의 집권 이후 더욱더 교묘하고 집요하게 유포되고 또한 정치적으로 조장됨으로써 많은 국민들이 실제로 항쟁을 지역감정과의 깊은 연관 속에서 바라보고 있음을 알 수 있는 내용이다. 이 부분은 5·18과 관련된, 항쟁 이후의 여러 가지 주요 담론들 중에서 지역감정의 담론이 빼놓을 수 없는 핵심담론으로 자리하고 있다는 것을 또한 의미한다고 볼 수 있다.

또한 설문에 응한 대학생들에게 "영·호남 지역감정에 관한 이야기를 들어본 적이 있다면 그 예를 들어보시오"라는 주관식 질문에 무려 50여 가지에 달하는 서로 다른 각종 예들을 들고 있다. 그 중 주로 많이 대답한 것들의 예를 들면 다음과 같다.

가. 영남의 승용차가 전라도에 가면 기름을 안 넣어준다(돌을 던진다, 차를 부순다 등등).
나. 타 지역 사람들이 전라도에 가면 '김대중 만세'를 3번 외쳐야 한다.
다. 전라공화국, 전라민국의 대통령은 김대중뿐이다(김대중 대통령이 당선되기 이전).
라. 전라도는 빨갱이 도시다.
마. 전라도 사람들은 해태 물건만 구입하고 삼성이나 롯데 제품은 구입하지 않는다.
바. 전라도 사람과 결혼한다고 하면 부모(영남)가 반대한다.
사. 전라도에 가서 경상도 사투리를 사용하면 경계한다.
아. 전라도에서 경상도 사투리를 사용하면 길을 가르쳐 주지 않는다.
자. 전라도에서는 경상도 사람에게 음식을 팔지 않는다.

차. 군대에서 전라도 사람이 선임병이면 경상도 후임병은 고생한다.
카. 김대중이 대통령이 되면 쿠데타가 일어난다.
타. 5·18때 경상도 군인이 광주시민을 진압했다.
파. 전라도 사람들은 일본은 가도 경상도는 가지 않는다고 한다.
등등……

이처럼 그 동안의 정치·경제구조와 문화체계 속에서 전라도인에 대한 부정적 편견은 지속적으로 확대 재생산되어 왔다. 그러한 지역편견은 일상 사회생활에 직접적인 영향을 미칠 수 밖에 없었을 것이다. 1987년의 조사에 따르면, 조사대상자의 절반 가량이 오늘날 한국사회에서 어느 지역출신이냐에 따라 회사의 입사와 승진에서 피해를 볼 수 있다고 생각하고 있었다. 특히 여타 지역으로부터 부정적 편견을 한몸에 받고 있는 호남출신의 경우에는 이것을 매우 강하게 느끼고 있었다. <표 9>에서 보는 것처럼, 호남출신의 경우에는 실제 사회생활에서 출신지역으로 인해 피해를 볼 수 있다고 응답한 비율이 66.7%에 이르렀다.[18] <표 10>에 나타난 것처럼, 비호남지역의 응답자들은 대체로 지금까지 살아오면서 출신지역으로 인해 도움을 받았으면 받았지, 장애가 되었다고는 생각하지 않고 있다. 그런데 호남출신의 경우에는 스스로 출신지역이 사회생활에서 장애가 된 적이 많았다고 응답한 비율이 무려 16.7%에 이르고 있다.

---

18) 김만흠, 앞의 책(1987), 167쪽.

〈표 9〉 사회생활에서 출신지역으로 인한 피해인식(1987)

(단위: %, 명)

응답자 \ 응답내용	입사/승진에서 피해를 볼 수 있다	그렇지 않다	합 계
호남 출신	66.7 (429)	33.3 (214)	100.0 (643)
비호남 출신	38.9 (544)	61.1 (855)	100.0 (1,399)
전국 평균	47.6 (973)	52.4 (1069)	100.0 (2,042)

* $X2=142.5$, $df=2$, $p<0.001$
* 자료: 김만흠, 앞의 책(1987), 67쪽.
* 설문내용: 선생님은 오늘날 한국사회에서 특정지역(00도) 출신이기 때문에 회사의 입사나 승진에서 피해를 볼 수 있다고 생각하십니까?

〈표 10〉 사회생활에서 출신지역으로 인한 피해경험(1987)   (단위: %, 명)

응답자 \ 응답내용	도움이 된 적이 많음	장애가 된 적이 많음	도움도 장애도 안 됨	합계
호남 출신	17.5 (113)	16.7 (108)	65.7 (424)	100.0 (645)
비호남 출신	28.1 (393)	2.3 (32)	69.6 (977)	100.0 (1,403)
전국 평균	24.7 (506)	6.8 (140)	68.4 (1,401)	100.0 (2,047)

* $X2=158.7$, $df=4$, $p<0.001$
* 자료: 김만흠, 앞의 책(1987), 68쪽.
* 설문내용: 선생님은 지금까지 살아오는 데 선생님 자신의 출신지역이 도움이 된 적이 많습니까, 장애가 된 적이 많습니까?

사회적 관계에서 차별의 항목으로 다섯 가지를 제시해 조사한 1997년 12월 제15대 대통령선거 직후의 조사결과는 이러한 양상을 더욱 구체적으로 보여준다. <표 11>에서 보듯이, 호남출신의 30.3%가 출신지역으로 인해 '인간적 모욕'을 경험했다고 답하고 있는 실정이었다. 나머지 '금전적 불이익' 12.5%, '취업 불이익' 24.8%, '승진 불이익' 12.6%, '소속집단에서 따돌림' 17.5%로 나타났다. 여타 지역 출신들에게서도 출신지역에 따른 차별경험들이 없지 않으나, 호남출신들은 사실상 한국사회에서 차별적인 신분집단이 되어 있는 실정이다.

〈표 11〉 출신지역으로 인한 차별경험(1997)

(단위: %[경험자 비율])

	서울	경기	강원	충청	전라	경상	제주	이북	평균
인간적 모욕	6.3	2.8	4.2	12.7	30.3	6.0	16.7	8.3	12.0
금전적 손해	2.1	9.5	0.0	4.1	12.5	3.4	8.3	16.7	5.9
취업 불이익	4.1	5.3	2.7	5.6	24.8	3.7	12.0	8.3	9.0
승진 불이익	4.1	5.2	2.7	2.6	12.6	2.9	4.2	8.3	5.4
소속집단에서 따돌림	8.2	3.5	8.0	4.6	17.5	4.8	8.3	8.3	8.2

* 자료: 한국선거연구회, "15대 대선과 정치의식에 관한 조사" 자료(1997).
* 응답자 1180명 내외 중 경험이 '있다'고 응답한 사람들의 비율만 정리한 것임(5항목 모두 p<0.0001).
* 설문내용: 선생님은 자신의 출신도 때문에 다음과 같은 일을 경험한 적이 있습니까(응답항목: 있다/없다)?

〈표 12〉 출신지역 밝히기를 꺼리거나 숨긴 경험

(단위: %, 명)

응답내용 응답자	자주 있었음	몇 번 있었음	없었음	합 계
호남 출신	2.2 (14)	14.2 (92)	83.6 (540)	100.0 (646)
비호남 출신	1.4 (19)	4.3 (61)	94.3 (1,325)	100.0 (1,405)
전국 평균	1.6 (33)	7.5 (153)	90.9 (1,865)	100.0 (2,051)

* $X2=68.7$, $df=4$, $p<0.001$
* 자료: 김만흠, 앞의 책(1987), 67쪽.
* 설문내용: 선생님은 자신의 출신지역(출신도)을 밝히기를 꺼려한 적이 있습니까?

호남출신들의 이런 사회적 위상은 한편으로 호남의 지역적 집단의식(正體感)을 더욱 강화시키기도 했지만, 불행하게도 자신의 사회적 처신과 입지를 위해 호남출신들 중 일부가 호남출신이라는 것을 숨기거나 밝히기를 꺼려하게 만들기도 했다. <표 12>에 나타난 것처럼, 호남출신 응답자의 16.4%가 살아오면서 자신의 출신도를 밝히기를 꺼리거나 숨긴 적이 있었다고 답하고 있다. 이른바 사회적으로 성공한 일부 호남출신들은 호남에 대한 정체성을 보이기보다는 출신지역을 은폐하거나 그것으로부터 일탈하는 경향을 보이기도 했다.[19] 이는 호남출신

---

19) "많은 호남출신들은 직장에 남기 위해서 또는 일자리를 얻기 위해서 그들의 호적을 바꾸었거나 전라도 사람이 아닌 모습으로 살

들의 사회적 연결망과 자원에서 빈곤의 악순환을 초래케 했던 것이다.

이렇듯 호남출신은 여타 지역출신에 비해 두드러진 소외와 차별의 경험과 이에 따른 피해의식을 가지고 있었다. 호남사회의 이런 사회적 의식은 이 지역 출신의 유력한 정치가인 김대중을 중심으로 동원되면서 집권세력에 대한 집단적 비판과 도전의식으로 나타났다. 물론 집단적 피해의식과 소외의식이 곧 정치적 저항과 도전으로 이어지는 것은 아니다. 정치적 저항과 도전은 이를 동원할 수 있는 자원과 계기가 있어야 한다.[20] 이 점에서 호남의 소외와 피해상황이 집단적인 정치적 동원으로 이어졌던 데에는 사회·경제적으로 빈곤한 자원에 비해 정치적 영역에서는 상대적으로 나은 자원과 동원기회가 있었기 때문이라고 할 수 있다.

현대사회에 접어들면서 호남사회는 보통선거제에 기반을 둔 선거제도가 도입됨에 따라 최소한 호남의 인구력에 상응하는 정치력을 가질 수 있게 되었다. 여기에 구체적으로 지역주의적 독재권력과 김대중의 정치역정이 상호 작용하면서 호남의 정치적 동원자원과 기회가 형성되었던 것이다. 지역주의적 독재권력은 호남의 정치적 저항에 대해 정당성을 제공하였으며, 이

려고 하는 경우가 수없이 많다"고 리영희 교수는 술회하면서, "그것은 동포집단의 큰 부분에 강요된 '자기부정'이고 현대적 '소외'였다"고 말한다. 리영희, "'지역갈등' 매듭 묶은 자가 풀어야," <한겨레신문>, 1998년 1월 6일.

[20] 정치적 동원의 기제와 자원에 대해서는, 김만흠, 앞의 책(1997), 43-48쪽 참조.

저항의 지속적 좌절은 김대중의 정치역정과 맞물리면서 집단적 지역의식을 더욱 강화했던 것이다. 이런 점에서 제15대 대통령선거에서 호남배제 정권의 교체와 김대중의 당선은 호남사회의 정치적 자원과 명분의 상당부분을 변화시키거나 해소시켰다고 볼 수 있다. 그렇다면 과연 이런 결과가 호남사회가 기대했던 정치적 소망을 실현한 것이 될 것인가, 아니면 호남의 정치적 자원만 소모한 것이 될 것인가. 앞으로는 이 점이 평가의 대상이 될 것이다.

2. 지역불균등의 산업화와 호남사회의 저발전

사회적으로나 지역적으로 균등발전을 기한다고 할 때 균등은 사회나 국가가 모든 구성원에 대해 우열의 등급을 매기지 않고 동등하게 기회를 부여하는 것이다.[21] 따라서 지역의 균등한 발전은 각각의 지역 구성원들에게 비슷한 출발 기회를 제공하고 비슷한 사회적 여건을 보장하는 상태를 상정한다.

그러나 개인마다 사회적 성공도가 다르고 사회적 위치에 차이가 생기는 것과 마찬가지로 지역적 불균등발전도 필연적일 수 있다. 다만 균등한 발전은 기본적으로 비교가 되는 지역이나 산업 등에 대해서 바람직한 목표를 성취할 수 있는 기회의

---

21) Sanford A. Lakoff, *Equality in Philosophy* (Cambridge: Harvard University Press, 1964), p.9.

평등을 제공하며 이에 따른 결과의 평등을 가능하도록 할 수 있을 뿐이다.22) 그런 만큼 현실사회에서는 결국 결과의 불평등을 초래하고 궁극적으로는 지역갈등과 함께 사회적 분열을 가져오는 요인으로 작동한다.

이에 따라 우리는 흔히 지역간 경제격차나 불균등이라는 요인으로 호남사회의 지역주의적 동원구조를 설명한다. 물론 이런 경제문제가 호남사회의 정치적 동원에 하나의 배경이 되기는 했지만, 지역간 경제격차가 오늘날 한국사회 지역갈등이나 정치행태를 결정하는 핵심요인이라고 도식화시킬 수는 없을 것이다. 사람들의 의식이나 행위는 어떤 객관적 구조에 의해 획일적으로 규정되는 것이 아니며, 더구나 지역경제라는 하나의 조건에 의해서만 규정되지는 않기 때문이다. 또한 정치행위는 정치적 동원 및 기회구조 등 여러 메커니즘에 의해 결정되기 때문에 이 메커니즘의 차이에 따라 정치행위는 다르게 나타날 수도 있다.

그럼에도 불구하고 호남사회는 박정희정권의 경제발전전략 속에서 지역적으로 낙후되었고, 이러한 낙후성은 박정희정권의 지역패권적 정치전략과 결합하여 호남의 심각한 지역적 소외를 초래하였던 것이 사실이다. 여기에서 지적하고 넘어가야 할 것은 박정희정권의 출현은 곧 한국사회의 지역주의, 구체적으로는 지역감정의 대두를 예고하는 것이기도 하였다는 점이다. 제3세계의 군부정권들이 그랬던 것처럼 박정권은 군부쿠데타라는 사상 초유의 불법적 수단을 동원하여 정권을 장악하였

---

22) Giovanni Sartori, *The Theory of Democracy Revisited* (Chatam, New Jersey: Chatam House, 1987), pp.337-339.

으며, 따라서 절차적 정당성을 결여하고 있었다. 그런 만큼 박정권은 정권의 존립근거로서 경제발전전략을 채택할 수밖에 없었고, 그 결과 산업의 입지조건에 따른 지역간 발전편차가 발생하게 되었던 것이다. 여기에서 박정권은 그들의 최소한의 지지기반을 확고히 하기 위하여 연고지역인 영남지역에 대규모 투자를 집중하였으며, 이로써 각종 경제지표상의 편차는 확대되었다.

1960년대와 1970년대의 종속적 경제발전은 기본적으로 계급대립과 함께 지역적 편차를 야기하는 결과를 낳았다. 불균형성장정책에 의한 고도성장이 수도권과 동남해안 벨트의 산업화에 기초한 것이었던 만큼 호남지역은 경제적으로 낙후될 수밖에 없었다. 특히 기형적인 고도경제성장의 밑바탕이 되었던 만성적 저임금구조를 지탱할 수 있었던 것이 농민들에 대한 저곡가정책이었던 만큼, 한국 최대의 곡창지인 호남지방이 떠안아야 했던 한국경제의 구조적 모순들은 다른 지역에 비해 이중 삼중의 고통이었다. 그리하여 호남지역 민중은 한국민중 일반의 특징을 고스란히 가지면서도 거기에 더하여 정치적·경제적·사회적 차별로 인해 심한 차별의식과 소외의식을 내재하고 있었다.

그런데 불균등성장에 따른 호남의 경제적 주변화와 소외는 지역 연고주의와 호남차별의 지역감정과 결합하면서 호남인의 사회적 조건에 커다란 영향을 미쳤다. 그리고 이것이 정치권력의 지역주의적 동원구조와 상호 작용하면서 호남인의 정치행태 및 의식을 형성하는 배경으로 작용하였다. 한국경제의 지역적 격차가 정권의 지역적 배경에 병렬하여 구조화되어 간 것이다.

이런 지역격차의 구조화의 배경에는 지역별 경제자원, 입지조건 등의 차이가 작용하기도 하였지만, 그 동안 의도적이든 비의도적이든 간에 정권들이 추진하였던 지역주의적 정책이 작동한 결과이기도 하였다.23) 이렇게 하여 한국인의 정치인식에 있어서 지역이라는 범주가 중요한 의미를 갖게 되었다. 물론 지역경제의 환경이 유사한 지역들 중에서도 정치적 태도 및 대응양식에서는 차이를 보였다. 이는 앞서 지적한 대로 유사한 지역경제의 조건하에서 여타 사회적 조건에 따라 그것이 미치는 효과가 다르게 나타났을 뿐만 아니라, 정치적 동원과 기회구조가 달랐기 때문이다.

1) 경부축 중심의 집중 산업화와 지역적 불균등

지난 1960년대부터 시행되어 온 한국의 경제발전전략은 공업화를 위주로 한 성장위주의 정책이었고, 결과적으로 공업부문은 한국 경제발전전략의 선도산업으로서 제반 연관산업의 개발과 성장, 소득구조, 그리고 인구변화 등 사회구조 변화의

---

23) 이는 경제적 차별감에 대한 국민의식 조사에서도 잘 나타나고 있다. 한국사회학회가 1988년 실시한 여론조사 결과를 보면, 지역격차의 원인을 묻는 질문에 전체 응답자의 64.5%는 정부정책의 지역적 차별이라고 답한 반면에, 산업 입지조건의 차이는 15.3%, 주민의 특성차이는 13.3%로 나타났다. 지역격차의 존재에 대해 국민은 결국 정부의 정책적 차별 때문이라고 생각하고 있음을 알 수 있다. 홍기훈,『지역주의와 한국정치』(서울: 백산서당, 1996), 154쪽 참조.

상당부분을 주도하여 왔다고 할 수 있다. 따라서 공업부문의 지역적 분포는 한국사회에 있어서 지역간 경제격차를 형성하는 주요한 요인이 되었다고 할 수 있다.

〈표 13〉 지역별 공업화 추이

(단위: %)

연 도	1963		1983		1993	
구 분	종사자수	부가가치	종사자수	부가가치	종사자수	부가가치
전 국	100.0	100.0	100.0	100.0	100.0	100.0
서 울	29.9	35.8	21.1	16.6	14.1	10.9
경 기	10.1	9.5	25.0	26.3	32.6	33.4
강 원	2.0	1.9	0.9	1.2	2.0	1.9
충 북	2.5	5.2	1.9	2.8	3.3	4.3
충 남	5.9	3.9	4.1	4.6	5.0	5.2
전 북	6.0	6.2	2.6	2.7	2.6	2.4
전 남	6.2	4.8	2.9	5.3	4.3	6.3
경 북	14.5	12.9	12.6	13.1	12.8	12.0
경 남	22.5	19.1	28.5	27.2	23.1	22.8
제 주	0.8	0.6	0.2	0.1	0.2	0.1

* 자료: 경제기획원, 『한국통계연감』(서울: 한국경제기획원, 1965, 1985); 통계청, 『지역통계연보』(서울: 통계청, 1995).

* 총종사자수: 1963년 402,000명, 1983년 2,215,000명, 1993년 2,930,895명.

* 총부가가치: 1963년 61,553백만원, 83년 20,911,446백만원, 93년 109,715,135백만원.

<표 13>에서 알 수 있는 것처럼 한국의 공업부문은 서울·경기·경상지역, 이른바 경부축(京釜軸)에 완전히 집중되어 있다. 제1차 경제개발 5개년계획이 추진되기 시작하던 1963년에

이미 서울·경기·경상지역은 한국 공업부문 종사자의 77%, 부가가치의 77.3%를 점유하고 있었다.

이처럼 특정지역들에 집중되어 있던 한국 공업의 지역 불균등분포는 그 이후 경제개발이 본격적으로 추진되는 가운데서도 더욱 심화되어 1983년에 이르러서는 공업부문 종사자의 87.2%, 부가가치의 83.2%를 이들 지역이 점유하게 되었다. 그리고, 강원, 충청, 호남, 제주가 나머지 15% 내외를 분점하게 됨에 따라 극도의 지역간 불균등현상이 나타나게 되었다.[24]

이와 같은 공업구조의 지역간 불균등은 곧 경제 전반의 지역간 불균등 현상으로 이어졌다. 그리고 그 양상은 1990년대까지 이어지고 있다.[25] 여기에서 지역간 불균등현상이 나타나게

---

24) 이러한 지역간 경제격차는 한국사회의 고질적인 지역감정을 형성하고 정치적 지역주의를 부각시키는 현실적 근거로 작용하였다. 호남사회에서는 '푸대접론'이, 충청지역에서는 '핫바지론'이, 강원도에서는 '무대접론'이 선거 때마다 주요 이슈로서 제기되었고, 영남지역에서는 이러한 정서에 반발하여 역지역감정이 형성되었던 것이다.

25) 한국사회학회가 실시한 여론조사의 결과를 보면, 각 지역의 주민들은 지역격차를 심각하게 느끼고 있으며, 이것이 지역감정을 형성하게 된 주요 원인이었음을 보여준다. "지역간의 경제격차가 언제부터 시작되었는가?"에 대한 질문에 조선시대 8%, 일제시대 4%, 자유당시대 11%, 공화당시대 41%, 민정당시대 8% 등으로 답하고 있으며, "지역감정이 언제부터 시작되었는가?"라는 질문에는 조선시대 17%, 일제시대 2%, 자유당시대 10%, 공화당시대 31%, 민정당시대 17% 등으로 답하고 있다. 이 결과에 따르면 박정희정권인 공화당시대에 경제적 지역격차와 지역감정이 발생한 것이라고 생각하고 있다는 것을 알 수 있다. <한국일보>, 1989년 1월 1일; 유석춘·심재범, "한국사회

된 과정을 개략적으로 살펴보도록 하자.

〈표 14〉 일제하 지역별 공업비중 추이(생산액기준)

(단위: %)

연도 지역	1915	1920	1926	1931	1936	1940
남 한	72.6	73.9	71.5	66.7	55.2	48.5
경기	25.2	27.5	23.1	23.2	19.8	18.9
강원	4.7	8.0	3.7	5.1	3.4	5.5
충북	4.0	2.1	2.0	1.2	1.0	0.9
충남	4.7	4.7	3.8	3.1	2.9	1.7
전북	5.8	4.5	4.4	4.1	3.2	2.8
전남	7.9	7.5	8.7	6.7	6.9	4.9
경북	8.7	10.2	13.9	11.1	7.0	5.2
경남	11.6	9.4	11.9	12.3	11.0	8.6
북 한	27.4	26.1	28.5	33.3	44.8	51.5
황해	7.4	4.8	6.7	3.9	6.8	6.8
평남	6.7	8.4	11.1	10.8	8.6	8.7
평북	5.3	6.5	5.0	4.2	4.2	3.4
함남	5.8	4.3	3.7	12.2	19.7	23.2
함북	2.2	2.0	2.0	2.3	5.5	9.4

* 자료: 조선총독부 편찬, 『조선총독부통계연감』(1926, 1930, 1940).

한국에서 공업화가 최초로 본격화되었던 일제하에서도 어느 정도의 지역간 불균등현상은 보이고 있었다(<표 14>). 초기 근대화의 중심지였던 오늘날의 서울과 경기지역에 어느 정도 집중되어 있었고 부산항을 매개로 일본과 지리적인 이점을 가졌

변혁운동의 두 가지 기반: 계급(계층)의식과 지역차별의식," 한국사회학회 편, 앞의 책; 홍기훈, 앞의 책, 154쪽 참조.

던 경남지역이 다른 지역보다는 약간 높은 비중을 차지하고 있었다. 그런데 대륙침략이 본격적으로 수행되던 1940년대에 들어서는 북한의 풍부한 자원과 전력을 바탕으로 북한지역에 공업화가 집중되는 이른바 '남농북공'(南農北工)정책이 추진되면서 남한의 공업 비중은 점차 감소하게 되었다.

〈표 15〉 해방 후 공업생산의 위축상황

	해방 전(1943. 6)	해방 후(1947. 6)	감소율
사업체수	10,065 개	4,500 개	44%
종사자수	225,393 명	133,979 명	59%

* 자료: 조선은행조사부, 『조선경제연보』(1948).

1945년 일제로부터 해방된 이후 한국 공업부문의 지역적 분포는 별다른 양상을 보이지 않았으나 일제하의 한국공업이 식민지적 속성 그대로 대부분 일본에 의존했기 때문에 일본의 패퇴와 더불어 한국의 공업은 전반적으로 위축되고 감소될 수밖에 없었다(<표 15> 참조). 특히 남한의 공업경제는 일제하의 공업구조가 북한에 편중되어 있었기 때문에 남북분단으로 인해 거의 마비상태에 이르게 되었다.

따라서 남한정부는 일차적으로 농공 균형의 산업국가 건설에 목표를 두고 경제발전계획을 수립하고 1950년대부터는 원조자금으로 주요 기간산업과 전력 및 지하자원 개발계획을 본격화하고자 하였다. 그러나 이 계획은 한국전쟁으로 인해 수포로 돌아가고 만다. 뿐만 아니라 한국전쟁을 거치면서 기존 공업부문의 60%가 손실되는 되는 피해를 입었다.[26]

그런데 한편으로 한국전쟁은 한국 공업부문의 지역편재에 특기할 만한 영향을 미쳤다. 즉 전쟁의 피해를 받지 않은 경남이 한국 공업부문 종사자의 24.4%를 수용하게 되고 전후 복구 사업과 UNKRA의 원조자금 등을 통해 형성된 신설투자로 서울(19.8%)과 경북(17.3%)지역의 공업화가 두드러지게 되었다. 이처럼 서울의 비중이 점점 커져 가는 가운데 1960년대 초 한국에 본격적인 경제개발 시대를 맞게 된 것이다.

본격적인 경제개발계획이 추진되기 시작하였던 1960년대에는 도로, 항만, 공업용수, 동력 등 사회간접자본이 전국적으로 확충되지 못하고 경인 및 경부축의 극히 제한된 지역에만 정비된 상태였다. 따라서 주로 일제 시기부터 공업기반이 형성되기 시작한 서울·경기지방과 부산 및 대구지역 등은 공업입지에 있어 다른 지역보다 유리하였고, 그 이후 공업화 위주의 경제성장 과정에서 지속적 발전을 기할 수 있었다. 물론 일제 시기부터 투자되어 구축된 공업입지 조건들이 본격적으로 추진될 경제개발의 투자규모에 비추어 미미한 것이었고, 공업기반이라는 것은 새로운 투자에 의해 조성될 수 있다는 점에서 반드시 기존에 형성된 공업기반 지역을 중심으로 공업화정책이 수행되어야만 했는지는 하나의 문제로 제기될 수 있다. 그러나 서울·경기지역과 부산·대구 등이 입지상 상대적으로 유리하였다는 것은 사실이었고, 어쨌든 이들 지역을 중심으로 한 불균형 집중투자 전략이 추진됨에 따라 공업분포의 지역간 불균등은 더욱 심화되었다.

---

26) 국토개발연구원, 『제2차 국토종합개발계획의 추진실적 평가(IV)』 (서울: 국토개발연구원, 1989), 19쪽.

이상과 같은 불균형 투자전략은 소위 허쉬만(A. O. Hirshman)의 '불균형 성장이론'을 이론적 틀로 삼고 있다. 이 '불균형 성장전략'은 한정된 투자재원을 효과적으로 이용하기 위해 연관효과가 큰 전략산업에 집중 투자함으로써 투자의 효과를 극대화하자는 투자방식이었다.[27] 이러한 전략에 의하면 투자와 개발의 중점지역이 형성되어 지역간 불균형을 초래하게 되지만, 각종의 확산효과에 의해 결국은 지역간에 균형을 이룬다는 것이다. 그러나 뮈르달(G. Myrdal)이나 프리드만(John Friedman)의 주장처럼, 집중투자는 주변지역의 사회·경제적 환경의 악화로 자본, 노동 및 수요 등 경제활동의 제요소가 집중투자 지역에 집중되면서 이 지역의 지속적 성장과 주변지역의 피폐를 초래한다는 것이 지역개발이론의 지배적인 견해이다.[28]

허쉬만류의 개발전략에 기초하는 하향식 개발은 한국사회의 지역간 격차를 심화시켰고, 국토공간을 서울과 부산으로 양극화하는 결과를 낳았다.[29] 한국사회에서 1970년대 이후 구체화된 국토공간 이용의 양극구조는 1960년대 이후의 자본주의 발

---

[27] 이계식·곽태원 편, 『국가예산과 정책목표』(서울: 한국개발연구원, 1985), 336-377쪽. 허쉬만의 불균형 성장전략에 관한 대표적 저서는 A. O. Hirshman, *Strategy of Economic Development* (Englewood Cliffs., N.J.: Prentice-Hall, 1958).

[28] 불균형 성장전략의 한계와 문제점을 지적한 글들로는 G. Myrdal, *Economic Theory and Underdeveloped Regions* (Dukworth, 1957); John Friedman, "A General Theory of Polaried Development," in N. M. Hansen (ed.), *Growth Centres in Regional Economic Development* (New York: Free Press, 1972) 참조.

[29] 문석남, 앞의 글, 78쪽.

전과정에 따라 생산과 노동의 공간적 분업을 가장 상징적으로 보여주는 것이다.30)

이와 관련하여 주목하여야 할 사실은 개발이나 공업화가 마치 살아 움직이는 행위주체인 양 표현되고 있지만, 어디까지나 공업화를 일으키고 운영하는 것은 '사람'이라는 점이다.31) 이 점은 경제발전 과정에서 특정지역에 국가지원을 집중적으로 투자하여 지역간 격차를 심화시킨 데에는 최고 정책결정자의 지역 연고성이 크게 영향을 미쳤음을 시사하는 것이다.

구체적으로 한국에 있어서도 공업배치의 지역간 불균등 자체에 대한 인식과 이에 따른 파급효과들이 이미 1960년대 말에 지역간 문제로 제기되면서 지역균형개발이 제3차 경제개발 5개년계획(1972-1976)과 제1차 국토종합개발 정책목표의 하나로 포함되었다. 1970년경에 골자가 마련된 제3차 경제개발 5개년 계획에서 "지난날의 개발성과를 자부하고 한편으로 자성하며 또 고쳐 나가야 할 분야에 눈을 돌려야 한다"고 전제하고, 이를 위해 지역개발의 균형을 기하며 중소기업의 성장을 위한 계열화를 제시하였다. 그리고 중소기업이 특정 상품을 생산하여 공급할 수 있도록 공업단지의 입지를 유도하고 부품의 규격을 통일시키도록 하였던 것이다.

이러한 지역간 균형개발은 제1차 국토종합개발계획에서 보

---

30) 국토이용의 양극구조는 공업지대와 비공업지대의 양극화, 즉 수도권·동남권과 서남권·중부권의 양극화 및 공업지대 사이의 양극화, 즉 수도권의 구상기능과 동남권의 생산기능의 양극화라는 두 가지 차원에서 이루어졌다. 홍기훈, 앞의 책, 161쪽.
31) 김경동, "한국의 공업화와 사회변동," 『현대사회』(1984년 여름), 10쪽.

다 구체화되어 국토이용의 효율화와 균형화를 위하여 사회간 접자본의 적정배치, 공업의 지방분산을 통한 부진지역의 개발, 농수산 생산시설의 혁신 등을 꾀하게 되었다. 또한 공업입지 정책으로 지역의 특성을 고려한 공업의 적정배치, 기간산업을 중심으로 한 공업의 계열화 촉진, 서울·대구·부산의 공업분산 촉진, 그리고 중소도시의 공업개발 등을 명문화하였다.

그러나 이렇게 제시된 지역간, 그리고 산업간 균형개발정책은 실제 집행과정에서 별로 반영되지 않았고, 오히려 산업구조의 고도화를 추진했던 당시의 신설 중화학공업 단지가 특정지역에 편중됨으로써 지역격차는 더욱 심화되었다.[32] 혹자는 이러한 상황을 두고 당시 지역 균형개발이라는 것이 1971년 대통령선거에서 부각된 지역격차의 불만을 해소하기 위한 구두선이었고, 이후 유신체제의 수립으로 그것마저 의식할 필요가 없게 되자 제4차 경제개발 5개년계획(1977~1981)에서는 지역간 균등발전이라는 형식적인 목표마저 빠져 버리게 되었다고 말하고 있다. 또 1980년대의 제2차 국토종합개발계획에 있어서도 국토의 '광역개발'이라는 기치하에 지역균형개발을 계획하였으나, 국토개발 투자가 여전히 수도권과 영남권에 편중되고 있음이 추진실적 평가보고서에서 밝혀졌다.[33]

---

32) 1986년 당시까지 조성된 산업기지 개발구역 11개 지역 중 경남 6, 경북 2, 경기, 강원, 전남이 각각 1개 지역으로 영남권에 8개 지역이 위치해 있었다.

33) 1982~1988년 국토개발 투자를 권역별로 보면, 수도권 39.6%, 중부권 9.4%, 서남권 13.3%, 동남권 26.8%, 기타 10.8%의 구성을 보이고 있다. 국토개발연구원, 앞의 책, 34쪽.

이렇듯 그 동안 지역불균형 문제가 지속적으로 심화되는 가운데 제6공화국에 들어서는 소위 '남해안권 개발'을 국토개발의 주요 목표로 내세우고 지역균형개발을 계획하고 추진하였다. 그러나 지역간 불균형은 여전히 계속되면서 오히려 심화되고 있다고 볼 수도 있다. 물론 장기간에 걸쳐 형성된 지역간 불균형이 단기간의 균형전략으로 쉽게 해소되기는 어려울 것이다. 그러나 문제는 정부가 지역간 균형개발을 표방하면서도 사실은 불균형전략을 지속시키고 있다는 것이다. 더구나 김영삼정권이 들어서면서부터는 노골적으로 지역주의적 투자정책을 집행하였고 그런 만큼 이에 대한 반발이 심각하게 제기되기도 하였다. 물론 정부가 균형개발을 표방하는 항목의 예산들은 저개발 주변지역인 서남해안을 대상으로 집중적으로 투자되었다. 그러나 문제는 균형개발비 자체가 정부예산의 사업비중 7.2%(1994년 예산 기준)에 불과하였다는 점이다. 여타 92.8%의 예산은 대부분 나머지 지역에 투자되었다. '서남해안권' 집중개발의 필요성과 당위성을 표방하면서도, 전문가들조차 그 타당성에 이의를 제기하고 있는 상황에서 10조원(애초 5조8천억 계획)이 넘는 예산을 들여 기존의 경제집중 지대인 경부축에 경부고속철도를 건설하는 현실이 지역경제정책의 허위성을 단적으로 보여주었다.

1996년 9월의 제15대 국회에 들어서는 정부의 지역별 정부투자액의 불균형, 특히 대통령의 연고지에 대한 집중투자라는 현실이 구체적으로 드러나면서, 비PK출신 국회의원 135명이 '지역차별정책'의 시정을 요구하는 4개항의 서면질의를 정부에 제출하기까지 하였다. 심지어 호남지역의 인사들을 중심으로 예산의 불공정 배분에 대한 위헌심판 청구까지 추진하려는 움직임이 일 정도로 심각한 지경에 이르렀었다.

구체적인 지역차별 현실을 보자면, 1995~97년 3년 동안 사업비 1천억원이 넘는 신규사업의 42.8%(액수 기준 42.9%)가 영남지역에 배치되었다. 반면에 나머지 지역은 서울·경기 20%, 강원 14.3%, 충청 14.3%, 호남 8.6%였다.[34] 또 도시 지하철의 건설 과정에서, 대전과 광주에는 사업비의 30%가 국고에서 지원되는 반면, 부산에는 특별법을 제정하여 70%를 지원키로 하기도 하였다. 결국 1960년대 초 시작된 불균형 성장전략과 이로 인한 산업화 및 기간산업 구조의 지역격차는 지역별 부가가치 생산에 영향을 미치게 되었으며, 인구이동 및 특정지역의 피폐화 등 경제적 중심과 주변관계에서 나타나는 여러 가지 문제를 파생시켰다.

2) 지역총생산과 지역소득

<표 16>에서 보여주듯이 지역 내 주민에 의해 생산되는 부가가치의 총액을 의미하는 지역총생산(GRP)에서도 지역간 차이가 존재한다. 물론 이러한 지역총생산은 공업부문에 의해서만 결정되는 것이 아니기 때문에, 지역총생산의 지역간 격차가 지역간 공업부문 격차에 꼭 비례하는 것도 아니며 그런 만큼 첨예한 것도 아니다. 그러나 적어도 공업투자의 취약지역이 지

---

34) 재정경제원의 1996년 9월 국정감사자료.

역총생산에서도 취약한 것은 부인할 수가 없다.

〈표 16〉 지역내 총생산(GRP) 및 지역별 구성비

	1970		1986		1993	
	GRP	구성비	GRP	구성비	GRP	구성비
전 국	15,319.9	100.0	87,455.3	100.0	218,395.8	100.0
서 울	4,096.7	26.7	24,913.9	28.5	57,251.9	26.2
경 기	1,580.8	10.3	14,185.2	16.2	47,384.7	21.7
강 원	738.8	4.8	3,402.0	3.9	5,758.0	2.6
충 북	657.2	4.3	2,634.3	3.0	6,775.8	3.1
충 남	1,173.9	7.7	4,940.1	5.6	13,144.8	6.0
전 북	974.0	6.4	3,671.8	4.2	7,635.1	3.5
전 남	1,466.8	9.6	6,278.6	7.2	16,464.6	7.5
경 북	1,771.3	11.6	9,941.1	11.4	22,717.5	10.4
경 남	2,703.3	17.6	16,529.3	18.9	39,130.8	18.4
제 주	157.1	1.0	953.7	1.1	2,130.6	1.0

* 자료: 내무부, 『주민소득연보』, 각년도; 서울시, 『서울시 통계연보』, 각년도; 내무부, "국정감사자료"(1990); 통계청, 『지역통계연보, 1995』.

　호남지역의 경우, 1980년대 중반까지는 공업화가 뒤진 만큼 1인당 지역총생산액 역시 열악한 상태였다. 문제는 같은 시기 경남·경북지역은 높은 GRP 규모를 유지하거나 지속적으로 성장하는 양상을 보이지만, 호남지역을 비롯한 여타 지역에서는 오히려 감소하고 있는 추세를 보이고 있다는 점이다. 한마디로 수도권인 서울·경기지역과 영남지역을 제외하고는 지역의 경제규모가 절대적으로 작을 뿐만 아니라, 지역성장의 차원에서도 그 격차가 커져 왔다는 것이다. 특히 전남·북, 충남지역은 1인당 지역총생산에서 당시 전국 평균의 80%에도 미치지 못하고 있는 실정이다. 물론 1인당 지역총생산과 각 지역의 1인당 실질소득간에는 편차가 있을 수 있다. 그러나 그 동안의 지역소득이론에 관한 경험적 연구들은 1인당 지역총생산과 1인당 소득은 비례한다고 말하고 있으며,35) 한국사회의 여타 지역소득 수준에 관한 자료들에서도 이러한 지역격차 경향을 동일하게 보여주고 있다.

〈표 17〉 주민 1인당 GRP 규모

(단위: 천원)

연도 지역구분	1968	1976	1985	1991
전국평균	657	1,190	1,917	3,346
서 울	1,203	1,689	1,998	3,229
부 산	957	1,484	1,772	2,695
대 구	-	-	1,542	2,457
인 천	-	-	2,582	3,934
광 주	-	-	-	2,850
대 전	-	-	-	3,208
경 기	594	1,291	2,133	4,032
강 원	556	895	1,701	2,600
충 북	567	1,015	1,776	3,102
충 남	582	884	1,600	2,362
전 북	521	842	1,428	2,375
전 남	413	898	1,528	3,010
경 북	515	941	1,994	3,959
경 남	617	1,334	2,656	4,958
제 주	668	932	1,493	2,473

---

35) 김경중, 『한국의 경제지표』(서울: 매일경제신문사, 1989), 650-667쪽; 박양호, "제조업의 지역적 자본축적과 총요소생산성의 변화," 『국토연구』, 1986년 9월(서울: 국토개발연구원), 67-68쪽.

연도 지역구분	1968	1976	1985	1991
경기·인천	594	1,291	2,235	4,010
충남·대전	582	884	1,600	2,655
전남·광주	413	898	1,528	2,959
경북·대구	515	941	1,812	3,292
경남·부산	730	1,398	2,211	3,805

* 금액은 1985년도 불변가격 기준임.
* 자료: 한국과학기술연구소, 『지역생산 예측모형의 개발과 적용에 관한 연구』(서울: 한국과학기술연구소, 1980); 통계청, 『도내총생산 추계결과』(서울: 통계청, 1993) 등을 참조하여 작성함.

수도권 지역과 영남권 지역의 경제규모가 호남을 비롯한 지역보다 월등히 크다는 사실은 지역별 GRP 규모를 주민 1인당의 수준으로 대비시켜 본 <표 17>을 보면 더욱 두드러진다. 주민 1인당 GRP는 전국 평균을 3,346천원으로 볼 때 경기·인천·경북·경남지역은 그보다 높은 수준을 보여주고 있는 반면에, 호남지역을 비롯한 지역은 그에 미치지 못하고 있다.

무엇보다도 중요한 것은 그 동안 지속적으로 논란되어 왔던 '경제적 지역격차'의 심각성이 최근까지도 그대로 지속되어 왔다는 점이다. 1980년대 이후 정부가 서해안개발을 집중적으로 추진하여 지역 균형발전을 도모하겠다고 무수히 공약하였음에도 불구하고, 전북·전남·충남지역의 주민 1인당 GRP 규모는 수도권과 영남권과 비교할 때 해를 거듭할수록 격차가 커져갔다. 궁극적으로 이러한 사실은 그 동안 정부가 효율적인 자원분배에 의한 지역 균형발전 정책을 지속적으로 추진하겠다는 구호가 헛구호였을 뿐만 아니라, 한국사회의 가장 심각한 사회문제로 인식되고 있는 지역감정 및 지역간 정치적 대립의 문제, 특히 영·호남 지역간의 대립적 상황이 지역간 경제적 격차의 문제와 무관하지 않았음을 암시하고 있다.

〈표 18〉 지역별 영세민 비율

연도 지역	1974	1975	1976	1977	1978	1979	1980	1981	1990	1994
서 울	2.8	3.2	2.8	3.0	2.7	2.5	2.7	2.6	2.4	1.4
부 산	2.9	2.3	2.7	2.7	2.3	2.0	2.7	4.0	3.5	2.3
경 기	4.8	6.3	6.1	5.4	4.8	3.3	3.4	4.2	2.8	1.7
강 원	4.3	4.7	7.1	9.3	9.3	8.5	9.2	9.9	10.2	6.1
충 청	5.4	6.9	7.2	5.2	6.0	5.6	6.8	9.8	13.9	7.3
전 라	5.4	8.4	9.1	7.7	8.2	8.2	9.8	12.6	16.6	10.7
경 상	3.5	6.2	6.1	6.3	5.9	5.1	5.7	7.8	10.2	5.1
제 주										1.0
전 국	4.1	5.8	5.9	5.5	5.4	4.8	5.5	6.9	7.7	4.3

* 자료: 보건사회부 사회국, 『생활보호대상자 집계집』, 1974~1980. 1981년도 자료는 생보자 집계 예비자료이며 1990년도 자료는 보사부에서 1990년 국정감사자료로 국회에 제출한 것임. 1994년은 『지역통계연보, 1995』(통계청) 자료를 토대로 이전의 지역별 구분단위에 맞게 재구성한 것임.

참고로 1985년 지역별 1인당 소득세를 보면 전국평균을 100으로 했을 때, 서울 227.2, 부산 123.2이고 경기(64.9), 경북(60.6), 경남(57.8), 제주(51.0), 충남(44.7), 충북(42.6), 강원(42.6), 전북(37.1), 전남(37.0) 순으로 지역간 격차를 보여주고 있다.[36] 또한 이와 같은 지역소득의 편차는 지역별 영세민의 비율에서도 찾아볼 수 있다. <표 18>에 나타난 것처럼, 1990년의 경우 전라도 지역 주민의 16.6%가 보건사회부(지금의 보건복지부)에서 지정한 영세민에 해당될 정도이다.[37]

그런데 최근에 이르러 지역총생산의 지역격차는 여전히 심각하지만 1인당 소득차는 매우 줄어들었다. 그러나 지역간 경제격차가 줄어든 것을 의미하는 것은 아니다. 오히려 지역의 경제상황 및 생활환경이 취약하기 때문에 그 지역으로부터 인구가 지속적으로 유출된 결과이다. 인구유출 지역은 그 지역의 열악한 생활환경을 반영하는 것이며, 그것이 지속된다면 그 지역은 결국 황폐화되는 것이다.

또한 <표 19>에서 알 수 있듯이 지역별 경제환경의 격차는 지방자치시대 재정자립도의 격차로 나타나면서 지역별 지방자치 환경에 직접적으로 영향을 미치고 있다. 지방자치단체의 살림능력이라 할 수 있는 재정자립도는 산업시설의 많고 적음에 기인하는 지방세 징수액에 의하여 결정된다. 즉 산업시설이 많은 지역은 재산세·법인세 등을 공장으로부터, 주민세·소득세 등을 공장에 근무하는 종사자로부터 거둬들임으로써 해당지역의 재정자립도를 높일 수 있다. 반면에 산업시설의 보유가 빈

---

36) 김대환, "한국의 불균등 산업화에 관한 일연구," 고려대 평화연구소, 『평화강좌』(1990), 187-189쪽.

37) 보건사회부에서는 생활보호법 및 의료보호법에 의해 소득과 재산을 기준으로 하여 생활유지 능력이 없거나 생활이 최저생계비 수준 이하인 계층을 절대빈곤층 또는 영세민으로 규정하고 있다. 1990년에는 세대당 재산이 540만원 이하이거나 1인당 월소득이 5만 4천원 이하인 경우를 영세민으로 선정하여 이들을 지원하였다. 1990년 11월 보사부가 제출한 국회 『국정감사자료』, 667-668쪽 참조.

약한 지역은 지방세의 징수대상이 빈약하여 취약한 재정자립도를 보이게 되는 것이다.

〈표 19〉 지방자치단체별 재정자립도(1995)

(단위: %)

<전국평균>	63.5	경기	78.7
서울	98.0	강원	34.0
<광역시 평균>	85.4	충북	41.1
부산	84.8	충남	34.0
대구	90.5	전북	34.7
인천	92.8	전남	23.4
광주	68.0	경북	37.2
대전	83.0	경남	52.2
<도 평균>	47.2	제주	41.5

* "내무부 국회제출 자료"(1995).

<표 19>에서 알 수 있는 바와 같이 지방재정 자립도에서 전남은 도지역에서, 그리고 광주는 광역시 중에서 가장 낮은 수준을 보이고 있으며, 그 격차 또한 상당한 정도의 차이(서울과 전남은 4.18배의 차이)를 보이고 있다. 이처럼 지역별 재정자립도의 불균형 심화는 지방세원의 지역적 격차가 상당히 크다는 것을 입증해 주는 것이다. 이는 결국 도로·상하수도·보건 및 의료 등 해당지역의 각종 사업에 들어가는 예산을 자체 충당하기가 어려웠음을 보여주는 것이기도 하다. 다시 말해서 지방자치의 효과적인 추진과 지역발전은 재정자립도의 제고 없이는 이루어질 수 없음을 의미한다.

3) 도시화 수준과 지역경제

공업화를 중심으로 산업화가 지역경제를 가늠하는 주요한 자원이었다면, 한국에서 지역경제의 환경은 물론이고 생활환경 전반에 영향을 미쳤던 또 다른 변수는 도시화의 수준이다. 일반적으로 도시와 비도시지역의 구분은 지역적 특성과 구조 및 기능의 분화라는 관점에서 파악될 수 있다. 그러나 오늘날 한국사회처럼 산업구조의 자본주의적 고도화를 지향하는 발전전략 체계하에서 지역별 도시화율의 차이는 점차로 지역격차를 반영하게 된다. 고도로 산업화가 추진되면 될수록 행정·금융·정보 등의 기능이 경제활동의 핵심적 기반이 되며 이러한 기능이 바로 도시기능이기 때문에, 지역개발과 도시화율은 대체로 비례하게 된다(<표 20>).[38]

지역경제의 활성화는 행정·금융·정보 등의 도시기능을 성장케 하여 그 지역의 도시발달을 가져오게 하고 이러한 도시기능들은 다시 그 지역경제의 기반이 된다. 따라서 도시화가 뒤진 지역은 지역개발이 덜 되어 있다고 말할 수 있으며 동시에 지역발전을 위한 경제활동의 기반이 취약하다고 볼 수 있기 때문에 그 지역에서는 소위 '빈곤의 악순환'이 거듭되는 것이다.[39]

---

38) 김영섭 외, "한국의 균형적 지역개발을 위한 지역정책에 관한 연구,"『행정문제논총』, 제7집(한양대 행정문제연구소, 1988), 229-280쪽 참조.

39) 홍기용,『지역경제론』(서울: 박영사, 1985), 9-13쪽.

〈표 20〉 지역별 도시화율(1985년 말 현재)

(단위: %)

전국	서울	지방	경기	강원	충북	충남	전북	전남	경북	경남	제주
65	100	55	58	42	41	35	43	40	57	75	58

* 자료: 경제기획원, 『한국통계연감』(서울: 경제기획원, 1987).
* 1990년대 들어서는 도농 복합도시의 형성 등으로 통계상의 도시와 농촌의 구분개념이 무의미해진 상태임.

한국사회의 지역별 도시화율의 차이는 역시 현대 한국사회를 재구조화시켰던 1960년대 이후 산업화과정의 산물이라 할 수 있다. 그러나 조선시대 말기에 시작된 해외 상업자본의 침투과정, 일제의 대륙침략 정책, 그리고 한국전쟁 등은 한국의 초기 도시화의 지역적 구도에 중요한 영향을 미쳤으며, 또 그러한 지역적 구도가 1960년대 이후의 급격한 도시화과정에서도 대체로 그대로 이어졌다.

(1) 도시화과정

한국에서의 도시화는 조선시대 후기 상공업의 발전과 더불어 시작되었다고 할 수 있다. 조선시대의 도읍지였던 서울이 18세기 후반에 이미 인구 18만 9천명의 도시가 되었고, 그 밖에 개성과 평양이 인구 2만명 이상의 도시로 성장하였으며 경상도의 경주와 상주, 전라도의 전주, 충청도의 충주, 평안도의 의주가 인구 1만명을 상회하는 도시로 성장하였다. 그리고 128개소에 이르는 인구 2천 5백명 이상의 소도읍들이 경상, 평안,

전라지역을 중심으로 성장하고 있었다.40) 이 당시 도시의 발전이 소규모 상공업의 발전과 더불어 이루어지기는 하였지만, 아직은 절대적인 농업사회였으므로 도시의 형성도 역시 행정관서와 농산물 집산지를 중심으로 이루어졌다.

그런데 19세기 후반 개항과 함께 한국이 세계자본주의에 편입되어 외국 상업자본의 침투를 받기 시작하면서 상업중심의 새로운 도시화가 이루어짐에 따라 도시화의 지역적 구도는 재편되기 시작하였다. 즉 기존의 행정관서와 농산물 집산지를 중심으로 이루어졌던 도시 외에 일본과 중국의 관문에 위치한 지역에서 많은 도시들이 형성되었다. 특히 1907년 당시 인구 1만명 이상의 도시가 17개였는데, 경남지역에 형성된 5개 도시(부산, 마산, 진주, 통영, 삼랑진)가 이때 형성되었다.41) 이후 일제 치하에서 한반도 북부지방의 일부 도시들이 공업도시로 성장하고 경부축의 상공업 개발이 지속되면서 서울, 인천과 부산 등의 도시가 계속 성장하였다. 1944년에 이르러 서울은 82만 5천명, 부산은 26만 7천명의 인구를 가진 도시가 되었다.42) 결국 해외 상업자본의 침투와 일제치하에서 형성된 초기 도시화의 지역적 분포는, 앞서 논의한 공업화의 지역적 분포와 마찬가지로 경부축에 편중되는 경향을 어느 정도 갖게 되었다.

그리고 한국사회의 제반 구조에 커다란 영향을 미쳤던 한국

---

40) 전광희, "한국사회 인구이동과 지역갈등의 구조," 한국사회학회 편, 앞의 책, 112쪽.

41) 위의 글.

42) 레페토, 권태환 외, 『한국의 경제개발과 인구정책』(서울: 한국개발연구원, 1983), 58-59쪽.

전쟁은 지역별 도시화 분포에도 역시 영향을 미쳤다. 전쟁기간 동안 낙동강 방어전선이 구축되면서 부산·영남지방은 한편으로 전쟁의 피해를 적게 받고, 다른 한편으로 남한의 주요 도시기능이 이 지역에 집중됨으로써 도시성장의 상대적 기회를 갖게 되었다. 또 부산과 그 주변지역에 머물러 있던 피난민의 수가 당시 수십만에 달했는데, 전쟁 후 1955~1960년 기간 동안 이들 중 부산, 경남 이외의 다른 도시로 유출된 인구가 6만 3천명 이내에 불과하였다. 이처럼 한국전쟁은 결국 부산을 중심으로 한 경남지방의 도시성장에 있어 중요한 계기가 되었다고 할 수 있다.[43]

(2) 도시화의 지역적 격차

1960년대 들어 본격적인 산업화정책이 수행되면서 이에 따른 도시화의 경향이 급격하게 일어났다. 1960년대 초반에는 서울지역의 거대도시화가 시작되었으며, 당시 산업화에 따른 이농인구의 대부분도 서울로 유입되었다. 그리고 지방 행정수도와 군사시설(주로 미군부대)이 위치하고 있던 경북의 대구, 경기의 인천과 의정부, 전남의 광주, 강원의 원주 등으로의 인구유입이 두드러졌다. 반면 이 시기 부산으로의 인구유입률은 매우 낮았다. 1965년 들어 경제개발계획이 구체적으로 착수되면서 전례 없는 급속한 도시화가 시작되었으며, 이때부터 도시화와 공업화는 상호 연관을 맺으면서 진행되어 왔다. 따라서 여타 지역에 비해 도시화의 수준이 높았고 공업투자가 집중적으로

---

43) 위의 책, 67-69쪽.

이루어졌던 서울·경기와 영남지방은 도시화가 더욱 가속화되었다. 심지어 1970~1975년 기간 동안 도시유입 인구의 84%가 서울·경기와 부산·경남에 집중될 정도로 이 지역들의 도시성장은 급속하게 이루어졌다.44)

〈표 21〉 5대도시의 기능집적 현황

(단위: %)

	서울	부산	대구	광주	대전	계
행정중추	69.4	3.9	2.0	0.7	4.8	80.8
업무중추	69.2	6.3	2.1	0.7	0.9	79.2
국제무역	96.3	3.2	0.1	0.0	0.0	99.6
교 육	47.2	11.2	9.9	7.0	5.1	80.4
정 보	78.1	3.2	3.6	2.3	4.8	92.0
유 통	69.0	9.7	7.8	1.6	3.2	91.3
금 융	47.7	8.0	7.3	4.1	3.9	71.0
평 균	68.1	6.5	4.7	1.4	3.2	83.9

* 자료: 국토개발연구원, 『5대도시권의 설정과 기능정립방향』(서울: 국토개발연구원, 1985).

이러한 결과는 <표 21>과 <표 22>가 보여주고 있다. 즉 공업투자가 집중적으로 이루어지면서 산업구조가 근대화된 경기·경상지역과 아직까지 농업중심의 전근대적 산업구조를 가지고 있는 강원·충청·전라지역은 도시화율에서도 현격한 차이를 보이고 있다는 것이다. 그런데 중소도시를 포함한 지역별 도시화율은 지금까지 한국의 주요 정책들이 도시 위주로 추진되어

---

44) 도시 순이입인구의 36%가 서울, 20%가 경기도 내 위성도시, 26%가 부산 및 경남지역 도시로 흡수되었다. 위의 책, 75쪽.

왔다는 점을 감안할 때 국가복지의 지역적 분배라는 점에서 어느 정도 비교자료가 될 수 있지만, 지역 경제활동의 기반이라는 측면에서 도시기능은 사실상 서울, 부산 등 몇 개 대도시에 한정되어 있기 때문에 지역경제 기반으로서의 도시기능을 보기 위해서는 지역별 대도시의 기능과 그 수준을 비교하여 보는 것이 더 유효할 것이다.

<표 21>을 보면 정치·경제·사회·문화 등의 발전을 위한 제기능은 서울을 중심으로 집중되어 있음을 알 수 있다. 또한 공업의 지방분산 및 지역경제의 활성화라는 정부의 시책에 따라 서울로부터 이전한 공장의 92%도 서울지역으로부터 서울 근교인 경기도 지역으로 이전하고 있어, 지역 경제활동의 기반 조성을 고려하지 않은 단순한 공업배치정책에 의한 지역경제 활성화 방안은 효과를 거두지 못했다.[45]

지방만을 대상으로 상대적으로 파악했을 때, 전라도권의 중심 대도시인 광주가 도시기능상 절대적 열세에 있었다. 호남지역의 대표적 공업단지라 일컬어지고 있는 여천·광양 공업단지의 경우, 전남지역의 중심도시인 광주보다는 부산지역과 더 많은 금융거래를 하고 있었다는 사실이 바로 광주의 이러한 열악성을 반영하고 있다고 볼 수 있다.[46] 즉 불균등 집중투자 전략이 지속적으로 추구됨으로써 전남지역의 경우 지역 경제

---

45) 이원영, "공업배치정책의 지역격차 해소에 기여한 효과,"『한국개발연구』, 제7권 2호(서울: 한국개발연구원, 1985), 32쪽.

46) 박종소, "지역경제 활성화를 위한 금융기능 강화에 관한 연구"(서울대 환경대학원 석사학위논문, 1986)의 제3장 제2절 "지방도시 상호간의 금융작용체계" 참조.

활동의 기초여건마저 미비하였기 때문에, 전남지역의 대표적 공업단지라 할 수 있는 여천·광양만 공업단지는 행정구역상의 위치만 전남지역에 있을 뿐 실제로는 서울 경제권이며 지방수준에서 보면 오히려 부산권에 속하고 있는 실정이었다. 이러한 현상은 전남지역뿐만 아니라 아마 전체적으로 개발이 침체된 전북·강원·충청지역에서도 유사하게 나타나리라 생각된다.

결과적으로 한국사회의 지역간 격차는 공업지역 분포 등 형식적인 것 외에도 이들을 지역경제의 실질적 활성화로 이끌어 갈 수 있는 행정·금융·정보 등 제반 유인요건에도 매우 심각하다는 것을 알 수 있다.

(3) 인구이동과 파급효과

지금까지 살펴본 것처럼 1960년대 이후 한국의 급속한 산업화와 도시화는 농촌지역 이농인구의 흡수를 통해서 이루어졌다. 따라서 이 기간 동안 농업중심의 산업구조를 가지고 있었던 전국의 거의 모든 지역에서 이농인구를 배출하였다. 그런데 이 과정에서 지역 내의 이러한 이농인구들을 흡수할 산업이나 도시가 취약한 지역들은 자연스럽게 타지역으로 많은 인구를 유출하게 되었고, 결국 그 지역은 주변화될 수밖에 없었다. 물론 인구분포의 불균등이나 특정지역으로의 인구이동 자체가 문제가 되는 것은 아니다. 어떤 지역의 경제조건이나 삶의 환경이 취약하여 지역 주민이 더 좋은 환경을 찾아 이동하는 것은 극히 자연스러운 것이다. 그러나 이러한 인구이동은 지역격차의 현실을 그대로 보여주는 것일 뿐만 아니라, 인구유출 지역은 새로운 투자나 개발이 이루어지지 않는 한 장기적으로 피폐해질 것이다.

〈표 22〉 산업화 시기 지역별 인구증가율

(단위: %)

	인 구 비			연평균 증가율	
	1960	1970	1980	1960~1970	1970~80
전 국	100.0	100.0	100.0	2.29	1.93
서 울	9.8	17.6	22.3	8.15	4.33
경 기	11.0	10.7	13.2	1.99	4.04
강 원	6.6	5.9	4.8	1.30	-0.23
충 북	5.5	4.7	3.8	0.77	-0.20
충 남	10.1	9.1	7.9	1.23	0.51
전 북	9.6	7.7	6.1	0.15	-0.43
전 남	14.2	12.7	10.1	1.20	-0.40
경 북	15.4	14.5	13.2	1.69	1.03
경 남	16.8	15.9	17.3	1.93	1.48
제 주	1.1	1.2	1.2	2.58	2.55

* 자료: 국토개발연구원, 『제2차 국토종합개발계획』(서울: 국토개발연구원, 1982), 2편, 인구정착기반의 조성.

<표 22>와 <표 23>에 나타난 것처럼, 강원·충북·전남·전북지역에서는 인구의 자연증가를 포함하여도 지난 1960년대 후반 이후 지속적으로 인구가 감소해 왔다. 특히 전라남·북도 지역은 인구감소 폭이 커 연평균 감소율이 1970년대 이래 0.4% 이상이나 되었다. 이처럼 급속한 인구감소가 이루어진 이유는 한편으로는 공업화 위주의 경제개발 과정에서 농업부문이 피

폐해지는 가운데 전라도 지역이 상대적으로 많은 농업인구를 보유하고 있었기 때문이며, 다른 한편으로는 이 지역 내에 공업단지나 대도시가 없었기 때문이라고 할 수 있다.

〈표 23〉 인구구성비의 변화

	인 구 비			연평균 증가율	
	1960	1970	1980	1960-1970	1970-80
전 국	100.0	100.0	100.0	2.29	1.93
서 울	9.8	17.6	22.3	8.15	4.33
경 기	11.0	10.7	13.2	1.99	4.04
강 원	6.6	5.9	4.8	1.30	-0.23
충 북	5.5	4.7	3.8	0.77	-0.20
충 남	10.1	9.1	7.9	1.23	0.51
전 북	9.6	7.7	6.1	0.15	-0.43
전 남	14.2	12.7	10.1	1.20	-0.40
경 북	15.4	14.5	13.2	1.69	1.03
경 남	16.8	15.9	17.3	1.93	1.48
제 주	1.1	1.2	1.2	2.58	2.55

* 자료: "국회 지역감정해소특위 결과보고서"에서 재구성, 홍기훈, 『지역주의와 한국정치』(서울: 백산서당, 1996), 128쪽에서 재인용.

지역경제 및 복지의 취약에 따른 인구유출 지역은 사회·경제적으로 주변화되었을 뿐만 아니라 토착 지역민의 정치세력화 기반에도 영향을 미쳤다. 즉 인구유출 지역에서는 토착인구의 감소로 인해 의회정치하에서 정치세력화의 핵심적인 중요 기제라 할 수 있는 국회의원 지역구의 지역별 배정비율도 감소하게 되었다.

〈표 24〉 국회의원 지역구 배정비율 변화

(단위: %, 지역구수)

	서울	경기	강원	충청	전라	경상	제주	합계
1948년 제헌국회	5.0 (10)	14.5 (29)	6.0 (12)	20.5 (41)	25.5 (51)	32.0 (64)	1.5 (3)	100.0 (200)*
1963년 5대국회	10.7 (14)	9.9 (13)	6.9 (9)	16.0 (21)	22.9 (30)	32.1 (42)	1.5 (2)	100.0 (131)
1988년 13대국회	18.8 (42)	15.6 (35)	6.3 (14)	12.1 (27)	16.5 (37)	29.5 (66)	1.3 (3)	100.0 (224)
1996년 15대국회	18.2 (46)	19.4 (49)	5.1 (13)	11.1 (28)	14.6 (37)	30.8 (78)	1.2 (3)	100.0 (253)

* 자료: 중앙선거관리위원회 편, 『대한민국 선거사』, 제1집(서울: 중앙선거관리위원회, 1973); 중앙선거관리위원회 편, 『15대 국회의원선거 총람』(서울: 중앙선거관리위원회, 1996).

* 제헌 국회의원의 정수는 원래 200인이었으나 1948년 '4·3사건'으로 제주도의 북제주 갑, 을구 2인에 대한 선거가 1년 후인 1949년 5월 10일 이루어짐에 따라 실제로 헌정 수립에 참여한 제헌의원은 198명이었음.

<표 24>에 나타난 것처럼, 1960년대 이래 수도권으로의 인구집중이 지속되는 가운데 서울과 경기는 1963년 제5대 국회에서 각각 전국 지역구의 10.7%, 9.9%를 배정받았으나, 1988년 제13대 국회에서는 각각 18.8%, 21.9%를, 그리고 제15대 국회에 이르러서는 18.2%, 19.2%를 점하게 되었다. 그리고 여타 지역에서는 대체로 감소하는 경향을 보여주고 있는데, 특히 전라와 충청은 무려 10.9%, 9.4%가 감소했다.[47]

---

47) 이 점과 관련하여 연방제, 양원제 등을 통해 지역권력의 대표체계

한편 도시지역 등 타지역으로 이동한 지역민들은 대체로 이동지역에서 취약한 물적 토대와 생활기반을 갖고 있었다. 따라서 기존의 지역연고는 이들의 사회생활에서 중요한 의미를 갖게 되었다. 더구나 1960년대 이후 한국사회의 재구조화와 가치배분을 주도했던 지배권력이 지역주의적 성격을 지니게 되면서 한국의 사회적 관계에서 지역 연고의식은 더욱 강화되었다. 또한 토착지역에서 도시지역으로 이동한 사람들은 대체로 사회·경제적 지위향상을 도모하였으나,48) 도시 하위계층인 도시 비공식부문 종사자나 저임 노동자들이 바로 이들로부터 비롯되었음도 사실이다.49) 도시 하위계층을 형성하고 있는 이들은 사회·경제적 격차가 심한 도시생활 속에서 상대적 빈곤감과 소외의식을 느낄 수밖에 없었을 것이다.

를 가지고 있는 여타 국가들에 비해 한국은 사실상 국회의원 지역구가 지역권력을 대표하고 있다는 점에 주목할 필요가 있다. 그럼에도 각국의 지역대표 체계에 관한 것은 참고하지 않고 외국의 하원만을 비교사례로 삼아 한국의 지역구별 유권자수 편차가 과도하다는 평가를 기초로 지난 제15대 국회의원 선거구를 조정한 것은 적절하지 못하다 하겠다. 예를 들어 미국의 경우 하원은 일정 기준에 따라 유권자수를 감안하여 선거구가 배정되어 있지만, 지역별 대표체계의 성격을 갖는 상원의 경우 인구 2,500만의 캘리포니아(California)주나 40만의 알래스카(Alaska)주 모두 2명씩을 뽑고 있다. 이 경우에 인구편차는 무려 60배 이상을 넘고 있다. 김만흠, 앞의 책(1997), 197-200쪽 참조.

48) 차종천, "지역주의가 한국사회 계층화에 미치는 영향,"『한국사회학』, 제21집(1989), 200-202쪽.
49) 김진균, "한국사회의 계급구조,"『한국사회변동연구 Ⅰ』(서울: 한길사, 1985), 105-181쪽 참조.

〈표 25〉 서울시 저소득층의 출신지역별 분포

(단위: %)

조사기관 지역별	서울시 조사	KDI 조사	조사기관 지역별	서울시 조사	KDI 조사
서 울	14.2	16.4	전 남	18.0	19.7
부 산	0.9	1.0	경 북	7.6	9.2
경 기	11.1	6.0	경 남	4.0	2.4
강 원	4.7	3.0	제 주	0.3	0.2
충 북	7.0	6.2	이 북	10.6	9.5
충 남	10.3	11.7	외 국	0.3	1.2
전 북	10.3	12.9	미 상	0.7	0.6

* 자료: 한국개발연구원, 『빈곤의 실태와 영세민대책』(서울: 한국개발연구원, 1981); 서울특별시, 『저소득 시민의 생활실태에 관한 기초조사』(서울: 서울특별시, 1979).

그런데 <표 25>에서도 알 수 있는 것처럼 서울의 경우 저소득층의 출신지역별 분포는 지역별 차이를 보이고 있으며, 또 그것이 출신지역의 개발수준에 비례하여 나타나고 있다. 출신지역별로 살펴보면 전라남도가 19% 내외로 압도적 비중을 차지하고 있으며 다음이 전북, 충남 순이다. 그리고 상대적으로 인구비를 감안했을 때도 전남, 전북 순이며 경북, 경남이 최하위를 차지하고 있다.

소득 및 경제력과 더불어 사회적 자원과 삶의 기회에서 중요한 요소가 되고 있는 학력의 출신지역별 분포에서도 이와 비슷한 경향이 나타나고 있다. 한국사회학회 조사에 의하면, 1988년 10월 현재 서울에 거주하는 사람들의 주성장지별 대학이상 학력비율은 서울 37%, 경기 21%, 강원 29%, 충북 33%, 충

남 13%, 전북 21%, 전남 18%, 경북 48%, 경남 38% 등이었다.50)

　1995년 말 현재 한국에서 절반에 가까운 정도의 사람들이 이른바 '타향살이'를 하고 있다.51) 그런데 여러 자료들이 보여주듯이, 각 지역별로 출향의 동기, 출향 이후 사회·경제적 삶의 조건 등이 차이를 보이고 있음을 알 수 있다. 근대적 산업사회로의 이행과정에서 가장 많은 출향인구를 배출하였던 지역이 호남이라는 것은 앞에서 살펴본 바 있다. 그런데 이 출향인들 중에서 농업의 몰락과 지역사회의 열악한 경제환경으로 인해 내몰린 출향인구의 비율이 가장 많은 것이 호남이었다. 또한 호남출신들은 정치권력적 소외와 지역적 편견 등의 한국 사회구조에서 출향 이후의 삶에 있어서도 빈곤의 악순환을 더욱 심하게 경험하게 되었다.

　결국 한국의 경제개발 과정에서 추진되었던 불균등 투자전략은 지역간 격차를 심화시켰고, 이러한 결과로 나타난 저개발지역으로부터의 인구이동은 지역간 균형조성 효과보다는 사회·경제적으로 또 다른 문제를 야기하여 왔음을 알 수 있다. 특히 도시 저소득층에 전라도 출신이 많다는 점을 감안해 보면 이들의 상대적 빈곤감과 피해의식 등이 출신지역으로 환류되어 지역적 감정으로 강화되었을 가능성도 있다. 또 이들이 여러 악조건 속에서 생활하는 가운데 형성된 이들에 대한 부

---

50) 1988년 10월 당시 20세 이상의 서울지역 거주자 499명을 대상으로 한 표본조사 결과이다. 전광희, 앞의 글, 131쪽.
51) 통계청 자료에 의하면, 1995년 말 현재 남한 인구의 44.3%가 출신지가 아닌 곳에서 생활하고 있다. <한겨레신문>, 1997년 9월 4일자 참조.

정적 인식은 출신 지역인 전체에 대한 부정적 선입견으로 연결되기도 하였을 것이다.

앞서 지적하였듯이 지역별 경제구조가 그 지역사회 주민의 삶을 획일적으로 규정하는 것은 아니다. 또한 정치의식이나 정치적 동원도 단순히 특정한 경제구조를 객관적으로 반영하는 것이 아니다. 그럼에도 불구하고 그 동안 호남의 열악한 경제환경이 호남의 집단적 정치동원에 대한 명분의 하나로 자주 지적되었던 것은 경제격차 등이 다른 요소에 비해 객관적 지표로 제시하기 쉬운 요소이며, 정치적 저항에 대한 합리적 명분이 될 수 있었기 때문이다. 그리고 호남의 경제적 주변화는 호남에 대한 지역적 편견, 정치권력적 배제 및 소외 등과 복합적으로 작용하면서 호남인의 삶의 환경을 크게 지배해 왔던 것이 사실이다.

제2장 호남사회의 정치행태와 정치의식

1. 투표행태 및 지지정당

 오늘날의 대의정치체제에서 일반 시민들이 정치의식을 표현하는 가장 구체적이고 보편적인 양식은 투표이다. 이런 점에서 호남사회의 정치의식을 이해하는 데 가장 중요한 요소는 투표행태라 할 수 있다. 물론 투표와 같은 정치행태가 곧 정치의식의 전부를 설명해 주는 것은 아니다. 그러나 정치행태는 관념적이고 무정형적일 수도 있는 정치의식이 구체화되는 것이며 정치의식이 재형성되는 과정이 되기도 하였다.

1) 한국의 선거정치·정당정치와 지역주의

 한국에서 선거는 상당기간 동안 기존의 지배권력에 정당성을 부여하는 의제적 절차로서의 성격이 강했다. 한국의 선거정치는 근대적 시민사회의 경험이 거의 없는 가운데 제도로서 이식되었다. 따라서 한국 선거의 성격은 이러한 발생론적 특성 속에서 일반 국민들의 신민적 정치문화와 지배권력의 비민주성이 상호 작용한 결과였다. 이런 상황에서 지역주의가 동원되기 이전까지 한국인의 투표행태를 지배했던 변수는 현대정치에 대한 인식과 각성의 정도였으며, 투표선택의 기준은 여·야 관계나 후보자의 개인적 명망이었다.

흔히 서구의 경우 선거정치가 진행되는 과정에서 투표자의 계급적 위상이나 좌·우 이데올로기, 또는 정책을 둘러싼 이해관계가 투표선택의 중요한 변수가 되었음이 지적되기도 한다. 그러나 한국의 경우에는 현대정치의 발생배경과 과정, 그리고 정치·사회적 환경이 서구와는 달랐다. 또한 서구에서는 계급차별적으로 시민사회적 편입이 이루어졌으며, 이것이 계급동원의 구체적 계기가 되었으나, 한국에서는 계급, 남녀차별 없이 일시에 보편적인 참정권이 도입되었다. 그리고 또 서구에서는 현대국가와 현대정치로 전환하는 과정에서 정치가 개별적 이익에 바탕을 둔 계약적 관점으로 재구성되었던 데 비해, 한국에서는 민족적 공동목적이나 공공선의 관점에서 정치를 보려는 경향이 아직까지도 지배적이라 할 수 있다. 이런 가운데 최근에야 선거를 통한 여·야 정권교체를 달성한 현실이 말해주듯이 지금까지 한국에서는 초보적인 절차적 민주주의 자체도 정착되지 못했던 상황에서 구체적인 정책 자체가 투표선택의 기준이 되기 어려웠다.

한편 정당은 사회의 균열구조로부터 사회적 지지기반을 확보함으로써 시민사회와 정치체제간의 매개자 기능을 적절히 수행하여야 한다.1) 그럼에도 불구하고 한국의 정당들은 지역적 균열을 최대한 이용하는 전략을 구사함으로써 지지기반이 지역적으로 편중되어 갔던 것이다. 따라서 정당 엘리트들이 스스로 자신의 정당을 지역주의 정당이 아니라고 부인하는 상황에서 한국 정당체계의 특징이 지역주의에 기반을 두고 있다는 것은 각 정당이 표방하는 정책이나 이념보다는 유권자들의 의식구조나 심리적 성향에 두고 다루는 것이 보다 적합할지도 모른다. 이점에서 지역주의적 성향과 정당 일체감(party identification) 및 투표정당의 관계에 주목해 볼 필요가 있다. 지역주의적 색채는 정당 엘리트들의 신념이나 행태를 중심으로 하는 개념이 아니라, 그 정당에 대해 심리적으로 애착심을 가지고 있는 사람들의 지역주의적 사고방식의 강도를 일컫는 개념이다.2) 만일 특정 정당에 대해 심리적인 애착심을 가지고 있는 사람들이 다

---

1) 곽진영, "정당체제의 사회적 반영의 유형과 그 변화: 한국·미국·일본의 비교분석," 『한국정치학회보』, 제32집 1호(1998), 177쪽.

2) 정당 일체감은 보통 특정한 유형의 당파적 태도로서 유권자가 어떤 정당을 대상으로 하여 상당한 기간 동안 내면적으로 간직하는 애착심 또는 귀속의식이다. 박찬욱, "제14대 국회의원 총선거에서 정당지지 분석," 이남영 편, 『한국의 선거①』(서울: 나남, 1993), 70-71쪽. 이와 같은 정당 일체감이라는 개념은 비단 선거구에서뿐만 아니라 정당정치를 구현하고 있는 현대국가에서의 정치현상을 연구하는 데 있어서 중요한 위치를 점하고 있다. 개인의 의식 속에 자리잡고 있는 정당 일체감은 잘 변화하지 않으며 정치적인 문제를 정리하고 판단하는 데 있어서 매우 중요한 역할을 담당하는 사고의 축이다. 이남영, "정치문화와 지역주의," 한국정치학회 지역주의 특별학술회의 발표자료집(1999. 7. 16), 12쪽.

른 정당에 애착심을 가지고 있는 사람들에 비해 지역주의적 성향이 높다면 그 정당이 바로 지역주의적 색채가 강한 정당이 된다. 이러한 지역주의적 색채는 유권자들의 행태를 중심으로 할 때에는 정당 일체감과 유권자들의 투표정당이 어떤 정당이었는가 하는 점이 가장 중요한 변수로 작동한다.

현실적으로 한국의 경우 어느 정당도 자기 정당이 지역정당이라고 주장하지는 않지만, 각종 선거의 결과를 보면 정당들은 각기 지역적 기반을 지지세력으로 하여 존재하고 있음을 알 수 있다. 예컨대 16대 국회의원 선거 이전까지의 대통령선거, 국회의원 선거, 지방선거 등 각종 선거의 결과를 보면 한나라당은 경상도 지역에서, 국민회의(민주당)는 전라도 지역에서, 자민련은 충청도 지역에서 압도적인 지지를 획득하였다. 이러한 사실에서 대부분의 정치학자들은 한국의 정당체계를 지역주의적 정당체계로 보고 있으며, 한국정치의 주요한 특징 중의 하나로 바로 지역할거주의를 지적하고 있다[3].

2) 호남사회 투표행태의 특성

한국의 선거사를 살펴보면 도시지역에서는 야당을 지지하고 농촌에서는 여당을 지지하는 경향이 강한 이른바 여촌야도(與村野都) 현상이 상당기간 동안 한국 투표행태의 특징이 되어 왔다. 이러한 경향은 호남사회에서도 그대로 나타났다. 그러다

---

[3] 물론 이 지역할거주의는 지역주의적 투표행태가 정치인의 지역주의 전략과 유권자의 지역주의 선택으로 구조화됨으로써 대두한 것이다.

가 1971년 대통령선거에서부터 여타 다른 지역과 구분되는 독특한 투표행태를 보여주기 시작하였다. 1971년 대통령선거의 경우는 사실 여타 지역과 구분되는 호남의 특성이 호남 자신보다도 비호남지역의 호남에 대한 배제와 경계에 의해 상대적인 결과로 나타난 경향이 강했다. 3선개헌이라는 무리수를 둔 박정희정권은 1971년 대통령선거에서 영·호남의 지역감정을 노골적으로 자극하는 선거전략을 구사하였다.4) 그러나 1980년의 광주항쟁을 거치고, 또한 호남에 기반을 둔 정치세력의 지속적인 도전과 비호남지역의 호남에 대한 경계가 상호 작용하면서 김대중을 매개로 한 호남의 집단적 결속은 더욱 강화되었다.

1971년 대통령선거 이후 직선제로 처음 실시된 1987년 제13대 대통령선거에서부터 호남지역의 투표행태와 비호남지역의 투표행태는 지지와 반대의 대상이 극명하게 대비되어 나타났다.5) 그리고 이러한 경향은 <표 26>에 정리된 것처럼 그후 계

---

4) 예컨대 "쌀밥에 뉘가 섞이듯 경상도에서 반대표가 나오면 안 된다. 경상도 사람치고 박대통령 안 찍는 자는 미친 놈"(<조선일보>, 1971년 4월 18일)이라든지, "야당 후보가 이번 선거를 백제와 신라의 싸움이라고 해서 전라도 사람들이 똘똘 뭉쳤으니, 우리도 똘똘 뭉치자. 그러면 154만 표 이긴다"(<중앙일보>, 1971년 4월 22일)는 등이 그것이다. 물론 당시 야당도 이에 질세라 지역감정으로 맞섰다. 예컨대 "호남사람이 푸대접받는 것은 1,200년 전부터이다. 서울 가면 구두닦이와 식모는 전부 전라도 사람이며……"(<조선일보>, 1971년 4월 21일)라든지, "경상도 정권하에서 전라도는 푸대접받을 수밖에 없다"(<동아일보>, 1971년 4월 30일)는 것이었다.

5) 1987년 11월 14일자 *Washington Post*지는 "김영삼·김대중씨 지지

속되는 대통령선거는 물론 국회의원 선거, 지방선거에 이르기까지 모든 전국 선거에서 계속 나타났다.6)

〈표 26〉 호남의 투표성향 및 정당지지

(단위: %)

제13대 대선 (1987년)		노태우 (민정당)	김영삼 (민주당)	김대중 (평민당)	김종필 (공화당)	투표율
	호남 지역	광주 4.8 전북 14.2 전남 8.2	광주 0.5 전북 14.2 전남 8.2	광주 94.4 전북 83.5 전남 90.3	광주 0.2 전북 0.8 전남 0.3	광주 92.4 전북 90.3 전남 90.3
	전국	36.6	28.0	27.1	8.1	89.2
제13대 국회의원 선거 (1988년)		민정당	민주당	평민당	공화당	기타 후보
	호남 지역	광주 9.7 전북 28.2 전남 22.9	광주 0.4 전북 1.3 전남 0.8	광주 88.6 전북 61.5 전남 67.9	광주 0.6 전북 2.5 전남 1.3	광주 0.7 전북 5.9 전남 7.1
	전국	34.0(87석)	23.8(46석)	19.3(54석)	15.6(27석)	7.4(10석)
제14대 국회의원 선거 (1992년)		민자당	민주당	국민당	기타 정당	무소속
	호남 지역	광주 9.1 전북 31.8 전남 25.2	광주 76.4 전북 55.0 전남 61.6	광주 3.9 전북 4.8 전남 5.9	광주 1.6 전북 1.2 전남 0.8	광주 9.1 전북 7.1 전남 7.4
	전국	38.5(116석)	29.2(75석)	17.4(24석)	3.3(1석)	11.5(21석)

세력간의 지역감정 대립은 외국의 인종대립・갈등만큼이나 심각하며, 한국 유권자의 투표성향을 예측할 수 있는 가장 중요한 근거는 연령이나 교육수준 또는 이념이 아니라 '출신지역'이다"고 보도한 적이 있다.

6) 이 점은 다른 한편으로 한국사회의 지역주의가 역사의 전개과정에서 생성된 자연스러운 부산물이 아니라 그간의 지배정권들이 통치방식의 일환으로 고안해 낸 고도의 정치적 메커니즘이었기 때문이다. 다시 말해서 오늘날의 지역주의적 성향은 계급의식이나 후보자의 도덕성과 경륜이 아니라 지역적 출신이라는 요소가 주요 선거 때마다 유권자의 투표행태를 일차적으로 결정하였다는 점에서 정치적 성격을 갖는다.

		김영삼 (민자당)	김대중 (민주당)	정주영 (국민당)	박찬종 (신정당)	백기완 (민중당)
제14대 대선 (1992년)	호남 지역	광주 2.1 전북 4.5 전남 5.1	광주 95.9 전북 89.1 전남 85.4	광주 1.2 전북 3.2 전남 2.1	광주 0.4 전북 0.8 전남 0.6	광주 0.2 전북 0.4 전남 0.3
	전국	42.1	33.8	16.3	6.4	1.0
		민자당	민주당	자민련		무소속
95년 지방선거 (광역 단체장)	호남 지역	광주 10.3 전북 32.8 전남 26.4	광주 89.7 전북 67.2 전남 73.6	*후보 없음		
	전국	33.3	30.1	17.3		19.3
		신한국당	국민회의	자민련	민주당	무소속
제15대 국회의원 선거 (1996년)	호남 지역	광주 7.5 전북 23.4 전남 17.7	광주 86.2 전북 63.7 전남 71.0	광주 0.8 전북 5.8 전남 0.8	광주 2.0 전북 5.8 전남 0.8	광주 3.5 전북 6.6 전남 9.2
	전국	35.4(121석)	25.3(66석)	16.2(41석)	11.2(9석)	11.9(16석)
		이회창 (한나라당)	김대중 (국민회의)	이인제 (국민신당)	기타 후보	투표율
제15대 대선 (1997년)	호남 지역	광주 1.7 전북 4.5 전남 3.2	광주 97.3 전북 92.3 전남 94.6	광주 0.7 전북 2.1 전남 1.4	광주 0.3 전북 1.1 전남 0.9	광주 89.9 전북 85.5 전남 87.3
	전국	38.7	40.3	19.2	1.8	80.7

 호남은 야당 및 김대중에 대한 집단적 지지를 나타냈으며, 반면에 서울을 제외한 비호남 지역에서는 여당 또는 김대중과 경쟁하는 야당 및 야당 후보자에 대한 절대적 지지를 보여주었다. 이런 상황은 다수결에 기초한 승자독식(winner-takes-all)의 권력구조 속에서 전국 유권자의 25% 내외를 차지하고 있는 호남지역 및 호남출신의 정치의사의 배제와 소외로 귀결되었다. 그러다가 1997년 제15대 대통령선거에서는 김대중 후보가 충청권을 중심으로 한 비호남지역에 지지기반을 둔 제2야당 자민련과 지역연합 내지 야당연합을 이루어 출마하여 당선되었다. 김대중 후보의 대통령 당선은 지역구도에 따른 소수파의 한계를 극복하고 최초로 호남의 정치의사가 정치권력의 형성

기반으로 이어지는 계기가 되었다.7)

호남사회의 이런 경향은 선거의 종류 및 시기에 따라 또는 지역에 따라 일정한 차이가 있었다. 우선 호남지역 내부에서도 특히 광주에서 김대중에 대한 집단적 지지가 두드러졌다는 점을 발견할 수 있다. 광주, 전남, 전북 순으로 김대중에 대한 지지가 상대적으로 낮았다. 광주의 경우 제13대 이래 대통령선거에서 김대중 후보에게 계속해서 95% 내외의 지지를 보여주었으며, 선거의 성격상 표의 집중도가 상대적으로 낮은 국회의원선거 및 지방선거에서도 김대중의 국민회의에 최저 76.4%(제14대 국회의원 선거)에서 최고 90% 내외의 지지를 나타냈다. 물론 호남지역의 지지가 대통령의 당선으로 이어졌던 제15대 대통령선거에서는 전북에서도 무려 92.3%의 집중도를 보여주었다.

이러한 현상은 중앙권력과 호남사회가 대립하는 정도와 지역사회 내부의 구심력 정도를 반영한 것으로 이해된다. 예컨대 광주의 경우, 1980년 광주항쟁과 함께 호남사회의 거점도시로서 호남사회의 집권세력에 대한 비판과 그에 따른 집권세력의 견제가 가장 강했던 현실이 반영되었던 것으로 볼 수 있다는

---

7) 비록 제15대 대통령선거에서 공개적으로 지역갈등의 표출이 없었다고 할지라도, 이 선거를 계기로 지역대결 구도가 소멸되었다고 해석해서는 안 된다. 왜냐하면 호남지역에서 김대중 후보는 타 후보에 비하여 압도적인 득표율을 보이고 있기 때문이다. 단지 이 선거에서는 호남 후보와 대결할 영남 후보의 부재라는 정치적 대결구도의 특수성이 작용하였을 뿐이다. 제15대 대선 후보자들의 득표율로 본 지역주의적 경향은 정대화, "제15대 대통령선거 결과에 대한 실증적 연구: 여·야간 평화적 정권교체의 배경과 투표결과에 대한 해석,"『동향과 전망』, 통권37호(1998년 봄), 60쪽, <표 2> 참조.

것이다. 그리고 다음으로 대통령선거에서 호남의 지역적 집중도가 더욱 두드러졌으며 국회의원 선거 등에서는 집중도가 상대적으로 낮았다는 점을 지적할 수 있다. 다시 말해서 중앙권력과 관련된 중대한 선거일수록, 또 김대중의 권력적 위상과 관련된 선거일수록 지지의 집중도가 높았다. 따라서 대통령중심제의 권력구조하에서 대통령선거에 지지가 더욱 집중될 수밖에 없었다. 그러나 국회의원 선거의 경우에는 상대 후보들이 소속정당 등 중앙권력과 관련해서는 지역적 대립구도를 대표하고 있었지만, 후보자 자신들은 사실상 모두 호남사회 내부의 후보들이었기 때문에 김대중과 관련된 야당 후보에 대한 지지가 상대적으로 둔화되어 나타났다고 볼 수 있다.

중앙정치를 둘러싼 호남사회의 이와 같은 투표행태는 일천한 현대정치 역사와 현대적 지방정치의 부재 속에서 사실상 새로운 정치의식의 바탕이 되는 현대정치의 경험 그 자체였다고 할 수 있다. 따라서 그 동안의 투표행태를 통해 나타난 호남사회의 정치행태는 호남사회의 정치의식이 구체적으로 표현된 하나의 징표였지만, 동시에 여타 영역의 정치의식에도 상당한 영향을 미쳤다고 볼 수 있다. 따라서 정부 및 민주화에 대한 평가 등에 대한 정치의식에서도 투표행태의 지역적 대비를 그대로 보여주었던 것이다. 그러나 이런 가운데에서도 국가의식과 같은 분야에서는 호남사회도 여타 지역과 별다른 차이가 없이 한국사회의 전반적인 경향을 그대로 보여주고 있었다.

2. 정치체제에 대한 인식

1) 국가 및 정치세력

(1) 국가형성의 배경과 전통

대부분의 개인들에게 국가라는 존재는 각 개인의 선택 이전에 운명적인 것으로 주어진다. 그러나 각 개인들의 국가에 대한 요구와 인식을 국가가 얼마나 수용하고 있느냐에 따라 국가에 대한 충성이나 기대, 그리고 정체감이 달라질 수 있다. 또한 국가의 구성원들은 하나의 실체가 아니라 여러 개인과 집단으로 이루어진다. 이들 각 개인이나 집단들은 그들의 국가관이나 국가권력에 대한 불만 여부 및 정도 등에 따라 국가에 대해 다른 태도나 인식, 그리고 감정적 반응과 평가를 보일 수 있다.

한국 국민들의 대다수는 한국이라는 국가의 존재이유를 무엇보다도 민족공동체적 전통에 두고 있는 것처럼 보인다. 이 전통과 의식은 오랜 단일 정치공동체의 역사를 배경으로 하고 있다. 하지만 그것이 본격적으로 동원되기 시작한 것은 국민 대다수가 현대국가로의 전환과정에서 제국주의의 침탈과 국가체제의 단절을 겪으면서부터였다. 한국의 민족공동체 의식은 서구의 그것과는 다른 전통과 특징을 지니고 있다. 서구의 민족공동체 의식은 개인주의에 토대를 둔 계약적 집단의식이다. 그러나 한국의 경우에는 혈연적이고 운명적인 성격을 갖는 일차적인 집단 정체감이 민족공동체 의식을 구성하고 있다.

이런 민족의식과 같은 집단 정체감은 정치공동체를 형성하는 중요한 기반이 된다. 그러나 민족적 정체감 자체가 공동체의 질서와 윤리를 구성하는 것은 아니다. 대체로 민족주의와 같은 논리는 공동체 내부의 질서를 규정하는 통합원리로서보다는 대외적인 관계 속에서 구축되는 통합원리로서 이해될 수 있다. 정치공동체는 대외적인 통합논리뿐만 아니라 내부의 질서를 규정하는 또 다른 제도와 원리 속에서 운영된다. 경우에 따라 내부의 통합원리가 공동체 구성원들의 요구를 수용하지 못할 때 민족공동체의 기반은 붕괴될 수도 있다. 예컨대 조선시대의 경우, 정치공동체의 질서가 왕권을 정점으로 하는 신분질서와 유교원리 등에 의해 규정되고 유지되어 왔다. 그러다가 19세기 말부터 흔들리기 시작하였던 한국의 전통적인 통합질서는 제2차 세계대전 이후 시민권과 민주주의를 정치체제의 새로운 원리로 도입하면서 현대 국민국가로 새로이 구축되게 된 것이다.

(2) 국가에 대한 일체감

국가에 대한 자긍심이나 충성도에서는 호남지역이 여타 지역과 거의 차이를 보이지 않았다. <표 29>에 나타나듯이, 먼저 "한국인으로 태어난 것이 자랑스럽다"에 동의하는 응답이 전국과 호남지역 모두 90% 내외였으며 "그렇지 않다"가 10% 내외였다. 그리고 "국가를 위해 자신을 희생할 수 있다"는 국가주의적 경향이 전국과 호남 모두 71% 내외에 달했다. 국가주의를 당위적으로 더욱 강조했던 "국가를 위해서는 개인의 희생은 감수해야 한다"는 질문의 다른 조사에서는 동의하는 응답자가 전국 51.6%, 호남 37.3%로 나타나 전체적으로 동의하는 비율이 낮아졌으며, 호남지역의 경우 국가를 위해 맹목적으로 충성하는 것에 반대하는 비율이 62.7%에 이르렀다.8)

〈표 29〉 국가에 대한 인식

문 항	지 역	매우 그렇다	그런 편이다	그렇지 않은 편	전혀 그렇지 않다
한국인으로 태어난 것이 자랑스럽다	호남지역	40.1%	50.6%	8.2%	1.0%
	호남출신	39.2%	49.4%	10.5%	0.8%
	전국평균	39.4%	48.6%	11.2%	0.8%
국가를 위해 자신을 희생할 수 있다	호남지역	15.8%	55.3%	25.7%	3.1%
	호남출신	18.6%	53.5%	26.3%	1.7%
	전국평균	18.4%	51.9%	27.1%	2.5%
다시 태어나도 한국인으로 살고 싶다	호남지역	39.7%	37.3%	18.5%	4.5%
	호남출신	36.4%	40.4%	18.8%	4.4%
	전국평균	38.0%	37.9%	19.6%	4.4%

자료: 공보처, 『한국인의 의식 및 가치관 조사 —— 자료편 —— 』, 1996.

또한 전남인의 정체성에 대해 조사한 자료를 보면, 중립 응답이 제시되어 척도가 다르지만 전남인이라는 점이 '자랑스럽다'는 응답이 48.8%, '약간 부끄럽다'는 응답이 8.3%, 그리고 '별다른 느낌이 없다'는 응답이 42.9%였다.9)

---

8) 세종연구소, 『'95 국민의식조사』(성남: 세종연구소, 1995), 172쪽.

이들 응답에 대해 상대적인 평가를 하기는 어려우나, 이것이 한국사회가 외적으로는 매우 강한 민족국가 의식이나 국가주의 전략을 추구해 온 배경 속에서 나타난 결과라는 점을 염두에 둘 필요가 있다. 한국의 현대국가는 일제 지배로 단절된 전통적 민족국가를 복원하는 의식 속에서 출범했다. 이후 남북 분단체제는 역설적으로 민족주의를 정치적 담론으로 일상화시키면서 민족국가 의식을 계속해서 불러일으켰다. 그리고 단일 민족국가의 복원을 강조했던 이승만정권 이래, 박정희정권의 '조국 근대화,' 김영삼정권의 '세계화' 구호에 이르기까지 계속된 국가주의 전략은 국가와 국민에 대한 총체적 인식을 이끌어 왔다. 그러나 이런 국가주의적 경향 속에서도 역설적으로 "다시 태어난다면 한국인으로 살고 싶지 않다"는 응답이 13%를 넘는다는 점에도 주목할 필요가 있다.

(3) 정부 및 정치세력에 대한 신뢰도

한국의 현대국가 체제는 한편으로는 전통적 민족국가 의식을 계승하면서 지속적으로 재생산하고, 다른 한편으로는 민주주의 등 근대적 정치원리가 채택된 가운데 운영되어 왔다. 그런데 현대국가의 운영을 주도해 온 국가기관 및 정부는 국민들로부터 그다지 신뢰를 받지 못해 왔다. 그 동안의 여러 조사들을 통해서도 알려졌지만, <표 27>에서 보여주듯이, 국가영역

---

9) 전남대 사회과학연구소·서울대 사회조사연구소·부산대 사회과학연구소,『전남 이미지 실태연구: 국민의식조사 결과보고서』(1995), 255쪽.

및 정치에 대한 불신이 다른 사회영역보다도 크다. 이 부분에서는 호남사회와 한국사회 전반이 비슷한 경향을 보이고 있다.

<표 27> 국가기관 및 정치영역별 신뢰도

(단위: %)

응답자 영역 \ 항목	호남지역					전국신뢰 응답률
	전적신뢰 (1)	신뢰 (2)	불신 (3)	전적불신 (4)	총신뢰율 (1)+(2)	
행정부처	2.6	42.9	47.6	6.9	45.5	42.2
국회	3.0	24.0	61.8	11.2	27.0	25.9
여당(신한국)	1.3	21.5	58.4	18.9	22.8	30.5
야당	6.0	44.6	45.9	3.4	50.6	34.6
법원	1.7	44.5	45.5	8.2	46.2	50.6
재야세력	6.0	42.1	48.5	3.4	48.1	40.8
군	2.1	48.1	42.1	7.7	50.2	61.5
언론기관	3.0	40.3	52.8	3.9	43.3	65.3
노동조합	6.0	60.9	30.9	2.1	66.9	67.4
교육기관	3.0	40.3	52.8	3.9	43.3	65.3
종교기관	9.3	59.3	26.3	5.2	68.6	58.4
공무원	1.5	53.6	38.1	6.7	55.2	47.3
경찰	4.1	41.8	44.8	9.3	45.5	43.3

* 자료: 세종연구소, 『'95 국민의식조사』(성남; 세종연구소, 1995); 공무원과 경찰을 대상으로 한 조사는 공보처, 『한국인의 의식·가치관 조사 — 자료편』(서울: 공보처, 1996). 세종연구소 조사는 호남지역 233명을 포함한 전국의 성인 1,800명을 대상으로 1995년 3월 24일~4월 13일 조사한 것이며, 공보처 자료는 호남 194명을 포함, 전국의 성인 1,521명을 대상으로 1996년 7~9월 조사한 것임.

오늘날 인간과 사회에 대한 신뢰의 부족이 한국사회 전반의 문제이기는 하나, 특히 정부 및 정치에 대한 신뢰가 낮다. 1995년

세종연구소의 조사자료에 따르면, 호남지역 응답자의 77.2%가 당시 집권여당에 대해 불신하고 있었다. 국회에 대한 불신율도 73.0%였다. 당시 야당에 대한 신뢰도에서는 호남지역과 여타 지역이 차이를 보이는바, 야당에 대한 불신율이 전국적으로는 여당에 비해 약간 낮은 65.4%였으나 호남지역에서는 더 낮은 49.4%를 보여주었다.10) 이는 당시 호남지역이 한국 야당의 핵심적 지지기반이었던 지역균열의 구도를 그대로 반영하는 것이었다.

2) 민주주의와 민주화

(1) 민주주의와 시민사회

앞서 지적했듯이, 한국 현대국가의 새로운 구성원리는 바로 민주주의였다. 그러나 한국 현대국가의 새로운 원리로 도입된 민주주의는 시민사회의 질서까지를 포괄하는 것은 아니었다. 한국에서 민주주의는 공정한 선거를 통해 정부권력을 구성하고 정치 지도자를 선출하는 절차였다. 그리고 국가의 통합원리는 여전히 전통적인 민족국가 의식에 있었다.

---

10) 여·야당을 막론하고 이와 같은 정당에 대한 불신은 다른 여론조사에서도 나타나고 있다. 예를 들어 1994년 10월 19일의 정당에 대한 불신도 조사에서는 53%(<내일신문>, 1994년 10월 19일: 한길리서치와 공동조사), 20~30대의 의식조사에서는 무려 87%(<한겨레신문>, 1995년 1월 1일: 현대리서치와 공동조사)에 달하고 있다. 문병주, 『국가·정치사회·시민사회: 한국 민주주의의 이행과 공고화』(서울: 도서출판 양지, 1999), 324쪽 참조.

물론 현대국가의 전형을 만들어 온 서구의 경우에도 초기에는 민주주의가 반드시 포괄적인 사회통합의 원리로 작동되었던 것은 아니다. 그러나 현대국가의 형성과정에서 분권 전통이나 계급갈등에 따른 정치·사회적 균열은 민주주의를 사회통합 원리의 하나로 자리하게끔 만들었다. 서구에서는 또한 민주주의뿐만 아니라 합리성과 합법성이 사회적 다양성과 갈등요소를 수렴하는 중요한 준칙으로 기능하였다. 이 합리성과 합법성은 근대 서구의 개인주의와 자본주의 질서가 현대국가 체제와 상호 작용하면서 공동체의 구성원리로 구축된 것이다. 그러나 한국의 경우에는 남북분단 과정에서 민족국가의 구체적 구성양식이 쟁점이 된 바 있으나, 분단체제가 형성된 이후에는 추상적 민족국가론과 국가주의가 지배하는 가운데 다양한 국민들이 더불어 살아가는 구체적 양식에 대한 문제는 별로 주목받지 못해 왔다.

한국의 민주주의는 시민사회의 질서나 요구와 무관하게 대의제, 선거정치 등의 제도로서 도입되었다. 따라서 한국의 민주주의에서 시민사회는 기존 지배권력이나 지배엘리트들의 일방적 동원대상으로서의 성격이 강했다. 이 시기 민주주의를 둘러싼 쟁점은 정권장악이나 선거 등 정치세력간의 경쟁과정에서 제기되는 합법성과 정당성의 문제였다. 이와 같이 정부의 합법성과 정당성의 문제를 제기하는 주도세력은 집권세력과 경쟁하는 야당 및 야권세력이었다. 그리고 시민사회 세력 중에서는 서구적 민주주의나 법치주의의 가치를 지향하는 사람들이 대체로 야당 및 야권의 민주주의 주장에 동조하였다.[11] 이른바 '근대적' 가치 및 이념을 체득한 지식인 및 학생, 그리고 도시의 신중산층의 일부 등이 그런 세력들이었다. 이는 당시 선거에서 나타났던 여촌야도 현상의 부분적인 배경이 되기도 했다. 합법성이라는 민주주의의 이념과 가치뿐만 아니라 집권세력에 대한 불만도 민주주의의 명분으로 제기되었다. 이렇게 하여 민주주의에 대한 신념과 집권세력에 대한 불만의식을 가진 집단이 확산될수록 한국 시민사회의 민주주의에 대한 요구도 커져 갔다.

한국의 시민사회는 구체적으로 1960~70년대에 이르러 경제성장정책을 통한 산업화와 함께 꾸준히 산업노동자와 중간 제계급이 신장됨으로써 확대되었다. 자본주의경제가 점차 강화되고 독점적 정치권력에 대항하면서 시민사회는 더욱 확산되었다.[12] 이런 점에서, 한편으로는 근대화 및 산업화의 결과로서, 다른 한편으로는 민주주의제도하의 독재권력을 경험하는 가운데, 시민사회의 역량은 민주주의제도의 주체로서 성장해 왔다고 볼 수 있다.

혹자는 한국의 시민사회가 1970년대 후반에 이르러 정부에 대한 비판의식과 정치적 주체의식을 갖는 수준으로 성장했다고 보기도 한다.[13] 그러나 한국사회에서 집권세력에 대한 시민

---

11) 법치주의가 대의제와 더불어 근대 민주주의의 주요 구성요소라는 점은 분명하다. 그러나 군주제에 대한 대안으로서 시민권에 기반한 법치주의가 제기되었던 서구와는 달리, 이미 시민권과 대의제가 확보된 상황에서 정치세력간의 경쟁을 둘러싸고 제기된 합법성 논란은 시민사회의 이해관계가 직접적으로 크게 걸린 문제는 아니었다.

12) 위의 책, 57-58쪽.

13) 장달중, "한국정치의 사회적 기원과 민주주의의 과제," 구범모 편저, 『2000년대와 한국의 선택』(성남: 한국정신문화연구원, 1992), 85쪽.

의 주체적 비판의식이 결정적으로 성장한 계기는 역시 1980년의 광주항쟁이었던 것으로 보인다. 그리고 이러한 시민의식이 정치적 저항으로 폭발한 한 형태가 1980년대 후반 한국 민주화운동의 분수령이었던 1987년의 6월항쟁이었다고 하겠다.

이후 반민주주의의 표상이었던 군부정권도 1992년 선거를 거치면서 퇴출당하고 이른바 문민정부가 탄생하였다. 그리고 1997년 12월 제15대 대통령선거를 통해 선거민주주의의 중요한 관건인 선거를 통한 여·야 정권교체도 이룩하였다.14) 그러나 아직도 한국의 민주주의는 많은 과제를 안고 있다. 시민사회에 기초한 대의민주주의를 일정하게 정착시켰다는 서구의 경우에도 오늘날 정치권력의 시민 대표성과 대응성의 부족 등이 문제가 되고 있는 실정이다. 이 점에서 이제 막 시민사회와 국가권력의 관계가 본격화되기 시작한 한국의 경우, 민주주의를 제대로 실현하기 위해서는 지속적인 많은 노력이 필요하다고 하겠다.

(2) 민주화에 대한 평가

그 동안 한국사회의 민주화 정도에 대해 전국적으로 조사한 자료를 보면, 전두환정권 시기는 10점 만점에 3.2~3.4점으로 평가되었고, 1987년 대통령 직선제를 통해 집권한 노태우정권 시기는 4.6~4.8점으로 더 민주화되었지만 보통 이하라는 평가를 받고 있다. 그리고 군부집권을 종식시키고 등장한 이른바 '문

---

14) 정권교체와 민주주의의 관계에 대해서는 김만흠, 『한국정치의 재인식: 민주주의, 지역주의, 지방자치』(1997), 183-188쪽 참조.

민정부'라는 김영삼정권에 대해서는 민주화의 정도를 더욱 진전된 6.2~6.6점으로 평가하고, 5~10년 후에는 7.8~8.3점으로 예상하면서 앞으로의 민주화과정에 대해서는 비교적 낙관적인 평가를 내리고 있다.

호남지역 응답자들의 경우도 전국적인 추세와 같은 경향을 보이나 민주화의 수준에 대해서는 여타 지역에 비해서 낮은 평가를 내렸다. 각 정권의 민주화 수준에 대해 호남지역 응답자들은 전두환정권은 2.4~2.9점, 노태우정권은 3.7~3.9점, 그리고 김영삼정권은 5.0~6.0점으로 평가하고, 5~10년 후에 대해서는 7.3~8.1점의 기대를 하고 있다. 이는 전두환, 노태우, 나아가 김영삼정권이 광주항쟁에 대한 폭압을 배경으로 탄생한 정권이라는 호남지역 주민들의 인식과 이후 부분적인 민주화의 진전에도 불구하고 여전히 호남이 고립되는 한국정치의 지역균열구조를 반영한 것이다.[15]

그런데 김영삼정권의 경우, '김현철 파동'과 '한보사태'에서 IMF환란에 이르게 되는 정권 말기에 이르러서는 민주화에 대한 평가에서도 상대적으로 낮은 점수를 받게 되었음을 짐작할 수 있다. 제15대 대통령선거 직후인 1997년 12월 말 한국선거연구회가 조사한 자료에 따르면, 김영삼정권이 국정을 '잘했다'는 평가는 전국 응답자의 2.9%, 호남지역 응답자의 3.5%, 그리고

---

15) 최장집 교수는 호남문제를 민주화와 관련시켜 다음과 같이 주장하고 있다. "반호남 지역감정은 민주화에 대한 국민의 열정을 왜곡·전도시키는 하나의 비합리적인 집합적 감정"이며, 따라서 "호남문제는 곧 민주화 문제이며 한국문제"라는 것이다. 최장집, 『한국민주주의의 이론』(서울: 한길사, 1993), 401, 403쪽.

호남출신 응답자의 3.4%에 불과했으며, 반면에 '잘못했다'는 평가는 전국 응답자의 83.0%, 호남지역 응답자의 89.3%, 그리고 호남출신 응답자의 89.1%에 달했다. 민주화에 대한 직접적인 평가는 아니지만 국정에 대한 이러한 부정적 인식이 민주화에 대한 부정적 평가로 이어졌을 것으로 추론할 수 있다.

〈표 28〉 각 정권별 민주화 정도에 대한 평가

응답자별	시기별	전두환정권	노태우정권	김영삼정권	5~10년 후
조사1	호남지역	2.9	3.7	5.0	7.3
	비호남지역	3.4	4.6	6.2	7.8
조사2	호남지역	2.4	3.9	6.0	8.1
	비호남지역	3.2	4.8	6.6	8.3

* "조사 1"은 세종연구소, 앞의 책(1995) 자료이며, "조사 2"는 1994년 9~12월 호남지역 168명 포함, 전국의 지방엘리트 816명 대상 조사자료임(서울대 사회과학연구소, 『사회과학과 정책연구』, 제17권 2호, 1995).
* "완전 독재" 1점, "완전 민주" 10점으로 한 점수임.

3. 정치적 관심과 효능감

호남지역 주민과 호남출신들은 여타 지역 주민들에 비해 상대적으로 정치에 대해 관심이 많은 것으로 보인다. 1996년의 조사에 따르면, 한국 국민들 중 정치에 '관심이 있다'는 쪽이 '없다'는 쪽보다 약간 우세한 것으로 나타났다. '관심이 있다' 52.9%, '관심이 없다' 46.7%였다. 그런데 호남지역 응답자들에게서는 '관심이 있다'는 비율이 61.9%로 더욱 두드러졌다. 이는 "정치발전이 없이 사회·문화·경제 등 한국사회 제반 영역의 발전이 이루어지기 어렵다"고 보는 호남지역 응답자의 비율이 69.1%(전국 평균 57.6%)에 이르는 조사결과가 보여주고 있듯이,16) 정치권력의 영향력과 정치분야의 중요성을 인식하는 경향이 강한 호남사회의 특징과 무관하지 않다.

이런 관심이 곧 정치적 효능감으로 이어지는 것은 아니다. 정치체제의 주체로서 각 개인들의 정치행위가 정치과정에 영향을 미치는 정도, 또는 영향을 미칠 수 있다는 자신감과 가능성을 정치적 효능감이라 부른다. 다시 말해서 정치적 효능감이란 정치에 대한 자신의 영향력 정도에 대한 주관적 인식 또는 평가로서, 정치 면에 있어서의 일종의 역사적 전개의 야기자(a causal agent, 혹은 정치적 운명의 결정자)로서의 자신의 역할 또는 참여에 대한 믿음을 의미한다.17) 이 점에서 볼 때, 정치적 효능감은 이론적으로 자신의 운명에 대한 스스로의 결정(self-determination)이라는 민주주의의 핵심에 닿아 있는 개념이다. 형식상으로 민주주의라는 것은 시민 자신이 정치적 주체가 되는 정치원리이기 때문이다. 그러나 현실적으로 모든 시민들이 정치의 실질적 주체가 되기는 어려울 뿐만 아니라, 각 개인이나 집단에 따라 정치과정에 영향을 미치는 정도도 다르다. 따라서 정치적 효능

---

16) 공보처, 『한국인의 의식 및 가치관 조사 ― 자료편 ― 』(서울: 공보처, 1996), 207쪽.

17) 정치적 효능감 개념에 대한 분석은 강홍수, "'정치 효능감' 개념에 대한 심리학적 조명," 1998년도 한국정치학회 연례학술회의 발표자료집(1998. 12. 3~5), 2-13쪽 참조.

감은 각 개인의 정치에 대한 태도, 그 동안의 정치적 경험, 주어진 정치구조에 대한 인식, 그리고 자신의 정치권력적 위치 등이 복합적으로 작용하여 형성된다.

〈표 30〉 정치적 효능감

문 항	지역	전적 찬성	찬성하는 편	반대하는 편	전적 반대
국민의 의사 상관없이 소수가 정치	호남지역	28.3%	36.1%	20.6%	15.0%
	전국평균	23.0%	39.7%	21.2%	16.1%
자신은 정부 일에 관여할 처지가 아님	호남지역	12.9%	27.9%	39.9%	19.3%
	전국평균	9.5%	35.3%	38.4%	16.8%

* 자료: 세종연구소, 앞의 책, 154-156쪽.

1995년 조사에 따르면(〈표 30〉), 호남지역 응답자들의 2/3 정도는 한국정부와 정치의 운용이 대다수 국민들의 의사와 상관없이 소수의 사람들에 의해 좌우된다고 생각하고 있었다. 정부 및 정치를 소수가 좌우한다는 견해는 전국적으로도 62.7%의 응답률을 보여 호남의 64.4%와 비슷했다. 그러나 주관적 의지를 포함하는 효능감(internal efficacy)은 더 높게 나타났다. "나 같은 평범한 사람이야 정부가 하는 일에 이래라, 저래라 할 처지가 못 된다"는 문항으로 조사한 결과, 호남지역 응답자의 59.2%가 반대하고 있었다. 나아가 "사회는 대중보다 몇 사람의 지도자가 다스릴 때 잘되는 법이다"는 견해에 대해서는 호남지역 응답자의 68.2%가 반대하고 있었다.

정치적 효능감 부분에 있어서는 한국사회 전반의 경향과 호남지역의 그것이 대체로 비슷한 양상을 보여주고 있었다. 그러나 한국사회 전반에서 다수결의 원칙을 당연한 민주주의원리로 생각하고 있는데, 호남지역의 경우 소수의 반대나 의견을 관용해야 한다는 견해가 여타 지역에 비해 두드러졌다. 전국적인 조사에서는 "다수가 찬성하는 의견에 혼자 반대하는 것은 바람직하지 않다"에 찬성하는 의견이 54.0%로 다수였는데, 호남지역의 경우 찬성비율이 39.5%에 불과하고 반대하는 비율이 60.5%로 높았다. 참고로 전국적인 응답을 살펴보면 학력수준별로 유의미한 차이를 보였는데, 소수의 반대를 허용하는 비율이 국졸 이하 35.6%, 중졸 37.2%, 고졸 43.3%, 그리고 대졸 이상에서는 58.4%로 학력이 높을수록 소수의 반대의견에 관용하는 비율이 높았다. 그리고 직업별로는 학생집단이 72.5%로 소수의 반대에 대한 관용을 중시했다.[18]

서로의 의견이 상충하는 현실 속에서 어떤 의사결정 방식이 바람직한 것인가에 대해 완전한 답을 말하기는 어려우나, 다수결이 민주주의원리에 부합하기 위해서는 소수에 대한 관용을 전제로 함은 두말할 나위가 없다. 고학력자들과 학생집단에서 소수의 반대에 대해 관용하자는 비율이 높은 것은 이들이 인간의 자율성에 기초한 근대민주주의의 가치를 보다 강조하는 의식적인 경향을 보여주고 있다고 하겠다. 호남지역에서 개별인간의 자율성과 소수의 반대에 대한 관용을 지지하는 경향 역시 이런 관점에서 이해할 수도 있다. 그러나 보다 직접적으로는 그 동안의 지역균열 구도에서 소수로 고립화되었던 호남사회의 정치적 경험이 반영된 것이라고 할 수 있다.

---

18) 세종연구소, 앞의 책, 41쪽.

4. 정치적 성향

호남지역 및 호남출신 사람들의 정치성향에서는 변화를 지향하는 경향이 다른 지역 사람들에 비해 상대적으로 강하게 나타났다. 또한 그 동안 한국정치 특유의 정치성향에 대한 기준이었다고 할 수 있는 여·야 성향에서는 야당적 성향이 압도적으로 높다.

물론 정치적 성향의 기준은 여러 측면에서 파악할 수 있다. 이 가운데에서도 서구의 정치이론들에서는 사회주의와 자본주의를 양쪽 축으로 하는 이념적 정향이 대표적인 기준으로 제시되기도 한다. 그리고 잉글하트(R. Inglehart)와 클린지만(S. Klingemann)에 의하면, 정치적 이념의 공간(즉 좌·우 이념)상에 놓인 유권자 개인의 위치설정은 신념 및 가치정향(value orientation)과 정파적 요소(partisan components)라는 두 요소를 포함하고 있으며, 이 두 요소 중 정파적 요소로서의 이념이 이슈에 대한 선호나 가치정향으로서의 이념보다 정치적 평가에 더 강하게 영향을 미친다.[19]

---

19) Ronald Inglehart & Staf Klingemann, "Party Identification, Ideological Preference, and the Left-right Dimension among Western Mass Public," I. Budge, I. Crewe & D. Farlie (eds.), *Party Identification and Beyond: Representations of Voting and Party Competition* (Chichester: Wiley, 1976); 강원택, "유권자의 이념적 성향과 투표행태: 15대 대통령선거

한국의 경우 빈번하게 이루어진 정당 명칭의 변경과 이합집산에도 불구하고, 장기간 동안 여·야간의 정권교체가 일어나지 않았다. 이로 인해 여·야 성향은 정당체계나 이념적 갈등의 측면에서 서구와는 상이하지만 정파적 요소를 지니게 되었다. 그러나 가치정향적 이념성의 차원에서 본다면, 한국사회의 이데올로기적 특성과 한계 속에서 정치이념의 척도는 대체로 보수와 진보가 중요 기준이 되어 왔다. 한국사회에서 진보·보수 개념은 한때 서구의 좌·우 개념과 유사한 것으로 사용되기도 하였으나, 오늘날 보수와 진보의 기준이 무엇인가는 명확치 않다. 다만 사회의 변화를 우선시한다거나 정치·경제적 평등(그 예로 복지문제)에 우선적인 가치를 두는 정치적 성향을 대체로 진보, 그리고 이에 대비되는 성향을 보수로 규정하는 것처럼 보인다.[20]

한국사회에 있어서 자신의 정치적 성향이 '아주 진보적' 또는 '아주 보수적'이라고 생각하는 사람들은 소수에 불과하다.

를 중심으로," 한국정치학회 한국정치 특별학술회의 발표자료집 (1998. 2. 11), 13쪽에서 재인용.

[20] 정권교체가 일어나지 않았던 과거의 한국 현실에서는 여의 성향은 보수적 편향, 야의 성향은 진보적 편향을 가지고 있으며, 이때 보수는 안정, 즉 여당의 권력유지를, 진보는 변화, 즉 야당의 정권교체를 추구하는 성향을 가지고 있었다. 그러나 주의할 점은 여·야간의 정권교체가 단순히 정당간의 권력교체를 의미하는 것이 아니었다는 점이다. 왜냐하면, 여·야간 정권교체는 정치적 권력뿐만 아니라, 기존의 여권 집권하에서 일어나지 않았던 사회적·경제적·지역적 변화를 수반하는 것을 의미하는 것이었기 때문이다. 위의 글, 11-12쪽 및 <표 7> 참조.

1998년 조사자료에 의하면, 자신의 정치적 이념이 아주 진보적이라고 답변한 사람은 8.4%, 아주 보수적이라고 답변한 사람은 5.1%에 불과하였다. 반면에 '약간 보수'는 35.2%, '약간 진보'는 27.6%, 그리고 '중도'는 23.6% 등으로 나타났다.[21] 그리고 사회·경제적 배경과 시기에 따라서도 약간의 차이와 변화를 보여주고 있다. 예컨대 거주 시·도별로 보면 대구/경북·인천/경기·서울지역은 보수성향을 보이고 있으며, 출신지별로는 경상·충청·강원·이북지역은 보수적 성향을 보이는 반면에 서울과 전라도 지역 출신은 진보적 성향을 보이고 있다.[22]

이런 가운데 그 동안의 각종 조사들을 보면, 한국에는 자신을 보수적이라고 생각하는 국민들이 약간 더 많았다. 호남지역의 경우도 이런 전국적인 경향을 그대로 보여주고 있었다.

---

21) 한국선거연구회, 『제2회 4대 지방선거 조사연구』(서울: 한국사회과학데이터센터, 1998) 참조.
22) 김재한, 『합리와 비합리의 한국 정치사회』(서울: 소화, 1998), 130-137쪽 및 <표 22>, <표 23> 참조. 다만 한국인들의 이념별 사회·경제적 배경은 서구사회와는 다른 모습을 보인다. 서구에서 좌파 또는 진보세력의 지지기반으로 볼 수 있는 저소득층과 비전문층이 한국사회에서는 진보세력에 편입되어 있지 않다. 이러한 성향은 '변화·안정' 및 '복지비 우선·국방비 우선'에 관한 조사에서 잘 나타나고 있는데, 그 결과 복지사업의 가장 큰 수혜자라 할 수 있는 저소득층이 복지비 우선에 대해 상대적으로 낮은 선호를 보이고 오히려 국방비 우선에 대해 높은 선호를 보이고 있다. 강원택, 앞의 글 참조.

<표 31> 정치적 성향

(단위: %)

		매우 보수	보수적인 편	중도적	진보적인 편	매우 진보	모름
1995년 조사	호남지역	6.9	24.5	45.5	21.5	1.7	
	호남출신	5.4	23.0	45.2	23.0	2.5	
	전국평균	4.4	25.3	47.1	21.1	2.1	
제15대 대선 직후 (1997년)	호남지역	7.9	21.4	22.1	20.7	8.6	19.3
	호남출신	6.8	22.3	21.1	24.5	10.9	14.3
	전국평균	6.6	30.8	20.1	25.2	7.6	9.7
		여당 성향		중도	야당 성향		무관심
1995년 조사	호남지역	6.8		39.1	40.8		13.3
	호남출신	8.9		37.5	42.4		11.1
	전국평균	17.1		41.8	25.7		15.5
제15대 대선 직후 (1997. 12)	호남지역	3.6		20.1	76.3		
	호남출신	4.2		15.5	80.3		
	전국평균	26.6		31.2	42.7		

* 자료: 세종연구소, 앞의 책; 한국선거연구회, "15대 대선과 정치의식"에 관한 국민의식 조사(1997).

<표 31>에서 보듯이, 호남지역 주민과 호남출신 중에서 자신이 보수적이라고 생각하는 비율이 각각 31.4%와 28.4%였으며, 진보적이라고 생각하는 비율이 23.2%와 25.5%였다. 물론 보수·진보에 대한 인식도 상황에 따라 변할 것이다.[23] 제15대

---

[23] 여기에서 우리는 지역주의의 폐해를 탈피하기 위한 하나의 대안으로 진보·보수라는 균열구도로의 정당이념 기준을 제시하는 것을 생각할 필요가 있다. 한국사회의 병폐인 지역주의가 과거 회귀적이라면, 진보·보수는 정책의 방향을 제기하는 미래 지향적 균열구조이기 때문이다. 김재한, 앞의 책, 124-125쪽.

대통령선거 직후인 1997년 12월 말 한국선거연구회가 조사한 결과에 따르면, 진보적이라고 응답한 비율이 전체적으로 증가했다. 이는 김영삼정권 말기의 실정에 대한 불만과 IMF체제로 대표되는 경제위기 상황에 대한 인식, 그리고 선거를 통한 최초의 여·야 정권교체라는 당시의 정국추이를 반영한 것으로 보인다.

보수·진보의 개념보다 더 구체적인 내용이라 할 수 있는 정치 및 사회제도의 변화방식이나 속도에 관한 질문에 있어서는 호남지역의 응답자들이 여타 지역에 비해 상대적으로 급진적인 경향을 보여주었다. 물론 현재의 정치·사회제도에 대해 만족하는 사람은 드물다. 1996년의 공보처 조사에 따르면, 전국의 응답자 중 현재의 상황이 "전체적으로 크게 문제가 없기 때문에 별로 바꿀 필요가 없다"는 사람은 1.5%였다. 그리고 34.1%는 "현 사회제도는 잘못된 점이 많기 때문에 빨리 바뀌어야 한다"고 응답하였으며, 62.5%가 "서서히 개선되어야 한다"는 견해를 보였다.

그런데 호남지역 응답자들의 경우 "빨리 바뀌어야 한다"가 41.8%, "서서히 개선되어야 한다"가 57.2%였다. 전국적으로 출신지역이 호남인 사람들에게서도 각각 42.4%, 56.0%를 보여 마찬가지 경향을 보여주었다.24) 즉 호남지역과 호남출신 응답자들은 현 사회제도를 보다 빨리 개혁하자는 견해가 다른 지역의 응답자들에 비해 상대적으로 두드러졌다. 1997년 12월 한국선거연구회 조사의 "안정과 변화 중에서 어느 것을 더 원하십니까"라는 설문에

---

24) 공보처, 앞의 책, 199쪽.

서도 변화를 우선시하는 응답비율이 전국 수준에서는 44.4%였던 데 비하여 호남출신들에게서는 55.8%로 나타났다.25)

야·야 성향에 있어서 호남지역은 여타 지역과 뚜렷한 대비를 이룬다. 여·야는 기본적으로 집권세력과 반대세력 및 도전세력의 관계이다. 따라서 집권세력에 대한 태도에 따라 여·야 성향이 결정될 수 있다. 집권세력의 성격에 따라 여·야관계가 변화하므로 여·야를 고정된 정치적 성향의 기준으로 설정하기는 쉽지 않다.26) 그러나 앞에서 살펴보았듯이, 야·야 정권교체의 부재와 독재정권의 지배라는 그 동안의 한국정치 상황은 여·야관계가 정치적 성향을 규정하는 가장 핵심적인 기준으로 자리잡도록 했다. 여당 성향은 기득권세력과 이들에 순종하는 세력, 또는 정치적 안정을 우선으로 하는 세력 등의 성향이었다면, 야당 성향은 독재정권에 도전하고 저항하면서 민주화와 변화를 우선시하는 사람들의 성향이었다고 하겠다. 물론 1997년 12월 최초의 여·야 정권교체가 이루어졌기 때문에 앞으로는 여·야의 의미 및 그 관계도 새로이 정립될 것이다.

1987년 제13대 대통령선거에서부터 호남지역은 한국 야당의 주요 지지기반의 하나가 되어 왔음은 다 아는 사실이다. 더

---

25) 한국선거연구회가 1997년 12월 제15대 대선 직후 호남지역 141명을 포함하여 전국 성인 1,207명을 대상으로 실시한 "제15대 대선과 정치의식"에 관한 면접 설문조사의 결과임.

26) 한국인들의 여·야 성향은 정부·여당에 대한 지지도를 반영하는 것이자, 또한 여당에 대한 견제의 필요성 인식과 묵종(obedience) 성향과도 관련이 있다. 이러한 상황은 1997년 제15대 대통령선거 이전까지 정권교체가 제대로 이루어진 적이 없었던 한국의 정치상황을 반영하고 있다. 김재한, 앞의 책, 138-144쪽 참조.

구나 1990년의 3당합당으로 비호남 기반의 야당이 여당에 편입되면서 복합적 지역성을 갖고 있는 수도권을 제외한 지역에서는 호남지역이 대표적인 야당 지지기반으로 남게 되었다. 그리고 상대적으로 나머지 지역들이 여당의 지지기반이 되었다. 다시 말해서 3당통합은 시민사회의 지역적 균열구도를 재구성하는 결과를 낳았고 그런 만큼 기존의 지역주의를 더욱 심화시키는 정치적 폐해를 초래하였다. 즉 기존의 지역적 대립구도는 이를 계기로 하여 호남 대 '영남 헤게모니하의 비호남 전체'라는 더욱 확대되고 심화된 지역대립 구도가 되었다.27)

이러한 지역균열 구도는 그 동안의 의식조사에서 볼 수 있는 바와 같이 투표지지를 반영하는 여·야 성향으로 그대로 나타났다. 1995년의 조사에서는 호남지역 응답자의 40% 이상이 야당 성향이라고 응답한 반면 여당 성향이라고 응답한 사람은 9% 미만이었다. 반면에 전국 평균은 여당 성향이 17.1%, 그리고 야당 성향이 25.7%(호남 제외했을 때 23.4%)로 나타났다.

당시의 여당에 대한 불신과 불만이 극도에 달했던 제15대 대통령선거 직후의 조사에서는 전반적으로 야당 성향이라는 응답자가 증가하였으나, 특히 호남에서는 야당 성향이라는 응답자가 3/4을 넘었다. 전국적으로는 26.6%가 여당 성향, 42.7%가 야당 성향이라고 응답하였으며, 호남지역주과 호남출신 응답자들은

---

27) 문병주, 앞의 책, 252-253쪽. 지역감정의 정치적 의미를 극명하게 드러내 준 사건인 3당합당은 1차적으로 호남배제의 보수대연합 구도라는 지배블록의 외연적 확장을 통하여 호남 대 비호남의 대결구도를 형성함으로써 정권을 안정적으로 재창출하려는 의도가 깔려 있었다.

각각 여당 성향 3.6%와 4.2%, 그리고 야당 성향 76.3%와 80.3% 로 답하였다.

5. 종 합

지금까지 살펴본 것처럼, 호남사회는 상당부분 한국사회의 정치문화가 공유하고 있는 일반적 경향을 대체로 보여주고 있었다. 정부 및 정치권에 대한 불신, 강한 국가주의적 경향과 같은 것들이 그것이다. 그러나 그 동안의 투표행태에서 나타났던 것처럼 집권세력에 대한 강한 불만과 비판의식, 상대적으로 강한 변화 지향성 등은 여타 지역에 대비되는 호남사회의 정치의식이 보여준 특징이었다. 또한 사회의 제반 문제의 원인과 해결의 관건을 정치(특히 중앙정치)에서 찾고 있는 정치주의적 사회인식도 호남사회의 두드러진 경향이었다.

호남사회의 집권세력에 대한 비판과 불만의식은 그 동안 한국의 권위주의정권에 저항하는 민주화세력의 주요한 자원이 되기도 했으나, 다른 한편으로 호남에 대한 경계와 배제라는 한국 지역주의의 특성 속에서 호남 고립구도의 심화로 이어지기도 했다. 또한 중앙권력을 둘러싼 정치투쟁이 집중되었던 호남사회의 정치동원은 상대적으로 호남사회의 내적 동력을 정체화(停滯化)시키는 역기능으로 작용하기도 했다고 볼 수 있다.[28]

---

28) 김만흠, 앞의 책(1997), 317-321쪽.

제3장 호남사회의 지방정치

1. 지방정치의 대두와 그 환경: 중앙과 지방의 관계

　1995년 지방선거를 계기로 한국사회에는 본격적으로 지방시대가 도래하게 되었다. 그러나 그 이후 오늘까지의 경험은 자치단체장과 지방의회 의원을 직접 선거로 선출한다고 해서 자동적으로 지방정치가 뿌리내리지는 않는다는 사실을 확인해 주고 있다. 다시 말해서 지방정치가 생각만큼이나 잘 되고 있지 않다는 것이다. 고도의 중앙집권성, 대통령중심의 집권적 권력구조, 그리고 길지 않은 지방자치의 경험 등으로 인해, 지방정치에 대한 인식과 체감의 정도는 아직 매우 낮은 편이다.
　오늘날 한국의 지방정치가 제대로 정착하지 못하고 있는 원인과 배경은 대체로 다음의 세 가지로 요약될 수 있다. 첫째는 지방정치를 지역 이기주의를 정당화하거나 합법화하는 것으로 잘못 이해한 나머지 오히려 중앙과 지방, 그리고 지방간의 갈등이 심화되었다는 점이다. 둘째, 지방의회 의원들의 자질과 능력이 취약하여 주민의 의사나 이해관계를 지방행정에 제대로 반영하고 그것을 감시·비판하기보다는 개인적인 이권이나 권위의 추구에 더 많은 신경을 쓰고 있다는 점이다. 그리고 셋째, 지방자치단체장들이 그들 지역의 먼 장래보다는 다음 선거에서의 재선을 염두에 두고 이른바 선심성 사업과 행사를 벌임으로써 지방재정의 낭비를 초래하고 있다는 점이다.

물론 이상과 같은 문제 때문에 지방정치가 정착되지 못하고 있는 것도 현실이지만, 한국의 지방정치는 중앙정치와의 관계에서 하부구조로서의 위상에 머물러 있다는 점이 무엇보다도 중요한 극복과제 중의 하나이다. 한국의 지방자치는 1952년 이승만정권이 장기집권에 이용하고자 지방의회 선거를 실시함으로써 시작되었다. 그리고 1961년 군사쿠데타에 의하여 해산되었던 지방의회가 1991년 재차 구성되었다. 그러나 한국의 지방자치는 자생적인 발전기회를 갖지 못하였으며, 중앙정부에 지나치게 종속됨으로써 자율적인 발전기회도 확보하지 못하였다. 여기에서는 이러한 문제를 중심으로 지방정치의 대두와 그것의 정착을 위한 환경조성 문제를 살펴보도록 한다.

1) 한국 지방정치의 현실

일반적으로 정치현상을 다양하게 규정할 수 있는 것과 마찬가지로 지방정치 또한 다양하게 규정할 수 있다. 지방정치는 지역사회의 사회·경제적 구조에 영향을 미치는 공공결정 과정과 이 과정에서 나타나는 권력관계를 내용으로 한다. 환언하면 중앙정치가 국민 전체를 위한 자원의 권위적 배분을 의미한다면, 지방정치는 지역단위의 한정된 범위 안에서의 자원배분에 대한 정책적 선택을 의미한다.[1] 이러한 지방정치를 수행하는 지방정부는 일정한 지역에 대해 책임을 지는, 주민이 직접 선출한 지방의 정치인들이 중심이 되어 주민의 일상생활과 관련된 광범한 기능을 수행하며, 이러한 기능을 수행하는 데 필요한 비용을 스스로 확보할 수 있는 과세권을 갖는 조직체이다.[2] 이러한 지방정부의 결정에 대한 중앙과 지방의 영향력이 미치는 구체적인 범위에 대해서는 매우 다양하고 복잡한 설명을 필요로 하지만, 공공서비스에 대해 지방의 정치엘리트들이 행사할 수 있는 영향력을 이해한다는 것은 지방정치의 민주화에 필수적이다.

그런데 한국에서 지방정치를 지배해 왔던 주요 변수는 중앙정부의 정책과 영향력이었다.[3] 여기에서 중요한 점은 중앙정

---

[1] 지병문, "지방자치법의 문제점과 지방정치의 활성화방안," 『한국정치학회보』, 제27집 2호(상)(1993), 193쪽.

[2] John Stewart, *Local Government: The Conditions of Local Choice* (London: George Allen & Unwin, 1983), p.1. 지방정부의 책임자는 정책의 지도자(policy leader) 또는 정책의 혁신자(policy innovator)로서, 재정의 관리자(financial leader)로서, 그리고 서비스의 제공자로서의 기능을 수행해야 한다. 지병문, 앞의 글(1993), 195-199쪽 참조.

[3] 김만흠, "지방정치론과 한국 지방정치의 과제," 한국정치학회 지방정치특별학술회의 발표자료집(1998. 10. 9), 8쪽. 중앙정부가 지방정치에 영향을 미치는 요소에 대해서는 이기우, "한국의 중앙·지방 관계의 이론적 조명: 분권화를 중심으로," 한국정치학회 지방정치특별학술회의 발표자료집(1998. 10. 9), 10-16쪽 참조.

부의 정책결정이 반드시 지역주민의 의사나 이해관계에 반하지는 않지만, 그렇게 되는 데는 한계가 있다는 점이다. 그리고 중앙정부가 국가 전체로서의 통합을 실현하기 위하여 지방정부의 업무수행에 간여할 수 있어야 하지만, 그렇게 이루어지는 영향력의 행사는 지방정부가 독립적인 주체로서 갖는 자율성을 침해하지 않는 범위 내에서 이루어져야 한다는 것이다. 역으로 지방정부가 중앙정부를 구성하는 부분이라고 한다면, 지방정부 또한 중앙정부의 의사결정에 참여할 수 있어야 하는 것이다.4) 만약 지방정부에 대한 중앙정부의 영향력만을 보장하고 그 역의 상황을 인정하지 않는다면, 중앙과 지방간의 균형은 파괴되고 중앙정부 권력의 남용에 대한 지방정부의 견제가 불가능할 것이다.5)

그 동안 한국정치를 둘러싼 갈등과 민주화에 대한 요구는 대체로 중앙정치에 집중되어 왔다. 다시 말해서 한국에서는 중앙 수준에서의 형식적 대의민주주의도 무시된 채 비민주주의적인 정치가 오랫동안 지속되어 왔듯이, 지역사회의 정치·사회적 자원 역시 중앙정치에 의해 일방적으로 좌우되어 왔다. 한마디로 지금까지 한국에 있어서는 지역주민들이 지역행정에 대해 중요한 영향력을 행사하지 못하였으며, 중앙정부가 임명

---

4) L. J. Sharpe, "Theories and Values of Local Government," *Political Studies*, Vol.18(1970), pp.153-174 참조.

5) 한국과 같이 지방정부의 업무수행이 대부분 국가의 법령에 의하여 일방적으로 정해지는 상황에서는 지방정치의 활성화를 위해서라도 중앙정부의 정책결정과정에 지방정부가 참여하는 것이 절실히 요구된다.

한 직업관료들이 지방행정을 담당하였다. 기본적으로 지역주민의 정치참여가 제한적이었던 것이다.

　이러한 현상은 한국의 현대정치 및 국가체제의 발생론적 특성과 전개과정을 반영한 것이었다. 다시 말하면 강한 중앙집권제적 전통과 국가주의적 경향, 남북분단의 대립체제, 국가의 총량적 발전에 주목했던 성장전략, 이들을 주도했던 중앙권력의 비민주성, 그리고 근대적 지방정치제도의 부재 등이 바로 그 배경이 된 것이다. 그런 만큼 1991년 지방의회와 1995년 지방자치단체장 선거를 계기로 지방의회의 지방행정에 대한 견제와 지역주민 참여에 의해 지방 정책결정에 변화가 일어날 것으로 기대하였다. 그러나 지방정치나 의회에 대한 이해와 인식의 잘못으로 인하여 지방정부나 지방의회의 권한은 크게 제약받을 수밖에 없었다.

2) 지방정치 대두의 배경

(1) 분권화의 추세

　한국사회는 제3공화국 이후 한때 중앙정부 중심의 발전전략이 크게 주효한 적이 있었다. 중앙정부 주도 아래 다양한 행정주체들과 경제·사회주체들이 강력히 통제되고, 제한된 자원이 효과적으로 동원·관리되면서 경제발전을 위한 기틀이 마련될 수 있었던 것이다. 그러나 이것은 어디까지나 경제·사회의 규모가 작고 민권의식이 낮을 때의 일이었다. 오늘날과 같은 시대에 있어서는 오히려 집권의 논리보다는 분권의 논리가,

또 통제와 규제의 논리보다는 자율과 경쟁의 논리가 강조된다. 분권을 통한 지방자치단체 사이의 자율과 경쟁, 그리고 불필요한 규제의 완화를 통한 경제·사회 주체간의 자율과 경쟁을 통해서만이 지역과 민간부문 곳곳에 흩어져 있는 창의성과 생산적 잠재력을 효과적으로 동원하여 국가경쟁력 강화와 연계시킬 수 있기 때문이다.

분권화는 일종의 시대적 추세이다. 이제 중앙집권적 권력은 비효율성의 상징이 되었으며 이의 극복을 위해 분권화가 필수적인 조건으로 제시되고 있다.[6] 지금까지 집권적 정부구조의 효율성은 기득권이나 정권유지의 수단으로 보호되어 왔다. 그러나 정부조직의 집권성은 미래 국가의 정부수요를 효율적으로 만족시킬 수 없으며, 변화하는 환경에 신속히 부응하는 데 가장 심각한 장애가 될 수 있다. 분권화된 행정만이 이러한 수요를 충족시킬 수 있다. 사회적 조절기능을 수행하기에도 국가 관료조직은 지나치게 거대하고 경직된 조직이 되어 버렸다. 따라서 오히려 비교적 규모가 작은 지방조직이 근접 중재를 통해 더 효과적인 조절기능을 수행할 수 있게 되었다. 중앙집권적 국가체계가 한계에 봉착한 것이다. 또한 분권화된 행정단위는 실질적인 주민참여를 확대시켜 주며 집권화로 인해 야기된 불균형성을 교정하여 준다. 따라서 중앙집권적, 행정 우위적, 개입주의적 행정은 과감한 분권화를 통해 극복되어야 한다. 민간부문과 지방정부의 자율성을 확대·보장해 주고 행정의 분권 지향적 기능을 강화하여야 한다.

---

6) 나라정책연구회 편, 『21세기 프론티어』(서울: 길벗, 1994), 316쪽.

또한 정보와 지식이 생산과 권력의 원천이 되는 정보화사회에 있어서 권위주의적 형태의 중앙집권만큼 무서운 적은 없다.7) 중앙에 권력이 집중된 체제는 본질적으로 하향적인 규제와 통제를 기반으로 운영되기 때문에, 하위체계의 창의력을 근본적으로 저하시킬 수밖에 없다. 창의력이 정보와 지식생산의 가장 중요한 요소임을 감안할 때 그 결과가 어떠할지를 쉽게 짐작할 수 있다. 중앙에 권력이 집중된 체제는 이와 같이 정보의 생산에 좋지 못한 영향을 미칠 뿐만 아니라 정보의 흐름에도 심각한 왜곡현상을 초래하게 된다.

(2) 세계의 변화와 지방정치

최근 탈냉전과 경제적 지구화 혹은 세계화(globalization)가 기조가 되는 세계질서의 변화 또한 지방정치 대두의 중요한 배경이 된다.

자본의 세계화와 고도 정보화는 경제의 세계화를 세계질서의 새로운 기조로 만들어 가고 있다. 세계경제체제는 그 공간적 범위를 범지구적으로 확대하고 있다. 지구 차원의 경제통합

---

7) 지방화와 정보화의 담론에 대해서는 강명구, "지방화와 정보화: 재구조화의 정치적 의미,"『한국정치학회보』, 제29집 1호(1995), 73-94쪽 참조. 그는 이 글에서 지방화와 정보화에 대한 이분법적인 해석을 경계하며 양자가 갖는 접합관계에 주목하고 있다. 그는 특히 한국에 있어서는 정보화시대의 도래가 국가 재구조화 과정을 암묵적으로 거부하는 국가에 의해 주도되고 있기 때문에, 지역적 시민사회의 민주화를 통한 정치적 민주화가 수반되지 않으면 안 된다고 진단하고 있다.

이 진행되고 있는 것이다. 각국 사이의 경제적 국경에 균열이 가기 시작했고 지역경제권과 세계시장구조의 전면적인 개편이 진행되고 있다. 다시 말하면 경제의 단위가 국민국가의 경계를 넘어 지역 블록 등 새로운 차원의 통합체를 구성하는 추세가 가속화되고 있는 것이다. 이와 같은 경제의 초국가화 추세 속에서 국가는 더 이상 경제활동의 절대단위로 기능하지 못하며, 초국적자본은 점차 개별국가의 통제권을 벗어나고 있다. 초국가적인 금융자본이 세계를 지배하기 시작했고 취약한 국민경제는 외채상환의 늪에 빠져 국민국가 단위의 제도들을 포기하지 않을 수 없게 되었다.

이 과정에서 정체성과 충성심의 절대적 대상이었던 국민국가의 지위가 흔들리기 시작했다. 전통적인 국가는 복지국가의 위기, 국제화, 지방분권화의 추세 속에서 그 위상이 변하고 있다. 전통적인 주권의 개념은 대내외적으로 심각한 도전에 직면하게 되었으며 경제적 및 환경적 쟁점들이 국가라는 범주를 점점 무의미하게 만들어 가고 있다.[8] 절대적이고 배타적인 주권의 시대는 지나간 것이다.[9] 국민국가의 국경개념이 변화되

---

[8] Ruth Lapidoth, "Sovereignty in Transition," *Journal of International Affairs*, Vol.45, No.2 (Winter 1992): Robert C. North, *War, Peace, Survival: Global Politics and Conceptual Synthesis* (Boulder: Westview Press, 1990) 참조.

[9] Report of the Secretary-General Pursuant to the Statement adopted by the Summit Meeting of Security Council on 31 January 1992. SC Doc. S/24111, 17 June 1992. Sir Anthony Parsons, "The United Nations in the Post-Cold War Era," *International Relations*, Vol.XI, No.3 (December 1992), p.203에서 인용.

어 감에 따라 국가중심의 국제질서 구조도 변모되고 있다. 국가간 관계의 주도적 양상이 정치, 군사의 측면에서 경제로 바뀌어 가며 군사력 대신 경제, 과학, 기술, 정보의 경쟁시대에 돌입한 것이다. 국민, 영토, 군사력, 경제력 등 종래의 국가이익 구성요소 외에 정보, 과학기술, 환경 등이 포함된 새로운 국가이익과 국력의 개념이 등장한 가운데 이러한 요인을 갖춘 선진국들은 이미 초국가적 시장권을 형성하고 정치적 통합을 추진하고 있는 실정이다. 앞으로 세계정치의 헤게모니는 경제적 경쟁력을 통해 추구될 것이며 각국의 생존전략도 이 맥락에서 추구될 것이다.

이처럼 국가역할의 축소와 국경체제의 약화를 수반하는 세계화는 자연스럽게 '지방'이나 '지역', 또는 그 정책 및 행정주체로서의 지방자치단체의 역할을 부각시켰다.[10] '지방'과 '지

---

10) 세계화의 증대에 따라 중앙정부의 역할 변화만큼이나 지방정부의 역할도 변화하는 모습을 보이고 있다. 그 일례로 지방정부는 지역주민의 소득을 증대시키고 지역의 경제생산성을 제고시키기 위해서 구체적으로 외국기업을 유치하는 전략을 수립하고 실천하여야 한다. 그럼으로써 지방정치가 갖는 민주성도 중요하지만, 오늘날에는 지방행정체제의 입장에서 능률성을 보다 더 강조하고 있는 상황이라고 하겠다. 이와 같은 논의는 이성복, "국제화와 지방자치: 실태와 전략을 중심으로," 제4회 한국정치세계학술대회 발표논문(한국정치학회, 1994. 7. 18); 김익식, "세계화시대의 지방의 대응: 지방의 국제경쟁력 강화방안을 중심으로," 제4회 한국정치 세계학술대회 발표논문(한국정치학회, 1994. 7. 18); 김기재, "국제화시대와 지방자치단체의 대응,"『자치행정』(1994년 1월); 박세일, "세계화시대와 지방자치,"『참여사회』, 제5호(1994년 4월) 참조.

역', 그리고 지방자치단체가 '지방이나 도시→지역→국가→세계'로 연결되는 구도를 벗어나 세계체제로 바로 연결되는 구도로 전환되고 있기 때문이다. 개별국가들의 기능이 점점 약화됨에 따라, 지방공간이 국가의 매개 없이 세계경제체제와 대면할 수밖에 없게 되었다. 경제의 세계화는 필연적으로 지방의 세계적 노출과 부각을 초래하였다. 다시 말하면 국가의 퇴조로 인해 생긴 공백에 지방이 등장하였으면, 각 지방은 이제 그 상급 정치·행정체제인 국가의 중재 또는 간섭 없이 경제활동의 주체가 될 수 있게 된 것이다. 역할이 축소되고 있는 국가를 대신하여 지방자치단체가 지역 내의 기업들을 직접 지원·보호하는 전방위 무한경쟁의 장(場)에 뛰어들어야 할 뿐만 아니라, 지역 내의 잠재적 자원을 활용하여 외국으로부터 들어오는 인적·물적 자원에 대해서도 나름대로의 대응책을 강구하지 않으면 안 되는 상황을 맞고 있다. UN과 같은 국제기구도 분권적 질서의 정착이야말로 정주문제 등 인류사회가 안고 있는 많은 문제를 해결하는 최선의 방안이라고 여기고, 분권화와 그에 입각한 지방정부간의 협력체계의 구성을 강조하고 있다.

3) 지방정치의 과제

이제 지방정치는 한국정치의 새로운 영역으로 등장하기 시작하였다. 지방자치제의 시행으로 지방정치의 상당한 공간을 지방자치단체장이나 지방의회가 차지하게 되었다. 비교적 획일적이고 단순했던 지방행정이 보다 넓은 범위의 정치권역에 포함되었다. 지방자치의 정치화, 그리고 정치의 지방화가 이루어지고 있는 것이다. 범지구적 차원에서는 세계화와 지방화가 하나의 추세로 나타나고 국내적으로는 중앙집권체제의 한계가 노정되는 가운데, 한국은 1991년을 전후하여 지방자치제가 부활되고 1995년 선거를 계기로 본격화되었다. 지방자치의 시행은 지역사회 내부의 문제가 점차 주목받기 시작하는 계기를 제공하였다. 지역주민의 생활에 구체적인 영향을 미치는 것은 지방정치이다. 중앙정치의 민주화와 국가의 총체적 경제성장에 집중해 왔던 한국의 근대화는 이제 일정 수준까지 진전되었고, 그와 함께 지역주민들은 점차 구체적인 '삶의 질'의 문제에 관심을 갖기 시작했다. 특히 지방자치제의 실시는 지역사회 내부에 근대적 지방정치의 기제를 작동시키는 결정적 계기가 되고 있다.

이처럼 지방자치를 중심으로 지역사회의 정치가 새로운 정치영역으로 등장하고 있지만, 각 지역사회는 기존 중앙집권체제가 남긴 유산과 한계 속에서 지역사회의 발전과 지역정치의 민주화를 도모해야 하는 어려운 과제를 안고 있다.11) 이 과제

---

11) 지방정치의 민주화를 위한 방안이자 해결해야 할 과제를 정리하여 몇 가지 제시하면 다음과 같다. ① 지방정부 자치권의 확대: 선거인에 대한 정책적 대안의 제시, ② 중앙정부와 지방정부간의 명확한 역할분담: 중앙정부의 지방정부 권한에 대한 간섭 배제, ③ 과감한 분권화의 실시: 지역사회의 권한 강화 및 민주적 책임, ④ 다양한 주민참여제도의 도입: 주민발안 및 주민소환, 주민감사 청구권 등의 제도 도입, ⑤ 시민단체 활동의 활성화: 정치활동의 법적 보장, ⑥ 선거제도 및 정당 공천제도의 민주화, ⑦ 지방정부의 계층구조의 단순화 등. 지병문, "정부개혁과 지방정치 개혁의 방향," 한

의 해결은 바로 지역주민들이 자신들의 생활을 통제할 수 있는 능력을 스스로 확보하느냐 여부에 달려 있으며, 이는 곧 한국정치가 민주주의적인가 그렇지 않은가를 평가하는 기준으로 작동할 것이다.

여기에서 우리는 지방자치단체의 효능감에 대해 간단하게나마 살펴볼 필요가 있다. 왜냐하면 앞서 논의한 바와 같이 중앙정치의 큰 영향하에 지방정치가 놓이게 된 것은 지방자치단체의 효능감이 부족한 탓이기도 하기 때문이다. 현재 한국의 지방자치는 자치입법권·자치조직권·자치행정권 등의 범위가 매우 협소하여 이름만 자치이지 거의 자치정부로서의 의미를 지니지 못하고 있다.12) 따라서 한국의 지방자치단체는 지방정부라기보다는 여전히 행정 집행기관의 성격이 강하며, 그것의 효능감이 부족한 상황이다. 이의 결과는 앞에서의 맥락과 같이 궁극적으로는 중앙정치에 대한 유권자들의 심리적 의존도를 높여 주었고, 지방정치에 대한 지역주민의 참여의욕을 저하시켰다.

지방자치단체의 효능감을 어떻게 인식하고 있는지는 지방자치단체의 권한이 적당한지에 대한 의견조사 결과를 보면 잘 드러난다. 이에 대한 응답자의 55.3%는 "지방자치단체의 권한이 지금보다 커져야 한다"고 하였고, 15.7%는 "지금이 적당하다"고, 그리고 13.1%는 "지금보다 작아져야 한다"고 응답하였

국정치학회 지방정치특별학술회의 발표자료집(1998. 10. 9), 9-10쪽 참조.

12) 김장권, "참여민주주의와 지방자치," 제7회 아태평화재단 국내학술회의 발표논문(1998), 68쪽.

다.13) 대다수의 유권자들이 지방자치단체의 권한이 충분하지 않다고 응답한 것은 결국 지방자치단체의 효능감이 부족하다는 것을 말해 주는 것이며, 지방선거에서 유권자들이 낮은 투표율을 보이는 것 역시 기본적으로 낮은 정치적 효능감에 기인하는 것으로 보인다.14)

결국 지방자치제의 도입과 실시로 지방화의 시대로 접어든 한국사회는 지방정치가 중앙정치로부터 얼마나 자율적이고, 지역주민들의 적극적인 정치참여의 기회가 얼마나 확대될 수 있느냐에 따라서 '더 좋은 민주주의'사회로 발전할 수 있을 것이다. 위에서 살펴보았듯이 현재 한국의 지역사회 구조는 그간의 하향적 지역지배구조의 강화에 대한 지방권력 수준의 제동장치를 갖추고 있지 못하다. 그리고 중앙으로의 과도한 권력집중으로 인해 지역자치적 요소가 실질적으로 존재하지 않는 실정이다. 이는 지방정치가 중앙정치의 영향력에 의해 결정되었던 결과이다. 그런 만큼 지방자치제가 실질적으로 지역주민의 생활수준을 향상시키고 기존의 하향적 지배구조와 지역주의적 지배구조를 극복하기 위해서는 그 지역발전을 위한 지역주민의 주체적 참여와 함께 건강한 지역 주민운동의 활성화가 이

---

13) 강원택, "지방선거와 중앙정치: 6·4지방선거의 정치적 함의," 한국정치학회 지방정치특별학술회의 발표자료집(1998. 10. 9), 16쪽, <표 10> 참조.

14) 예컨대 1995년 지방선거에서 유권자들이 느끼는 지방자치의 효능감과 신뢰도에 대해서는 안병만·김인철·서진완, "6·27지방선거에 나타난 유권자의 자치정향과 투표행태,"『한국정치학회보』, 제29집 4호(1995), 373-392쪽 참조.

루어져야 할 것이다. 특히 지역대립이 심화되고 고착화하는 상황하에서 지방정치의 성패는 지역을 대표하는 정치세력들의 전일적 지배를 어떻게 배제할 수 있느냐 여부에 달려 있다고 볼 수 있다.

2. 분권화의 과제와 한계

이제 이상과 같은 논의에 기초하여 지방정치의 취약성을 극복하기 위하여 실행해야 할 과제로 분권화와 그 한계를 중점적으로 살펴보고자 한다.

'분권화'(decentralization)라는 개념은 상위 지위에 있는 권한을 하위 지위로 이양하는 행위 혹은 과정을 의미한다.15) 이 개념에서 중요한 것은 이양이 형식적 의미의 위임이 아니라 실질적인 의미의 결정권한의 이동을 포함하는 이양을 말하며, 동시에 공공부문의 기능과 활동을 민간부문으로 이전시키는 사적 분권화도 내포하고 있다는 점이다.16) 따라서 분권화는 정치참여는 물론 경제체제, 지역주민의 삶의 질에 이르기까지 심대한 영

---

15) C. Stevens, "The Politics of Decentralization," *Teaching Public Administration*, Vol.15, No.2(1994), p.3.

16) Robert J. Bennett, "Decentralization, Intergovernmental Relations and Markets: Towards a Post-welfare Agenda?," R. J. Bennett (ed.), *Decentralization, Local Governments and Markets* (Oxford: Clarendon Press, 1990), p.1.

향을 미칠 수 있을 것이다.17) 이러한 개념에 기초하여 여기에서는 앞절의 논의의 연장선상에서 중앙정부와 지방정부간의 분권화에 초점을 두고자 한다. 이는 현실적으로 1991년 지방의회의 구성과 1995년 지방자치단체장 직선 이후 분권화 현상이 가시화되었음에도 불구하고, 어떤 면에서 볼 때 오늘날에도 한국의 지방정치 환경이 중앙정치보다 대단히 취약한 상황에 있다고 보기 때문이다.

1) 분권화의 원리

분권화란 무엇을 의미하는가? 지방정부의 독자성을 강조하는 정치조직 원리로서의 분권화는 근린포럼(neighbourhood forum)이나 공동체정부(community government)를 제안하는 것으로, 지방 관공서의 활동에 지방주민의 개입을 확대하고 정치인들의 활동에 대한 평가를 용이하도록 한다. 스튜어트(J. Stewart)에 의하면 공동체정부는 책임지는 정부이다.18) 이처럼 그가 공동체정

---

17) 분권화에 대한 국내외 연구자들의 논의를 종합하여 그 유형을 정치적 민주주의를 위한 분권화, 경제적 효율성을 위한 지방정부 개혁, 그리고 현대국가의 구조변환에 대한 대응으로서의 분권화 등으로 구분한 논의는 이종수, "분권화의 패턴: 지방자치 논의의 배경과 맥락에 대한 국가간 비교분석,"『한국정치학회보』, 제32집 2호(1998년 여름), 169-190쪽 참조. 그는 현실적으로 어느 한 국가의 분권화 현상이 어느 유일한 분권화 유형에만 배타적으로 적용되지는 않으며, 둘 또는 세 유형이 복합적으로 전개될 수 있다고 강조하고 있다.

부를 제안하는 것은 서비스를 단순히 대중에게 전달하는 것이 아니라 대중을 위하여, 그리고 대중과 함께 서비스를 공급하라는 것이며, 의사결정과정에 시민들이 적극적으로 참여하여야 한다고 요구하는 것이다.19)

그런 만큼 공동체정부의 핵심은 권한강화, 즉 지역사회의 권한을 강화하며 민주적 책임이라는 개념에 근거한 지방정부의 대의민주적 역할을 다시 발견하자는 것이다. 현실적으로 이러한 분권화는 법과 제도의 차원에서 지방정부 활동의 장을 중앙정부로부터 보장받는 업무의 배분, 배분된 업무에 대한 자율적인 결정권, 그리고 지방정부가 정치적 재량을 가지고서 중앙정부의 간섭으로부터 벗어나 처리할 수 있는 자기 책임성을 포함한다.20) 한국의 경우와 같이 지역대결구도가 강화되어 특정지역의 소외가 지속되었을 때는, 권력을 지방으로 분권화시키는 것이 더욱 필요하다. 권력을 지방으로 이양한다면 또한 중앙정치에서의 지역주의 성향은 약화될 것이며, 만약 약화되지 않더라도 그 문제의 심각성은 심리적 요소 외에는 감소할

---

18) J. Stewart, "A Future for Local Authorities as Community Government," J. Stewart & G. Stocker (eds.), *The Future of Local Government* (London: Macmillan, 1989) 참조.

19) 선진국의 경우 1960년대 이후 공청회·주민광장·주민투표·주민질의 등 다양한 방법으로 주민들의 행정참여를 보장하려고 노력해 왔으며, 한국의 경우에도 주민투표를 규정('지방자치법' 제13조 2항)하고 있다. 그러나 한국의 경우 이의 실시를 위한 '주민투표법'이 아직 마련되지 않아 실시되지 못하고 있는 실정이다.

20) 중앙정부와 지방정부간의 업무배분 및 지방자치단체의 자기 책임성에 대한 이론적 연구로는 이기우, 앞의 글, 4-16쪽 참조.

것이다. 그리고 어떤 지역 출신의 정당이 중앙정부를 장악한다고 해도, 지방분권화가 이루어져 있다면 중앙정치에 대한 의존도가 높지 않을 것이고, 그렇게 되면 지역주의의 심각성 역시 감소할 것이다.

2) 분권화의 현실

한국의 중앙정치는 지난 50여 년이 넘도록 비록 시행착오는 겪었을지라도 현대정치의 양식에서 일정 정도의 발전을 경험하였지만, 지방정치는 이제 겨우 초보적인 단계에 놓여 있을 뿐이다. 예컨대 언론이나 시민단체들의 활동과 같은 사회적 감시와 비판체계가 중앙정치에 비해 상대적으로 빈약하다는 것이 그것이다. 따라서 지방정치의 자원이라는 측면에서 분권화가 더욱 요구되고 있는 것이 오늘의 현실이고, 이를 위해서는 법적·제도적 차원에서 조치가 이루어져야 한다.

한국의 분권화는 아직도 초보적인 단계를 벗어나지 못하고 있다. 물론 민선체제 출범 이후 다소 나아지기는 했으나, 사무와 권한은 여전히 중앙정부 위주로 배분되어 있고, 이로 인해 지방자치단체는 지방자치라는 이름에 상응하는 정도의 자치권을 누리지 못하고 있다. 이는 현실적으로 중앙정부의 관료들이 부분적인 사무와 권한의 위임에 동의하기는 하지만, 핵심적인 사무와 권한의 이양을 회피하려 하는 데에 기인한다.[21]

---

21) 이러한 회피의 논리는 표면적으로 국가적 자원의 분산과 사회통합의 완화를 우려하는 것이지만, 사실은 자신의 기존의 이익들이

그러나 현행 지방자치제가 갖는 한계를 논의할 때도 흔히 지적되는 것 중의 하나는 분권화의 정도가 미약하다는 점이다. 지방분권은 대체로 정치·행정적 지방분권을 말한다. 중앙정부와 지방정부의 권한배분에 있어서 지방정부로의 권한이양이 더욱 강화되어야 한다는 것이다. 이는 <표 32>가 보여주는 바와 같이, 국민들이 인식하고 있는 지방자치단체의 권한과 자율성이 얼마나 부족한가에 대한 인식 비율에서도 잘 나타나고 있다.

〈표 32〉 지방자치단체의 권한 및 자율성의 부족 인식비율

(단위: %)

	호남지역	전 국
고용확대	93.3	87.8
경제발전	85.9	80.9
공해대책	79.3	79.5
교육의 질 및 환경	79.0	84.9
빈곤 및 영세민 대책	74.7	71.0
의료서비스 및 보건환경	72.3	74.5
교통문제 해결	73.3	59.3
범죄 및 청소년비행 대책	70.9	71.8
사회봉사 및 복지대책	65.9	67.0
주택문제 해결	61.4	59.3
여가 및 문화생활	54.9	57.9
하수도 및 하수처리	47.3	52.8
청소(쓰레기, 분뇨)	44.2	47.3
식수 및 상수도 문제	30.1	45.5

* 자료: 서울대학교 사회과학연구소, "지역사회의 민주화와 삶의 질" 조사

상실될 가능성을 두려워하기 때문이다. 이종수, 앞의 글, 177-178쪽.

자료(1994).
* 질문내용: 다음의 분야별 업무를 수행하는 데 선생님의 지역사회는 지방자치단체로서 충분한 권한과 자율성을 가지고 있다고 생각하십니까? 각 분야별로 해당되는 곳에 V표시를 하십시오
* 선택항목: 권한과 자율성이 있다/권한과 자율성이 부족하다.
* 이 표에서는 "권한과 자율성이 부족하다"는 쪽에 응답한 비율만을 삽입하였음.

어쨌든 지방정치의 의사결정의 영역은 점차 증가하는 추세이며, 특히 분권화의 필요성과 요구에 대한 기대에는 미치지 못하지만, 지방자치제 실시 이후 계속하여 행정업무의 지방이관을 추진하여 오고 있다. '국민의 정부' 들어서도 행정업무의 지방이관을 비롯하여[22] 정부개혁의 차원에서 지방자치단체의 구조조정에 관심을 갖고 추진을 하고 있다. 그러나 '국민의 정부'에 의한 지방자치단체의 구조조정은 단순히 지방공무원의 축소를 중심으로 진행되고 있을 뿐이다. 이 구조조정은 탈관료주의적 형태를 취해야 하며, 특히 분권화를 과감히 이루어 나아가야 하는 것이 올바른 방향일 것이다.

---

22) 제15대 대통령선거 과정에서 당시 김대중 후보는 지방분권화의 필요성을 인식하고 지방분권화를 강도 높게 추진하겠다고 약속한 바 있다. 이에 따라 김대중정권은 1999년 7월부터 중앙정부가 관장하는 행정업무의 대폭적인 지방이관을 추진하기 위하여 대통령 직속으로 민관 합동의 '지방이양 추진위원회' 설치 등을 뼈대로 하는 '중앙행정권한의 지방이양 촉진에 관한 법률'을 제정할 방침을 밝힌 바 있다. <한겨레신문>, 1998년 7월 12일. 이 법안은 1998년 12월 18일 국회를 통과하여 1999년 1월 29일 공포되었다.

단적으로 행정자치부가 발표해 온 '법령상의 사무' 중 중앙정부가 직접 처리하는 '국가사무'의 비율이 1997년 현재 70%가 된다는 사실이 이를 잘 증명하고 있다. 지방자치단체가 처리하거나 또는 관여하는 법령상의 사무는 지방위임사무를 포함해 30%밖에 되지 않고 있다.23) 물론 지방자치단체가 법령상의 사무만을 처리하는 것이 아닌 만큼 이러한 법령상의 사무배분만을 근거로 지방자치단체의 사무와 권한이 적다는 말을 하기는 힘들다. 그러나 웬만큼 중요한 사무는 대부분이 법령에 의하여 규정되고 있다는 사실을 염두에 둘 때 지방자치단체의 자치권이 어느 정도인지 쉽게 짐작을 할 수 있다.

여기에서 한 가지 지적하고자 하는 것은 한국 지방자치 구조는 헌법과 법령으로 이미 대부분의 지방자치의 내용이 결정되어 있다는 점이다. 이렇게 중앙에서 지방으로 하향하는 방식으로는 자유경쟁의 장점을 살릴 수 없을 뿐만 아니라, 중앙정부의 방침으로 저비용 고효율의 경쟁력 있는 지방자치가 실현되는 것이 아니다. 따라서 지방자치의 구체적인 내용을 스스로 판단하여 결정할 수 있도록 권한을 지방정부에 이양해야만24)

---

23) 그럴 수밖에 없는 것은 '지방자치법' 제9조에서 중앙에서 지방으로 이관할 사무와 권한, 예컨대 조직・인사・재정관계 등을 나열해 놓고 있으나, 제9조 제2항의 "다만, 법률에 이와 다른 규정이 있는 경우에는 그러하지 아니하다"는 단서로 인하여 여전히 중앙정부에 그 권한이 주어져 있는 실정이기 때문이다. 이는 지방자치제가 실시되지 않았던 1961년 이후 1991년까지 제정된 모든 법률이 중앙정부에 그 사무와 권한을 부여하고 있음을 감안할 때 지방자치단체의 관할권을 크게 제한하는 것이며, 따라서 지방분권에 뜻이 없음을 보여주는 것이다.

지방정부의 경쟁력을 제고할 수 있는 효율성 있는 구조를 창출하게 될 것이다.

지방정부의 정치·행정적 권한증대가 지방분권의 중요한 요소임에는 틀림이 없다. 그러나 지역사회 내부의 삶의 자원이 빈곤할 때 지역사회의 자원이 빈약한 현실 속에서 지방자치 역시 빈곤의 악순환을 벗어나기가 쉽지 않을 것이다. 즉 지역사회 내부에 자족적 삶의 자원이 빈곤할 때 지방정부의 권한이 실효성을 지니기 어렵고 지방자치의 의미 역시 경감될 수밖에 없다는 것이다.

그런 만큼 지역주민은 지역사회에서 자족적인 삶의 영역이 가능할 때 지역사회의 정치와 지역공동체 운동에 적극 참여하려 할 것이다. 한편으로 이를 위해서라도 적극적인 지방분권화가 요구되며, 이 분권화는 지역사회가 일정한 자족적 사회가 될 수 있도록 정치·경제·문화·교육 등 총체적인 차원에서 이루어져야 할 것이다.

지방분권의 미약성은 한국사회의 중앙집중적 구조를 통해 나타난다. 지방분권의 중요한 조치인 지방자치제가 실시되고 있음에도 불구하고, 경제적·교육적·문화적 중앙집중은 계속되고 있는 것이다. 그리고 한국인들의 의식과 행태 속에 지속

---

24) 미국의 경우 자치정부의 구조는 집행부(major)와 의회(council)를 각기 선거로 선출하여 구성하는 것, 집행부 역할을 할 위원회(commission)만을 선거로 구성하는 것, 행정관(manager)을 위촉하는 의회만을 선거로 구성하는 것의 세 가지로 구분된다. 어떤 구조를 채택하느냐 하는 것은 물론 지역주민들이 투표로 결정한다. 김재한, 『합리와 비합리의 한국 정치사회』(서울: 소화, 1998), 168쪽.

되고 있는 '중앙으로의 소용돌이' 현상이 이 구조를 반영하고 있다. 정치권력적·경제적·사회문화적 자원 등이 아직도 중앙에 집중되어 있는 것이다.

이로 인해 1960년대 후반 중앙으로의 인구이동으로 형성된 수도권 및 대도시의 인구집중과 지방사회의 인구쇠퇴 양상이 아직도 해소될 기미를 전혀 보이지 않고 있다. 사회 제분야의 엘리트들 역시 여전히 중앙에 집중되어 있고, 또 중앙으로의 진출을 지향하고 있다. 따라서 지역주민들의 정치적 관심 역시 중앙으로 쏠릴 수밖에 없다. 또 중앙정치의 태풍이 지방자치의 일상적 정치과정을 무관심하게 만들 수 있는 것이다. 중앙정치의 정책과 선택이 지역사회의 발전에 결정적 변수가 되기 때문이다.

〈표 33〉 업무의 권한 및 책임의 소재

(단위: %)

	중앙 정부	시청 시의회	구청 구의회	전국적 민간단체	지역 민간단체	주민 자신들
교육의 질 및 환경	63.3	14.5	3.6	0.0	3.6	15.1
고용확대	62.4	13.3	3.6	7.3	8.5	4.8
빈곤 및 영세민대책	62.8	14.6	11.6	2.4	3.0	5.5
의료서비스/보건환경	48.8	26.3	11.9	3.1	8.8	1.3
주택문제 해결	46.0	30.1	11.7	0.6	3.7	8.0
교통문제 해결	42.3	36.8	11.7	0.6	3.1	5.5
식수/상수도 문제해결	24.4	48.8	17.7	1.2	4.3	3.7
하수처리 문제해결	20.4	46.3	21.6	0.0	5.6	6.2
청소(쓰레기, 분뇨)	15.2	29.7	27.3	0.6	5.5	21.8

	중앙 정부	시청 시의회	구청 구의회	전국적 민간단체	지역 민간단체	주민 자신들
여가/문화생활 개선	8.0	17.2	11.7	5.5	23.3	34.4
범죄/청소년비행대책	33.9	9.1	6.7	8.5	22.4	19.4
공해대책	45.5	17.6	7.3	4.2	12.7	12.7
사회봉사/복지대책	15.5	16.8	12.4	9.9	35.5	9.9
지역경제 발전	45.4	22.1	11.7	1.8	12.9	6.1

* 자료: 서울대학교 사회과학연구소, "지역사회의 민주화와 삶의 질" 조사 자료(1994).

* 설문내용: 현재의 업무관장이나 책임소재와 상관없이 앞으로는 다음의 문제들에 대한 일차적인 권한과 책임이 누구에게 있어야 한다고 생각하십니까?

<표 33>에서 보는 것처럼, 실제로 대다수의 주민들이 지역사회의 문제해결에 있어서도 앞으로도 지방자치단체나 시민사회보다는 중앙정부의 역할과 책임이 크다고 생각하고 있다. 특히 '교육의 질 및 교육환경', '실업대책', '빈곤 및 영세민대책', '의료·보건문제', '지역경제 발전', '공해대책' 등에 있어서는 중앙정부의 역할에 대한 기대가 가장 컸다. 이처럼 대다수의 주민들은 지방분권을 강조하고 있음에도 불구하고 여전히 중앙정부의 기능과 역할을 기대하고 있는 것이다.

이런 역설적인 현상은 오랜 중앙집권체제의 전통으로부터 지방자치로 이행하는 과정에서 나타나는 과도기적 현상으로 이해할 수도 있다. 현재 지방자치를 실시하고 있고 또 앞으로 지방자치의 본격적인 실시를 위해서는 지방분권이 더욱 강화되어야 하지만, 그 동안의 중앙집권체제가 남긴 유산으로 인해

당분간 중앙정부의 역할이 중요하다는 것이다. 그러나 다른 한 편으로 이런 현상은 지방의 자율과 민주주의 이념에서 지방자 치를 지향하지만, 앞으로 한국의 지방자치에서 중앙정부와 지 방정부 사이의 역할분담에 대한 근본적 조명을 요구하는 것이 기도 하다.

사실 한국사회에서는 적정한 형태의 지방자치의 모델이나 양식, 그리고 그것의 적합성 등에 대해 구체적인 조명이 없는 상태에서 지방자치제가 우선 실시되었다. 과도한 중앙집중체 제하에서 지방의 분권과 자치의 강화가 곧 민주화의 방향이었 기 때문이다. 어쨌든 지방화와 분권화는 앞으로 한국의 국가체 제가 나아가야 할 민주화의 주요 방향임은 분명하다. 다만 그 동안의 중앙집권체제의 유산과 분권화의 과도기적 상황에서 당분간 중앙정부의 역할이 중요할 수밖에 없는 것이다.

3. 호남사회의 사회·경제적 요구와 지방정치

호남사회 역시 그 동안 중앙정치에 집중되었던 민주화 요구 를 지역사회 내부의 정치적 동력으로 심화시켜야 할 뿐만 아 니라, 지역주민의 구체적 삶의 환경과 질의 개선을 도모하는 과제를 안고 있다.

<표 34>에서 보여주듯이, 광주와 전남·북의 지방엘리트 170 명을 대상으로 조사한 결과에 따르면, 응답자의 94.6%가 '지역

의 경제발전'을 지역사회가 당면한 가장 심각한 문제라고 지적하고 있었다. 지역경제의 열악한 상황은 지방자치 시대 지방재정의 빈약한 자립도로 이어져, 응답자의 88.4%가 자치단체의 재원부족을 심각한 문제로 지적하고 있다.

〈표 34〉 지역사회의 문제와 그 심각도의 인식

(단위: %)

지역사회 문제 \ 응답내용	매우 심각	약간 심각	문제 안됨
자치단체의 재원부족	54.4	34.0	11.6
지역경제 발전	66.3	28.3	5.4
교통난	53.0	27.1	19.9
실업자 문제	35.5	41.0	23.5
하수도 및 하수처리	32.5	48.2	19.3
청소(쓰레기, 분뇨)	32.3	41.3	26.3
공공안녕 및 범죄	20.4	51.5	28.1
공해(대기, 폐수, 소음)	22.4	49.7	27.9
권위주의적 행정관행	30.3	48.5	21.2
빈곤문제	22.3	48.2	29.5
교육의 질 및 교육환경	26.4	60.1	13.5
의료서비스・보건환경	18.0	55.7	26.3
사회봉사 및 복지	11.4	64.1	24.6
식수 및 상수도 문제	15.9	35.1	49.0
주택문제	6.6	34.7	58.7

* 자료: 안청시・김만흠, 앞의 글, 3-19쪽.

앞에서 살펴보았듯이 1994년 말 현재 광주광역시는 재정자립도 50%로 전국의 광역시 중 최하위였으며, 전남 23.2%, 전북

30.6%로 역시 전국의 도 단위에서 최하위인 상태였다. 여기에서 전남의 재정자립도가 최하위인 것으로 나타나지만, 사실은 전북이 전남보다 전반적인 경제상황이 더 열악하다. 전남의 재정자립도는 행정조직상으로 광역시로 구분된 광주광역시를 제외한 수치이다. 현실적으로 전남의 경제는 광주광역시를 포함하여 작동된다. 같은 맥락에서 전국 지역사회의 경제상황을 분석할 때도 지역거점도시의 존재와 그 기능을 고려해야 한다. 이런 점을 고려한다면 호남 전반의 경제상황은 더욱 열악하다고 할 수 있다.[25]

  호남사회는 산업화를 중심으로 한 지역경제의 발전을 도모해야 한다. 그러나 산업화에 따른 폐해 내지 한계도 동시에 문제가 되고 있었다. 특히 '교통난'이 심각한 문제라는 응답은 80.1%에 달했다. 그리고 하수도, 쓰레기, 공해문제 등도 심각한 것으로 지적되었다. 이런 양상은 이제 지역사회의 발전이 단순한 산업화를 확장시키는 것만이 아니라 지역주민의 구체적인 삶의 환경을 개선하는 데에도 주목해야 함을 보여주고 있다. 그것은 어떤 면에서 '개발'과 '삶의 환경'이라는 오늘날 한국사회가 안고 있는 이중적 과제이자 딜레마를 어떻게 해소할 것인가의 문제이기도 하다.

  이렇듯 호남사회는 경제발전으로부터 삶의 환경에 이르기까지 복합적인 문제를 안고 있지만, 지방자치단체 수준에서 문제를 해결할 수 있는 자율적 능력은 절대 부족한 것으로 인식되

---

25) 김만흠, 『한국정치의 재인식: 민주주의, 지역주의, 지방자치』(서울: 풀빛, 1997), 278-289쪽; 이 책의 '<표 24> 5대 도시 기능집적 현황' 참조.

고 있다. 이는 호남지역만이 아니고 한국 지역사회 전반에서 나타나는 현실이었다(<표 34> 참조). 이런 양상은 지난 1991년 지방자치제가 실시되고 1995년부터는 민선 자치단체장 제도가 실시되고 있지만, 그 지방자치제만으로 지방의 자율적 발전을 도모하기에는 한계가 있음을 보여주고 있다.

4. 호남사회의 정치적 과제

1) 중앙정치와 지방정치

한국정치의 낙후성은 일인보스 중심의 측근정치와 측근중심의 파벌정치가 지속되어 오고 있다는 데에서 기인한다. 따라서 아직도 시민들이 능동적 주체로서 국정 일반에 참여하는 열린 정치를 기대하기는 어려운 상황이다. 더구나 시민사회는 충분히 다원화하지 못하였으며 국가권력에 대한 견제를 담당하기에도 역부족인 상태이다. 이러한 상황에서 중앙의 정치적 갈등은 분권화와 지방자치의 활성화에 걸림돌이 되고 있다. 지방정치가 중앙정치의 연속선상에서 총선이나 대통령선거를 위해 확보해야 할 거점 정도로 간주되고 있는 실정이다.

그러나 이러한 취약한 현실 속에서도 지방자치의 실시와 지방화의 추세는 지역사회 내부의 정치기제를 작동시키면서 지역사회 권력구조 등에 대한 관심을 불러일으켰다.[26] 그렇다면 과연 현재 지역사회 권력구조의 실태는 어떠한가? 이 점에서 보면 아직도 지방정치의 수준에서는 중앙정치로부터의 현대정치 양식이 지방의 정치영역에까지 확산되지 못한 채, 그리고 부분적으로는 지역 토착세력의 전통적 지배구조가 온존한 채, 중앙의 정치권력과의 연계관계가 지역사회의 권력구조를 지배하고 있는 실정이다. 따라서 지방정부는 정책결정에서 자율성을 누릴 수 없고, 다만 관할지역에서 집행권만을 누릴 수 있었다. 지방정부는 국가엘리트의 대리 역할자로서의 위상만 지니게 된 셈이다.

대부분의 한국 지역사회에서는 집권세력과 연계된 행정관료 및 정치인, 그리고 토착 지배계층이 대체로 중앙권력을 하청받아 대행하거나 지역의 정치권력을 행사해 왔다. 이는 지방자치단체장과 지방의회 의원(기초의회 제외)을 중앙당의 유력한 정치보스들이 결정하기 때문이다. 예컨대 구 국민회의의 경우 그들 후보자의 결정을 위해 당원에 의한 상향방식을 도입하겠다

---

26) 한국에서 '지역사회의 권력구조'에 대한 연구는 1995년 본격적으로 지방자치의 시대로 접어들면서 시작되었으나 아직은 경험적 연구나 이론개발이 본격화되지 못하였으며 미국의 이론을 검토하면서 수정·보완하는 단계에 있다. 한국의 지역사회 권력구조에 대한 연구로는 민경희 외, "청주 지역사회의 권력구조에 관한 연구,"『한국사회학』, 제30집(1996), 187-223쪽; 홍덕률, "지역사회의 지배구조에 대한 실증연구: 대구·광주·인천을 중심으로,"『경제와 사회』, 통권 제34호(1997년 여름), 139-172쪽 참조. 이들에 의하면, 한국의 지역사회 권력구조는 엘리트들 — 중앙의 권력자들, 지역의 정치·행정 엘리트들 및 경제·사회 엘리트들 — 이 지배하는 구조로서, 학연이나 사적 모임에 의하여 지탱되고 있다는 것이다.

는 의지를 표명한 바 있었다. 그러나 지역당 성격을 가지고 있는 정당의 경우에는 상향식의 후보결정이 단지 형식의 차원에 그칠 수밖에 없었다. 형식 여하에 관계없이 후보결정이 지방색에 의한 결정, 혹은 금전과 지구당 유력자들의 담합에 의한 결정으로부터 결코 자유스러울 수 없었기 때문이다. 이로 인해 광범위한 예비선거제도의 도입 문제가 제기되기도 하였다.

지방정치의 활성화를 위해서는 중앙뿐만 아니라 지방 수준에서 시민사회의 민주화가 요구된다.27) '시민사회의 민주화'는 본질적으로 '위로부터의 개혁'에 의해서는 이루어질 수 없다. 그것은 개개인의 자율성에 바탕을 둔 의사소통 구조의 다양화, 결사를 보장하는 제권리의 확보, 그리고 시민사회의 공적 영역에 참여하는 집합적 행위를 통해서만 가능하다. 또한 정치제도와 경제제도에 대한 시민사회의 영향력 확장과 민주화는 시민사회 내의 다양한 사회조직, 즉 공중과 결사의 수준에 달려 있다.

명실공히 지방의 특성을 살리고 삶의 질을 높이는 생활정치를 펼치고 지방재정을 확충하기 위해서는 중앙정치가 협력해야 한다. 지방화는 국제경쟁력을 높이는 지름길이기 때문이다. 그런 만큼 정치영역에서는 분권화 또는 분권주의의 확립에 토대를 둔 지방자치제의 활성화를 통하여 지방단위의 정치·사회적 갈등을 중앙정치의 역할이 배제된 상태에서 자율적으로 해결해 나갈 수 있는 기반을 마련해야 한다.

---

27) 시민사회의 민주화에 대해서는 J. L. Cohen & A. Arato, *Civil Society and Political Theory* (Cambridge: The MIT Press, 1992), pp.345-419 참조.

2) 호남 지방정치의 자율성과 지역지배구조

호남사회는 중앙정치와의 관계에서 자율적인가? 중앙집권적인 국가에서는 소수의 권력엘리트들이 국가와 지방의 거의 모든 정책에 결정적인 영향을 미친다. 한국사회 역시 중앙권력과의 연계관계가 지역사회의 권력구조에 영향을 미치고 있으며 호남사회도 그러한 한계에서 벗어날 수 없었다.

그러나 김대중과 야당을 중심으로 집권세력에 대한 비판세력의 근간이 되었던 호남사회는 엘리트의 구성에서 여타 지역과는 다른 특성을 보여주었다. 호남지역 엘리트계층의 구성은 크게 집권세력 및 중앙의 관료를 지지기반으로 하는 집단, 그리고 김대중과 당시 야당을 기반으로 하는 집단으로 구성된 균열구조를 이루고 있었다. 즉 집권세력에 대해 비판적인 야권 성향의 엘리트와 여권 성향의 엘리트가 유리되어 공존하고 있었다. 1994년의 지방엘리트 조사에 따르면 호남지역 조사대상 엘리트의 32%가 여권 성향이었고, 68%가 야권 성향이라고 응답하였다.[28] 야권 성향의 지역엘리트 비율이 훨씬 많았다. 그러나 그 동안 집권세력과 여당에 대한 비판이 지배적인 분위기였고 1987년 13대 대통령선거 이래 각종 선거에서 야당에 대한 지지가 압도적이었던 호남지역의 상황을 감안한다면, 지역주민들의

---

28) 안청시·김만흠, "지역사회 민주화와 삶의 질: 지역간 비교연구," 『사회과학과 정책연구』, 제17권 2호(서울대 사회과학연구소, 1995), 23쪽.

정치적 성향과 행태에 비해 지역 엘리트층에서는 여권 성향의 비율이 상대적으로 매우 높은 것이었다고 평가할 수 있다.

여권 성향의 엘리트들은 대체로 경제계 지배계층과 관료들이 었으며, 야권 성향은 정당·재야운동·사회운동 등과 관련된 정치엘리트들이었다. 중앙정치를 둘러싼 지역주의적 동원이 호남사회 정치적 동원의 중심이 되었던 상황에서 이 두 엘리트 집단은 상호 유기적 관계를 맺지 못하여 오히려 지역사회 발전에 역기능을 초래하고 있다는 비판이 제기되기도 하였다.[29]

여권 성향 엘리트의 권력자원이 주로 집권세력에 있었다면, 야권 성향의 정치엘리트들은 상대적으로 지역주민들의 지지에 바탕을 두고 있었다고 볼 수 있다. 그러나 사실 이들에 대한 지지는 이들 자신에 대한 지지였다기보다는 중앙 권력투쟁에 참여하고 있는 김대중과 당시 야당에 대한 지지의 연장이었다고 보아야 할 것이다. 따라서 야권 성향의 엘리트 중 상당수 역시 중앙의 야당 권력에 의존하고 있었다. 이로 인해 지역의 정치엘리트에 대한 주민들의 불만도 상당히 높았다. 1995년 2월 광주·전남 주민들을 대상으로 조사한 결과에 따르면, 응답자의 48.0%가 "이 지역 국회의원들이 전국의 여타 지역 국회의원보다 자질이 못하다"는 불만을 표시하고 있었다. 그리고 응답자의 63.8%가 이 지역의 국회의원을 교체할 필요가 있다고 답하고 있었다.[30] 물론 한국사회에 전반적으로 나타나는 정치인에 대한 높은 불신율에서 짐작할 수 있듯이, 어느 지역이

---

29) 활로개척 시민대토론회, 『21세기 광주전남의 미래』(서울: 풀빛, 1995), 11-12쪽.

30) 위의 책, 621-622쪽.

든 지역 국회의원에 대한 불만이 높을 수는 있다.31) 그러나 분명한 것은 호남지역의 국회의원들이 중앙정치의 민주화에는 힘이 되었을지라도, 지역사회의 민주적 요구를 담아내기에는 많은 한계가 있었다는 점이다. 이로 인해 호남지역을 지배하고 있는 정당의 운용과 공직자 공천과정에 대해 많은 비판이 있어 왔으며, 특정 정치집단이 이 지역의 정치를 독점하고 있는 현실 자체를 타파해야 한다는 주장도 종종 제기되었다. 1998년 6월의 지방선거를 앞두고 광주에서는 시민단체의 주도로 이 지역의 지배정당인 국민회의가 공천한 광주시장 후보자에 대해 자질검증을 위한 공청회를 개최하기도 하였다.32)

지난 제15대 대통령선거를 통해 절대적 지지의 대상이자 정치적 선택에 볼모가 되어 왔던 김대중이 대통령에 당선됨으로써, 호남지역 주민들은 정치적 선택에서 상대적으로 자유로운 상황을 맞은 것처럼 보인다. 물론 김대중의 대통령 당선에도 불구하고, 기존의 정치적 대립과 지역주의적 구도가 남아 있는 가운데 최근 지방선거에서도 예전의 경향이 나타나기도 하였다. 그러나 후보자 경선과정에서부터 투표에 이르기까지 일정한 변화가 있었던 것도 사실이다. 1998년 6월의 지방선거에서 전북의 14곳 기초단체장 중 5곳, 전남의 22곳 중 7곳에서 무소속 후보가 당선된 것도 그런 변화 중의 하나로 볼 수 있다.33)

한편 한국의 사회적 관계에서 주요한 힘을 발휘하고 있는

---

31) 1994년 대구·경북에서 실시된 조사에서는 75.3%가 이 지역의 국회의원을 교체할 필요가 있다고 응답하였다. 위의 책, 622쪽 참조.
32) <한겨레신문>, 1998년 3월 30일 참조.
33) <동아일보>, 1998년 6월 5일, 4면.

연줄이 호남지역 엘리트들의 권력망에서도 그대로 나타나고 있었다. 1994년의 조사에 따르면, <표 35>에서 보여주듯이 외형상 소속단체가 가장 큰 연줄망이 되고 있었다. 각기 그 중요성을 최고 7점 만점으로 했을 때 광주광역시는 4.50점, 나머지 시·군 지역에서는 4.97점이었다. 로타리클럽, 라이온스, 상공회의소 등이 지역사회의 유력인사와 부유층들의 사교 거점으로 활용하는 주요 단체들이었다.

광주광역시에서는 소속단체 다음으로 고등학교 동문(4.21점)이 중요한 것으로 나타났으며, 상대적으로 혈연·가문과 같은 요소는 중간 이하의 점수를 받았다. 그런데 소속단체는 이차집단으로서 출신 고등학교 등의 일차적 연줄망과 중복된다는 점을 감안한다면, 출신 고등학교가 지역사회의 엘리트 연줄망에서 핵심적인 변수가 되고 있음을 짐작할 수 있다. 반면에 엘리트의 규모가 적고 그들간의 학력 배경에서 별 차이가 나지 않는 시·군 지역에서는 출신 고등학교(4.41점)보다 재산의 정도(4.70점)와 혈연·가문(4.61점)이 매우 중요한 역할을 하고 있는 것으로 나타났다.

〈표 35〉 지역사회 지도층의 연결(연줄)망의 중요 정도

	광주광역시	호남 시·군	전국평균
소속단체	4.50	4.97	4.38
출신 고등학교	4.21	4.41	4.10
출신 대학교	3.82	3.97	3.73
재산의 정도	3.42	4.70	4.01
혈연·가문	2.95	4.61	3.43

* 자료: 서울대학교 사회과학연구소, "지역사회의 민주화와 삶의 질" 조사

자료(1994).
* 질문내용: 이 지역사회의 지도층으로 활동하는 데 다음의 각 요인은 각기 얼마나 중요하다고 생각하십니까? 해당번호에 V표시를 하여 주십시오
* 선택항목: "전혀 중요하지 않다" 0점에서, "아주 중요하다" 7점 척도로 하였음.

참고로 한국사회 권력자원의 연줄망을 전반적으로 본다면, 엘리트 규모가 방대하고 복합적인 전국적인 차원의 엘리트구조일 경우 고등학교 인맥과 중복된 대학 인맥이 중요한 역할을 하고 있으며, 지역사회의 중심으로 갈수록 고등학교 인맥이 결정적 변수가 되고 있었다. 그리고 기초단위의 지역사회로 갈수록 재산·혈연·가문 등 전통적인 자원이 중요한 기능을 하고 있었다.[34]

3) 호남 지방정치의 과제

지역사회의 지방정치가 감당해야 할 주요한 과제는 지역사회 내부의 갈등을 조정하며 공동체를 이끌어 가는 것이다. 지방정치의 활성화는 그 동안 잠재되어 있던 여러 가지 갈등요소들을 표출시키기 마련이다.

---

34) 안청시·김만흠, 앞의 글, 18-19쪽; 박찬욱, "지역사회의 민주화와 삶의 질: 서울시 사례연구," 『사회과학과 정책연구』, 제17권 2호(서울대 사회과학연구소, 1995), 61-62쪽.

〈표 36〉 지역사회 문제해결에 있어 부문별 장애정도　　　　(단위: %)

	큰 장애	약간 장애	문제없음
상급자치단체의 규제나 간섭	47.6	42.2	10.2
정치적 견해나 시국관의 차이	44.9	45.5	9.6
소속정당의 차이	40.1	42.5	17.4
소득수준의 차이	33.1	57.2	9.6
혁신·보수간의 갈등	31.7	50.3	18.0
노사간 이해의 차이	26.5	53.6	19.9
세대간의 차이	19.2	56.3	24.6
교육수준의 차이	14.4	56.9	28.7
출신지역(고향)의 차이	15.7	47.3	37.3
종교관의 차이	9.8	35.6	54.6

* 자료: 서울대학교 사회과학연구소, "지역사회의 민주화와 삶의 질" 조사 자료(1994).

* 질문내용: 지역사회의 구성원들간에는 여러 차이가 존재합니다. 이 지역사회의 문제들을 협동적으로 해결하고자 할 때 다음의 요소들이 어느 정도 장애가 된다고 생각합니까?

그렇다면 호남지역의 갈등은 주로 어떤 문제에서 연유되는가? 1994년 조사에 따르면, <표 36>에서 볼 수 있듯이 호남사회 내부의 문제해결에 있어서 가장 큰 장애요인은 상급 자치단체의 규제나 간섭이었다. 지역엘리트 응답자의 47.6%가 상급자치단체의 규제나 간섭이 큰 장애가 된다고 응답했으며, 44.2%가 약간 장애가 된다고 보고 있었다. 나머지 지역사회 내부의 갈등요인으로는 주로 정치적 요인들이 지배적이었다. '정치적 견해나 시국관의 차이', '소속정당의 차이', '보수·혁신간의 갈등' 등이 지역문제 해결에서 주요 장애요인으로 인식되고 있었다. 한국사회에서는 대체로 정치주의적 인식이 강하지만 호남의 경우 그런 경향이 더욱 두드러지고 있다고 볼 수 있다.

그런가 하면 소득수준의 차이에 따른 문제를 장애요소로 인식하는 비율도 상당히 높았다. 다시 말해서 앞으로 지역사회 내부의 소득 불평등도 지역공동체의 운영에서 주목해야 될 부분이라 하겠다. 그런데 앞에서 살펴보았듯이, 소득 불평등의 개선은 적어도 당분간은 지역사회 차원에서 해결할 수 있는 문제가 아니다. 따라서 이 문제는 국가공동체의 구성원칙 및 운영원리에 대한 국가적 수준의 개혁이라는 차원에서 재검토해야 될 과제라고 할 수 있다.

반면에 중앙정치에서 문제가 되어 온 출신지역에 따른 연고주의는 앞의 다른 문제들에 비해 그 심각성이 덜했다. 이는 한편으로 그 동안 중앙정치에서 문제가 되어 온 출신지역의 단위가 호남, 영남, 충청과 같은 단위였기 때문에 호남지역 내부에서는 이런 지역연고가 별 의미가 없기 때문이라고도 볼 수 있다. 그러나 앞으로 지방정치의 자율성이 점차 증가하게 된다면, 지역사회 내부에서의 소규모 지역주의가 두드러질 가능성도 없다고는 볼 수 없다. 이미 이런 조짐들이 부분적으로 지방선거나 지방자치 운영과정에서 나타나고 있음은 다 아는 사실이다.

호남사회는 복합적인 전환기를 맞고 있다. 지방자치와 지방화의 추세는 지역사회의 주체적 발전을 요구하고 있다. 또한 호남사회는 산업화를 통한 지역경제의 활성화가 요구되나 산업화에 따른 폐해와 한계와도 동시에 마주하고 있다. 그러나 이런 과제들을 실천하기 위한 지역사회 내부의 자원이 빈곤한 상태이다. 이를 두고 호남사회에서 지속될 수 있는 빈곤의 악순환을 우려하기도 한다. 또한 지역사회 발전에는 당분간 중앙정부의 정책과 역할이 지대한 영향을 미칠 수밖에 없을 것이다. 그러나 호남사회는 이런 복합적인 전환기를 그 동안의 정치·경제적 빈곤의 악순환의 고리를 끊고 새롭게 활로를 모색하는 계기로 삼아야 할 것이다.

지난 제15대 대통령선거에서 김대중이 대통령으로 당선됨으로써 호남사회의 정치적 위상이 크게 변하였다.[35] 그 동안 한국의 지역주의 현상에 대한 전반적인 비판들이 있어 왔지만, 앞에서 살펴본 것처럼 호남의 지역주의는 정치·사회적 소외집단의 자연스러운 저항과 사회변화의 동력이라는 점에서 정당성을 갖기도 했다. 호남의 지역주의는 "지역적 소외=집권세력에 대한 비판과 불만=정권교체=김대중에 대한 절대적 지지"라는 등식으로 합리화될 수 있었다. 그리고 호남의 정치적 단결과 저항이 한국 현대정치사에서 정치적 민주화의 주요한 동력이 되었음도 부인하기 어렵다. 그러나 이제 집권세력에 대한 비판과 호남지역의 정치적 동원의 구심점이 되었던 김대중과

---

35) 김대중정권의 탄생은 한국정치사에서 크게 두 가지의 역사적 의의를 가지고 있다. 그 하나는 50여 년 만에 이른바 선거에 의한 '여·야간의 수평적 정권교체'를 이루었다는 점이고, 다른 하나는 전라도와 충청도 등 주변부 지역들이 선거연합을 통해 기존의 패권정당을 누르고 정권을 잡음으로써 '지역주의의 민주적 효과'가 실현된 결과라는 점이다.

야당이 집권세력이 됨으로써 호남사회의 정치적 행동에 있어서도 새로운 환경을 맞고 있는 것이다.

앞으로 집권세력의 성격과 정책, 정치세력의 대립구도 등 여러 변수에 따라 호남사회의 정치적 위상이 달라지겠지만, 현단계 호남정치의 과제는 무엇보다 그 동안 중앙권력을 둘러싼 정치동원에 밀려 상대적으로 간과되었던 지역정치의 민주화를 도모하는 것이다. 다시 말해서 일반 호남인의 소외와 차별의 조건하에서 민주당은 호남지역에서 지역 국회의석과 지방자치제를 독점적으로 장악한 절대적인 여당세력이자 '호남귀족'이 되고 있다는 것이다. 이제 이들 특정 정치인이나 정치집단에 의존하는 사람보다 지역민의 의사에 충실한 사람들이 지역을 대표하는 정치 지도자로 선출되고 성장할 수 있어야 할 것이다. 중앙정치의 민주화를 요구했던 호남지역 스스로가 민주적 지역공동체의 실현을 위해 노력해야 한다는 것이다. 이 점에서 기존의 지역지배구조와 이를 뒷받침하는 중앙정치에 대한 시민들의 압력이 대단히 중요하며 이를 위해서는 개혁적 시민운동이 활성화되고 시민단체의 역할이 증대되어야 할 것이다(부록 3: '지역운동의 사례' 참조).

제 4 부

결 론

지금까지 호남사회의 지역지배구조 형성배경으로서 정치의식 및 정치행태의 특성, 그리고 호남사회의 정치적 환경과 지방정치에 대해 살펴보았다.

우선 정치현실과 정치인에 대한 강한 불만을 표출하면서도 국가주의적 경향이 강한 한국사회의 정치문화적 경향이 호남사회에서도 그대로 나타나고 있었다. 반면에 그 동안의 지역균열의 투표경향에서 알 수 있듯이 정부에 대한 태도와 정치적 성향에서는 여타 지역과 뚜렷이 대비되는 특징을 보여주었다. 집권세력에 대한 비판과 불만, 야당 성향, 상대적으로 강한 변화 지향 등이 그것이다.

또한 제반 사회·경제적 문제의 원인과 그 해결점을 정치에서 찾으려고 하는 정치주의적 경향도 호남사회에서 상대적으로 두드러졌다. 이는 한편으로 광주항쟁을 포함해 한국 현대정치사에서 호남사회가 겪었던 경험에 대한 대응양식으로 나타난 것이라 할 수 있다. 여기에는 또한 그 동안의 독재정권하에서 호남사회의 비판과 저항이 상대적으로 정당성을 가질 수 있었고 김대중을 매개로 한 정치적 동원의 구심점을 갖게 되면서, 여타 사회·경제적 차별상황에 비해 정치적 차원에서는 호남사회의 목소리가 일정한 힘을 발휘할 수 있었던 상황이 반영되었다고 볼 수 있다.

물론 호남사회 내부의 각 지역이나 주체별로 정치적 행태나

의식에서 상대적인 차이도 존재한다. 호남의 대표적 도시인 광주광역시와 나머지 전라남·북도 사이에는 근대화되고 복잡한 중대 도시의 특성과 전통적이고 단순한 지방사회의 특성이 일정하게 대비되어 나타나기도 하였다. 또 전라북도에 비해 전라남도와 광주지역에서 정치지리적 원심력이 상대적으로 큰 만큼이나 야당 성향, 정치주의적 경향, 현실에 대한 불만 등이 더 두드러졌다. 그리고 지역사회 내부의 계층과 집단에 따라서도 차이를 보이는데, 엘리트 계층에 비해 일반 서민들에게서 앞서 지적한 호남사회적 특징이 더 두드러지는 경향이 있었다. 그러나 이 연구에서는 호남사회 내부의 차별성보다 한국사회에서 상대적으로 규정되는 호남이라는 지역사회의 전반적인 경향에 주목하여 분석하였다.

김대중의 대통령 당선과 지방화 추세는 호남사회의 정치·사회적 환경에 있어서 새로운 변화였다. 지방화의 추세는 이미 1991년 지방자치의 실시를 전후해서 주목받기 시작하였다. 물론 아직도 한국의 지방화와 지방자치의 발전 정도는 각 지역사회가 자율적인 지역발전과 자치적 공동체를 모색하기에는 충분치 못하였으며, 따라서 현 단계의 지방자치는 많은 한계를 가지고 있다고 보아야 할 것이다. 이런 현상이 호남사회에서도 그대로 나타났다. 뿐만 아니라 특히 호남지역은 그 동안의 불균등성장에 따른 지역사회의 저발전이 가져온 문제들을 심각하게 안고 있었다.

호남사회는 또한 그 동안 대외적 요구에 집중되었던 정치발전 및 민주화의 과제를 지역사회 내부로 확산시키고 심화시켜야 하는 과제를 안고 있다. 지방자치 등 근대적 지방정치 양식이 발달할 계기를 갖지 못한 채, 중앙정치를 둘러싼 지역주의적 소용돌이가 지배했던 그 동안의 한국정치 상황에서 지방정치의 발전문제 등은 방치되었다. 이에 따라 지역사회의 권력구조도 중앙권력과의 관계가 가장 큰 영향을 미치고 있었다.

그런데 지역사회의 권력구조에 영향을 미쳤던 중앙권력과의 관계가 호남지역에서는 여타 지역과 다르게 나타났다. 중앙의 집권세력과 관련된 행정·경제 엘리트와 중앙의 비판세력 및 김대중과 관련된 성향의 정치엘리트가 유리되어 존재하고 있었던 것이다. 이는 중앙의 국가권력이 한국사회의 구조를 총체적으로 주도했던 그 동안의 경향과 중앙의 집권세력에 대한 비판적 분위기가 지배했던 호남사회의 정치적 분위기가 혼재하여 나타난 것으로 설명할 수 있다.

이런 가운데 지역사회 내부에서는 로타리클럽, 라이온스, 상공회의소 등의 지역사회 단체들과의 연줄망이 중요한 권력자원이 되고 있었다. 광주광역시와 같이 엘리트의 구성성분이 상대적으로 다양한 지역일수록 '소속단체와 중복된 출신 고등학교'가 권력관계의 연줄망에 가장 중요한 범주로 작용하고 있었다. 그리고 엘리트 규모가 상대적으로 작고 구성성분이 단순한 시·군 지역의 경우 소속단체와 더불어 '개인의 재산,' '혈연 및 가문' 등이 중요한 권력자원이 되고 있었다.

무엇보다 김대중과 과거 야당의 집권은 호남사회에 새로운 정치환경을 조성하였다. 우선 지역주의적 정치동원의 딜레마와 그 구심력이 약화된 상황 속에서 지역사회의 정치적 과제에 주목해야 할 것이다. 그 동안 중앙의 정치현상을 두고 비판했던 비민주적 요소들이 사실 호남 지역사회 내부에도 그대로 온존해 있다. 연고주의에 따른 권력독점 현상, 사회계층간 불평등은 이미 존재하고 있으며, 지역정치의 기제가 작동되면서 중앙정치에서 나타났던 부조리와 부정이 지역사회 내부에서 문제가 될 것이다.

  물론 앞으로 집권세력의 정책과 성격, 정계구도의 변화 여부, 중앙·지방 관계 등 여러 변수에 따라 호남사회의 지역 정치환경은 달라질 수 있을 것이다. 당분간은 국가의 경제위기 상황과 맞물리면서 여전히 국가주의와 중앙집중체제가 한국의 국가체제 양식을 지배할 것으로 보인다. 그러나 장기적으로 공간적·기능적 분권화와 다원화는 국가체제의 변화 추세이며 방향이다. 아울러 각 지방은 중앙중심의 질서에서 벗어나 지방의 정치·경제적 자립과 자율적인 사회조직, 그리고 지방문화의 창조 등 지역생활에 뿌리내리기 위한 지방의 자기 충족적 상황을 지향해야 할 것이다. 이는 '지방화'와 관련하여 볼 때 지금까지 정치적 동원 메커니즘으로 기능하는 부정적 지역주의와는 달리 한국사회의 발전프로그램으로서의 기능에 초점을 맞춘 새로운 지역적 통합운동이 필요하다는 점을 시사해 준다.

  결국 이런 경향은 곧 지역사회의 발전과 민주화가 지역주민의 정치·사회적 삶의 환경에 미치는 영향이 증대하게 됨을 의미한다. 현단계 호남정치의 과제는 무엇보다 그 동안 중앙권력을 둘러싼 정치동원에 밀려 상대적으로 간과되었던 지역정치의 민주화를 도모하는 것이다. 그리고 호남의 지역사회가 민주적이고 바람직한 지역공동체의 모습을 보여줄 수 있을 때 그 동안 중앙정치의 비민주성을 비판했던 호남지역의 정치적 의사가 역사적으로 더욱 설득력을 가질 수 있을 것이다.

후 기
지역주의는 극복되고 있는가

　1997년 대통령선거를 통해 헌정사상 초유의 수평적 정권교체가 이루어졌다. 새 천년의 원년인 2000년에는 현직 대통령의 평양방문과 남북정상회담, 그리고 6·15공동성명 발표로 남북한 관계의 역사적 전환을 기록하였다. 그리고 미국과 북한간의 적대관계 청산과 관계개선이 급진전되고 있다. 한반도와 동북아시아의 새 질서가 형성되고 있는 것이다. 또한 이제 국경은 더 이상 신자유주의를 앞세운 전지구적 경쟁시장의 차단벽이 되지 못하고 있다. 자본과 정보, 그리고 각종 문화적 산물들이 국가간의 구획을 무의미하게 만들고 있다. 한마디로 말해서 한국사회는 밖과 안에서 일고 있는 변화의 급류에 노출되어 있는 것이다.
　그런데도 한국사회는 여전히 몰시대적인 지역주의문제에 고착되어 있다. 정권교체 후 정치권이 당면한 과제는 정치의 개혁이었다. 그리고 이를 위해서 가장 시급한 것이 정치개혁의 최대 장애구조인 지역주의의 극복이었다. 그러나 새 정부 출범 이후의 현실은 어떠한가. 집권당의 전국 정당화 시도는 실패로 돌아갔다. 지역주의의 족쇄가 느슨해지기는커녕 오히려 강고

해졌다.

　정치권은 지역주의와 정치적 지역갈등의 올무에 더욱 단단히 묶여 있다. "현정권이 우리 지역을 차별하고 탄압하고 있다," "우리 지역에서 대통령이 나와야 한다," "우리 지역 정권을 창출하자"는 등의 주장이 유권자를 동원하는 구호로 빈번히 사용되고 있다. 지역감정의 폐해에 대한 우려와 경계에도 불구하고 권력의 상실감과 혜택이 박탈되었다는 감정을 이용한 지역주의적 정치동원이 현실적 힘을 발휘하고 있다. 소위 '영남권 민심' 논란은 이러한 현실을 반영하는 극단적 담론이라 할 수 있다.

　후보자의 자질, 소속정당의 정책이나 선거공약보다는 지역주의적 정치갈등에 대한 관심이 투표로 연결되고 있다. 유권자에게는 여전히 지역주의적 피해의식이나 패권주의가 다분히 잠재해 있으며 정치인들은 민주적인 경쟁 대신 이러한 지역감정을 득표에 활용하고 있다. 유권자들은 여전히 특정 타 지역에 대한 적대감을 주조로 하는 지역감정에 끌리어 투표에 동원되고 있는 실정이다. 아직도 특정지역에 대한 편견과 경계, 배제의 지역감정이 그들의 정서를 지배하고 있다. 지역주의에 동원되는 것은 '독점'과 '배제'의 현실인식과 정서적 반응의 결과이기 때문이다.

　지역주의적 동원은 정치를 단순히 권력을 지키고 빼앗기 위한 제로섬적 경쟁의 장으로 만들어 버렸다. 생산적 경쟁원칙은 뒷전으로 밀리고 천박한 정치갈등만이 정치의 전부로 부각되고 있다. 이 과정에서 정당정치나 지방자치는 철저히 왜곡될 수밖에 없다. 정당정치의 중앙집권화와 비민주화의 폐해는 전혀 개선되지 못하고 있으며 정치권은 정치적 보스와 과두세력의 볼모의 지위를 벗어나지 못하고 있다. 정치인은 여전히 보스나 과두세력에 대한 충성으로 그 지위를 유지하는 종전의 생존방식을 따르고 있다. 민주세력과 반민주세력, 인물중심의 양자대결 구도가 현실성을 잃어 가고 있는 시점에서 이러한 지역주의 경향은 정치적 지역갈등을 범사회적 분열로 심화시킬 우려조차 있다.

지역주의 정치는 종식되어야 한다. 이제 지역을 등에 업은 정치인들 사이의 대결에 더 이상 지역이 볼모가 되게 할 수 없다. 그러나 지역적 편중 지지에 기반한 정당체계와 과도하게 중앙집권화된 권력구조가 결합된 지금의 정치구도에서는 지역주의의 극복이 불가능하다. 이 점에서 정략적 고려를 초월한 차원에서 권력구조 문제를 재인식할 필요가 있다. 과도 집권화된 대통령중심제에서는 불행하게도 누가 집권하든 그 집권세력은 출신지역이 아닌 지역과 정치적 적대관계를 가질 수밖에 없는 현실을 부정할 수 없다. 다시 말하면 중앙의 권력에 지방이 종속되고 그 중앙의 권력이 대통령 한 사람의 수중에 집중되었을 때, 어느 지역 출신이 대통령에 선출되든 지역갈등의 악순환을 면하기 어렵다는 것이다.

따라서 지역주의의 극복을 위해서는 집권화된 권력을 분권화하는 방향으로 정치구도가 개선되어야 한다. 중앙권력 내부에서의 분권화와 동시에 중앙·지방관계 역시 분권화의 차원에서 과감히 재조정되어야 한다. 그리고 정치세력의 양자 대결 구도보다는 다원화된 정치적 경쟁을 유도하고 이를 보장하기 위한 제도적 개혁을 늦추지 말아야 할 것이다.

부 록

1. 전국대비 주요통계

☞ 1. 총면적

		면적 Area(㎢)	구성비 Composition(%)
전 국	1996	99,313.46	100.0
	1997	99,373.04	100.0
	1998	99,407.90	100.0
서 울	1996	605.58	0.6
	1997	605.52	0.6
	1998	605.52	0.6
부 산	1996	749.37	0.8
	1997	750.90	0.8
	1998	753.19	0.8
대 구	1996	885.56	0.9
	1997	885.54	0.9
	1998	885.53	0.9
인 천	1996	955.95	1.0
	1997	957.81	1.0
	1998	958.01	1.0
광 주	1996	501.32	0.5
	1997	501.20	0.5
	1998	501.15	0.5
대 전	1996	539.89	0.5
	1997	539.71	0.5
	1998	539.79	0.5

울 산	1996	-	-
	1997	1,055.73	1.1
	1998	1,055.74	1.1
경 기	1996	10,130.23	10.2
	1997	10,136.40	10.2
	1998	10,136.16	10.2
강 원	1996	16,535.52	16.6
	1997	16,535.83	16.6
	1998	16,561.93	16.7
충 북	1996	7,433.07	7.5
	1997	7,433.09	7.5
	1998	7,432.72	7.5
충 남	1996	8,584.49	8.6
	1997	8,590.21	8.6
	1998	8,584.76	8.6
전 북	1996	8,046.66	8.1
	1997	8,047.07	8.1
	1998	8,047.54	8.1
전 남	1996	11,913.30	12.0
	1997	11,955.77	12.0
	1998	11,963.79	12.0
경 북	1996	19,020.62	19.2
	1997	19,020.84	19.1
	1998	19,022.93	19.1
경 남	1996	11,566.29	11.6
	1997	10,511.82	10.6
	1998	10,513.25	10.6
제 주	1996	1,845.60	1.9
	1997	1,845.59	1.9
	1998	1,845.88	1.9

주: 행정단위는 '96년은 96년 3월 1일, '97년은 97년 5월 1일, '98년은 98년 4월 1일 기준임.

자료: 행정자치부 지방세제국 지적과, 『지적통계연보』, 각 시·도

☞ 2. 도서현황(1998)

	도서수 No. of island			면적 Area (km²)			인구 (명) Population	가구수 (가구) Households
		유인도 Inhabi-tation	무인도 Unhabi-tion		유인도 Inhabita-tion	무인도 Unhabi-tion		
전 국	3,125	454	2,671	1,866.3	1,781.9	84.4	217,444	77,202
부 산	40	2	38	23.9	20.6	3.3	3,957	1,294
인 천	151	39	112	342.3	336.2	6.1	33,222	12,677
울 산	3	-	3	-	-	-	-	-
경 기	59	4	55	4.6	3.3	1.3	696	317
강 원	32	-	32	0.3	-	0.3	-	-
충 남	256	33	223	46.3	33.9	12.4	5,549	1,885
전 북	108	25	83	37.3	34.8	2.5	6,406	1,971
전 남	1,954	265	1,689	1,188.0	1,142.2	45.8	130,757	46,208
경 북	47	4	43	73.7	73.6	0.1	10,724	3,948
경 남	419	74	345	133.4	121.9	11.4	20,261	6,945
제 주	56	8	48	16.5	15.3	1.2	5,872	1,957

자료: 행정자치부, 『한국도서통계』.

☞ 3. 행정구역별 면적 및 주민등록인구 (단위: km², 명, 명/km²)

	면적 Total	주민등록 인구 Population			인구밀도 Population density	세대수 No. of Households
			남 Male	여 Female		
전 국	99,407.89	47,173,959	23,702,014	23,471,945	475	15,172,849
서 울	605.52	10,321,496	5,173,556	5,147,940	17,046	3,458,511
부 산	753.19	3,842,834	1,921,872	1,920,962	5,102	1,173,328
대 구	885.53	2,504,645	1,259,518	1,245,127	2,828	779,433
인 천	958.01	2,498,404	1,262,495	1,235,909	2,608	794,534
광 주	501.15	1,342,009	666,736	675,273	2,678	411,965

	면적 Total	주민등록 인구 Population			인구밀도 Population density	세대수 No. of Households
			남Male	여Female		
대 전	539.79	1,345,684	676,975	668,709	2,493	417,523
울 산	1,055.74	1,018,068	522,509	495,559	964	311,199
경 기	10,136.16	8,712,317	4,410,894	4,301,423	860	2,844,110
강 원	16,561.93	1,555,483	782,601	772,882	94	500,668
충 북	7,432.72	1,489,361	749,176	740,185	200	471,831
충 남	8,584.76	1,919,308	965,689	953,619	224	614,309
전 북	8,047.54	2,014,561	1,002,474	1,012,087	250	624,618
전 남	11,963.79	2,173,989	1,085,006	1,088,983	182	711,462
경 북	19,022.93	2,820,111	1,413,857	1,406,254	148	921,203
경 남	10,513.25	3,080,974	1,543,558	1,537,416	293	967,817
제 주	1,845.88	534,715	265,098	269,617	290	170,338

자료: 행정자치부 지방세제국 지적과, 『지적통계연보』, 각 시도 주민등록 인구통계.

☞ 4. 직업별 가구 (※외국인, 특별조사구내 가구 제외)

	합계 Total	입법공무원 고위임직원 및 관리자	전문가 Professional +D5	기술공 및 준전문가	사무직원 Clerks	서비스근로자 및 상점과시장판매 근로자
전 국	17,988,286	763,568	1,027,886	2,011,261	2,089,650	3,538,747
서 울	4,037,210	259,165	324,675	646,709	632,593	956,754
부 산	1,432,836	72,941	75,718	161,181	176,961	337,221
대 구	915,009	46,175	55,643	85,061	120,102	209,834
인 천	899,936	32,645	37,847	130,344	109,487	168,167
광 주	434,758	22,758	39,069	52,793	56,738	103,858
대 전	457,647	15,952	45,497	54,401	57,927	113,919
경 기	3,091,390	144,823	172,052	409,355	387,016	576,687

부록 255

	합계 Total	입법공무원 고위임직원 및 관리자	전문가 Professional +D5	기술공 및 준전문가	사무직원 Clerks	서비스근로자 및 상점과시장판매 근로자
강 원	585,759	18,301	29,635	43,287	53,457	124,493
충 북	581,173	13,121	25,740	48,747	46,367	100,863
충 남	801,274	8,993	27,494	48,250	54,025	110,164
전 북	774,833	13,620	38,122	52,189	64,044	126,934
전 남	952,526	15,295	30,921	50,421	57,783	131,079
경 북	1,195,290	45,294	41,659	73,866	82,183	168,337
경 남	1,600,670	50,223	73,840	141,347	166,680	261,267
제 주	227,975	4,262	9,974	13,310	24,286	49,170

	농업 및 어업 숙련 근로자	기능원 및 관련기능 근로자	장치, 기계 조작원 및 조립원	단순노무직 근로자 Elementary occupation	기타 Other
전 국	2,793,528	2,474,531	1,998,192	1,215,806	75,117
서 울	12,599	627,445	289,930	279,139	8,201
부 산	27,276	278,601	171,152	129,881	1,904
대 구	28,644	162,425	140,869	63,523	2,732
인 천	32,777	179,216	148,789	57,746	2,918
광 주	22,384	56,413	50,076	28,964	1,705
대 전	12,973	68,772	49,122	35,407	3,672
경 기	247,311	440,632	455,770	236,978	20,766
강 원	150,541	59,697	44,346	49,131	12,871
충 북	171,334	58,655	70,380	42,485	3,481
충 남	369,245	63,141	76,471	38,864	4,627
전 북	297,212	72,758	66,159	43,038	757
전 남	495,781	69,458	57,288	43,145	1,355
경 북	474,303	111,220	138,667	56,006	3,755
경 남	377,009	209,162	221,894	92,936	6,312
제 주	74,139	16,931	17,279	18,563	61

자료: 통계청 사회통계국 인구조사과, 『인구주택총조사보고서』.

☞ 5. 인구증가율　　　　(단위: 천명당)

	1970~1975	1975~1980	1980~1985	1985~1990	1990~1995
전 국	18.2	15.6	13.7	9.9	10.2
서 울	42.6	39.8	26.5	14.9	-2.5
부 산	51.1	47.4	18.6	9.5	2.6
대 구	35.8	41.2	24.3	14.9	15.4
인 천	40.7	50.2	42.2	42.4	42.3
광 주	28.9	30.8	37.9	13.4	25.1
대 전	34.9	47.3	30.3	17.1	44.3
울 산	58.2	77.9	43.9	32.6	42.9
경 기	34.6	38.5	44.7	49.2	53.2
강 원	-2.2	-7.4	-9.3	-21.4	-10.5
충 북	4.0	-12.8	-6.5	-4.2	5.5
충 남	-2.8	-13.6	-10.8	-8.2	-21.8
전 북	0.6	-13.9	-9.5	-16.2	-12.5
전 남	-8.8	-20.6	-17.1	-18.9	-33.8
경 북	1.1	-14.3	-13.2	-15.2	-2.5
경 남	2.4	-5.9	3.1	-1.0	9.4
제 주	23.2	23.8	8.9	6.3	1.1

자료: 통계청 사회통계국 인구분석과, 『1970~2020, 시도별 추계인구』.

☞ 6. 경지면적　　　　(단위: ha)

		합계 Total	논		밭	
			Paddy field	구성비 %	Dry field	구성비 %
전 국	1996	1,945,480	1,176,148	60.5	769,332	39.5
	1997	1,923,522	1,162,852	60.5	760,670	39.5
	1998	1,910,081	1,157,306	60.6	752,775	39.4
서 울	1996	2,130	762	35.8	1,368	64.2
	1997	2,117	739	34.9	1,378	65.1
	1998	2,106	753	35.8	1,353	64.2
부 산	1996	10,958	8,425	76.9	2,533	23.1
	1997	10,527	7,851	74.6	2,676	25.4
	1998	10,063	7,474	74.3	2,589	25.7

		합계 Total	논 Paddy field	구성비 %	밭 Dry field	구성비 %
대 구	1996	12,731	7,461	58.6	5,270	41.4
	1997	12,482	7,214	57.8	5,268	42.2
	1998	12,368	7,023	56.8	5,345	43.2
인 천	1996	25,698	19,334	75.2	6,364	24.8
	1997	25,207	18,670	74.1	6,537	25.9
	1998	24,943	18,372	73.7	6,571	26.3
광 주	1996	14,488	10,621	73.3	3,867	26.7
	1997	14,378	10,574	73.5	3,804	26.5
	1998	14,249	10,454	73.4	3,795	26.6
대 전	1996	7,105	3,789	53.3	3,316	46.7
	1997	6,812	3,604	52.9	3,208	47.1
	1998	6,701	3,569	53.3	3,132	46.7
울 산	1996	-	-	-	-	-
	1997	-	-	-	-	-
	1998	14,838	10,342	69.7	4,496	30.3
경 기	1996	219,558	134,200	61.1	85,358	38.9
	1997	215,478	130,675	60.6	84,803	39.4
	1998	213,858	129,396	60.5	84,462	39.5
강 원	1996	121,554	51,897	42.7	69,657	57.3
	1997	119,784	51,349	42.9	68,435	57.1
	1998	118,166	50,677	42.9	67,489	57.1
충 북	1996	140,305	67,815	48.3	72,490	51.7
	1997	138,466	66,997	48.4	71,469	51.6
	1998	136,905	66,060	48.3	70,845	51.7
충 남	1996	266,625	190,909	71.6	75,716	28.4
	1997	263,369	189,623	72.0	73,746	28.0
	1998	260,917	188,871	72.4	72,046	27.6
전 북	1996	226,886	168,640	74.3	58,246	25.7
	1997	223,787	166,800	74.5	56,987	25.5
	1998	221,543	165,771	74.8	55,772	25.2
전 남	1996	331,746	217,456	65.5	114,290	34.5
	1997	332,679	219,078	65.9	113,601	34.1
	1998	334,302	221,697	66.3	112,605	33.7
경 북	1996	307,488	160,067	52.1	147,421	47.9
	1997	303,412	157,521	51.9	145,891	48.1
	1998	300,399	156,553	52.1	143,846	47.9

	1996	201,893	134,567	66.7	67,326	33.3
경 남	1997	198,507	131,952	66.5	66,555	33.5
	1998	181,911	120,089	66.0	61,822	34.0
	1996	56,315	205	0.4	56,110	99.6
제 주	1997	56,517	205	0.4	56,312	99.6
	1998	56,812	205	0.4	56,607	99.6

자료: 농림부 농업정보통계관실 농업정보통계과, 『농림통계연보』.

☞ 7. 식량작물 생산량(정곡)   (단위: M/T)

		미 곡	맥 류	잡 곡
	1996	5,322,962	298,889	83,473
전 국	1997	5,449,561	195,495	97,402
	1998	5,096,879	189,179	91,334
	1996	3,261	-	15
서 울	1997	2,819	-	35
	1998	2,757	-	35
	1996	27,494	69	267
부 산	1997	26,622	110	148
	1998	23,704	-	175
	1996	29,005	1,131	283
대 구	1997	29,401	864	147
	1998	25,040	913	237
	1996	93,923	259	241
인 천	1997	89,032	221	443
	1998	86,013	218	405
	1996	45,606	3,351	161
광 주	1997	43,843	2,528	52
	1998	39,858	2,145	86
	1996	15,280	57	119
대 전	1997	14,983	-	128
	1998	14,163	-	128

		미곡	맥류	잡곡
울 산	1996	-	-	-
	1997	-	-	-
	1998	39,338	122	410
경 기	1996	620,026	309	4,533
	1997	613,954	175	5,970
	1998	592,161	192	6,213
강 원	1996	213,189	1,105	38,899
	1997	220,958	1,154	49,291
	1998	209,780	913	44,778
충 북	1996	300,424	342	18,078
	1997	307,458	156	19,787
	1998	290,969	132	16,557
충 남	1996	898,843	2,404	1,189
	1997	945,632	1,225	1,452
	1998	882,662	1,032	1,436
전 북	1996	817,399	53,757	2,192
	1997	825,351	15,519	2,208
	1998	787,836	24,591	2,146
전 남	1996	1,026,997	165,465	3,701
	1997	1,086,684	117,109	5,767
	1998	1,013,317	119,553	5,029
경 북	1996	664,597	8,219	8,752
	1997	690,848	6,214	8,942
	1998	610,628	4,780	9,058
경 남	1996	566,325	42,976	4,481
	1997	551,403	35,066	2,478
	1998	478,087	24,622	3,782
제 주	1996	593	19,445	562
	1997	573	15,154	554
	1998	566	9,966	859

자료: 농림부 농업정보통계관실 농업정보통계과, 『농림통계연보』.

☞ 8. 광공업 총괄   (단위: 개소, 명, 백만원)

		사업체수 Number of establishments	월평균종사자수 Monthly average number of workers	연간급여액 (퇴직금제외) Wage & Salary	생 산 액 Gross output	출 하 액 Vaule of shipments
전 국	1996	98,119	2,924,990	42,754,450	403,777,999	399,620,143
	1997	92,990	2,721,857	41,904,863	436,713,768	432,791,523
	1998	80,315	2,343,722	35,038,076	426,561,789	426,801,412
서 울	1996	19,648	341,319	4,346,137	30,668,698	30,363,711
	1997	18,112	298,402	3985,590	30,233,181	29,726,583
	1998	14,885	241,565	3,104,970	26,907,535	27,044,008
부 산	1996	9,494	219,901	2,714,631	18,090,563	18,035,467
	1997	8,965	198,959	2,659,582	17,701,140	17,660,871
	1998	8,220	174,131	2,190,706	17,452,027	17,359,756
대 구	1996	7,117	154,509	1,928,887	13,178,888	13,030,547
	1997	6,887	144,655	1,895,025	14,366,033	14,167,847
	1998	5,811	120,874	1,531,172	13,006,537	13,013,107
인 천	1996	7,889	239,406	3,582,054	32,129,968	31,908,800
	1997	7,552	217,611	3,496,775	33,849,735	33,529,077
	1998	6,100	185,314	2,831,698	29,560,802	29,581,853
광 주	1996	1,344	53,797	769,343	7,212,593	7,162,804
	1997	1,343	51,324	774,482	7,518,771	7,538,019
	1998	1,146	41,942	627,846	6,611,283	6,648,748
대 전	1996	1,392	42,626	580,133	5,188,378	5,161,365
	1997	1,246	39,496	582,803	5,874,062	5,842,584
	1998	1,018	34,717	502,015	6,036,023	6,038,467
울 산	1996	1,017	144,886	3,445,551	45,537,812	45,514,402
	1997	1,002	138,189	3,164,627	53,213,788	52,670,845
	1998	894	121,773	2,795,203	53,091,004	53,298,705
경 기	1996	26,516	756,546	10,959,770	100,853,987	99,432,925
	1997	25,210	714,242	10,672,869	101,436,957	100,844,694
	1998	21,813	605,502	8,706,781	97,064,647	96,052,152
강 원	1996	1,502	48,434	649,320	5,981,730	5,884,868
	1997	1,454	46,762	654,680	6,144,530	6,068,155
	1998	1,243	38,929	558,878	5,998,487	6,050,398
충 북	1996	2,288	114,394	1,640,834	17,623,504	17,435,584
	1997	2,270	110,007	1,698,570	18,637,384	18,519,068
	1998	2,067	93,560	1,352,327	17,145,173	17,335,756

		사업체수 Number of establishments	월평균종사자수 Monthly average number of workers	연간급여액 (퇴직금제외) Wage & Salary	생 산 액 Gross output	출 하 액 Vaule of shipments
충 남	1996	2,908	123,255	1,699,055	19,938,522	19,434,845
	1997	2,725	119,156	1,821,099	24,275,289	23,986,119
	1998	2,521	109,030	1,689,536	24,772,259	24,700,569
전 북	1996	2,432	82,382	1,056,165	11,431,825	11,235,047
	1997	2,287	79,499	1,069,186	13,056,876	12,888,142
	1998	1,998	67,451	881,157	11,939,659	11,996,331
전 남	1996,	2,707	78,133	1,176,959	19,705,363	19,558,790
	1997	2,639	75,904	1,225,072	25,123,456	24,878,811
	1998	2,347	68,073	1,102,178	27,373,946	27,572,891
경,북	1996	4,974	223,019	3,413,685	36,461,446	35,998,023
	1997	4,790	211,165	3,393,276	42,837,721	42,143,686
	1998	4,363	189,947	2,974,925	48,271,542	48,543,971
경 남	1996	6,578	288,644	4,741,543	39,380,324	39,069,129
	1997	6,203	271,923	4,761,929	41,992,390	41,880,541
	1998	5,627	246,929	4,144,748	40,891,498	41,131,743
제 주	1996	313	4,739	50,383	394,398	393,836
	1997	305	4,565	49,298	452,455	446,481
	1998	262	3,985	43,936	439,367	432,957

		재 고 액 Value of inventories		주요생산비 Major production costs	부가가치 Value-added	유형고자산 연말잔액
		연 초 At the beginning	연 말 At the end of year			
전 국	1996	24,443,390	28,601,246	228,236,342	175,541,657	188,971,669
	1997	27,116,305	31,038,550	254,343,584	182,370,184	212,637,146
	1998	28,620,696	28,381,073	248,753,013	177,808,776	242,837,542
서 울	1996	1,844,009	2,148,996	16,318,215	14,350,483	10,258,900
	1997	1,866,061	2,372,659	16,103,668	14,129,513	10,128,081
	1998	1,953,020	1,816,547	14,498,289	12,409,246	9,557,322
부 산	1996	920,376	975,472	10,042,365	8,048,198	8,409,145
	1997	854,804	859,073	10,262,022	7,439,118	7,465,772
	1998	867,503	959,774	9,909,986	7,542,041	10,471,394
대 구	1996	932,826	1,081,167	7,226,019	5,952,869	6,869,899
	1997	991,068	1,189,254	8,074,305	6,291,728	6,982,688
	1998	1,028,276	1,021,706	7,611,632	5,394,905	7,121,254
인 천	1996	2,079,048	2,300,216	18,481,295	13,648,673	13,089,619
	1997	2,154,165	2,474,823	20,287,493	13,562,242	15,687,237
	1998	2,212,416	2,191,365	17,209,579	12,351,223	15,803,968
광 주	1996	335,727	385,516	4,034,329	3,178,264	3,376,412
	1997	404,985	385,737	4,603,590	2,915,181	4,025,462
	1998	397,106	359,641	3,544,605	3,066,678	3,955,213
대 전	1996	352,096	379,109	2,835,275	2,353,103	3,073,137
	1997	405,222	436,700	3,074,649	2,799,413	3,462,148
	1998	403,164	400,720	3,071,461	2,964,562	3,459,545
울 산	1996	1,931,059	1,954,469	30,651,924	14,885,888	17,752,889
	1997	1,933,547	2,476,490	33,747,194	19,466,594	21,021,853
	1998	2,445,743	2,238,042	33,256,703	19,834,301	28,871,610
경 기	1996	6,036,036	7,457,098	51,381,764	49,472,223	40,063,234
	1997	7,109,319	7,701,582	55,250,948	46,186,009	44,592,890
	1998	6,659,648	7,672,143	52,634,875	44,429,772	50,069,468
강 원	1996	311,212	408,074	2,615,609	3,366,121	5,524,004
	1997	384,109	460,484	3,094,925	3,049,605	5,804,766
	1998	428,827	376,916	2,809,913	3,188,574	6,295,373

		재고액 Value of inventories		주요생산비 Major production costs	부가가치 Value-added	유형고자산 연말잔액
		연초 At the beginning	연말 At the end of year			
충북	1996	1,468,108	1,656,028	8,854,759	8,768,745	10,067,103
	1997	1,546,303	1,664,619	9,395,565	9,241,819	12,183,997
	1998	1,815,755	1,625,172	9,008,674	8,136,499	14,659,688
충남	1996	1,171,646	1,675,323	11,835,796	8,102,726	14,489,600
	1997	1,615,966	1,905,136	15,305,884	8,969,405	16,151,076
	1998	1,684,057	1,755,747	15,862,489	8,909,770	22,372,981
전북	1996	724,930	921,708	6,339,822	5,092,003	7,347,270
	1997	999,557	1,168,291	7,983,808	5,073,068	9,443,863
	1998	985,816	929,144	7,140,215	4,799,444	9,979,169
전남	1996,	1,044,251	1,190,824	12,080,737	7,624,626	11,653,798
	1997	1,159,321	1,403,966	16,017,521	9,105,935	14,203,046
	1998	1,459,204	1,260,259	17,929,821	9,444,125	15,444,540
경북	1996	2,332,010	2,795,433	22,134,604	14,326,842	19,347,465
	1997	2,661,101	3,355,136	25,388,522	17,449,199	22,095,718
	1998	3,407,949	3,135,520	29,267,808	19,003,734	24,791,032
경남	1996	2,932,167	3,243,362	23,188,840	16,191,484	17,414,318
	1997	3,008,440	3,120,289	25,513,249	16,479,141	19,148,537
	1998	2,851,553	2,611,308	24,788,565	16,102,933	19,744,706
제주	1996	27,889	28,451	214,989	179,409	234,876
	1997	22,337	28,311	240,241	212,214	240,012
	1998	20,659	27,069	208,398	230,969	240,279

자료: 통계청 경제통계국 산업통계과, 『광공업통계조사보고서』.

2. 주요 선거 지역별·정당별 득표 통계

☞ 제15대 대통령선거 (1997. 12. 18)

시도	선거인수	투표자수	유효투표수								무효투표수	기권수
			후보자별 득표수							계		
			한나라당 이회창	국민회의 김대중	국민신당 이인제	국민승리21 권영길	공화당 허경영	바른정치연합 김한식	한국당 신정일			
계	32,290,416	26,042,633	9,935,718	10,326,275	4,925,591	306,026	39,055	48,717	61,056	25,642,438	400,195	6,247,783
서울	7,358,547	5,926,74	2,394,309	2,627,308	747,856	65,656	5,432	8,978	5,234	5,854,773	71,970	1,431,804
부산	2,692,311	2,124,010	1,117,069	320,178	623,756	25,581	2,252	2,211	3,359	2,094,406	29,604	568,301
대구	1,707,338	1,347,018	965,607	166,576	173,649	16,258	1,661	1,229	4,108	1,329,088	17,930	360,320
인천	1,639,655	1,311,512	470,560	497,839	297,739	20,340	1,915	2,356	1,862	1,292,611	18,901	328,143
광주	870,554	783,025	13,294	754,159	5,181	1,478	154	660	273	775,199	7,826	87,529
대전	881,474	692,821	199,266	307,493	164,374	8,444	1,028	1,352	936	682,893	9,928	188,653
울산	654,125	530,459	268,998	80,751	139,824	32,145	627	427	991	523,763	6,696	123,666
경기	5,707,087	4,600,005	1,612,108	1,781,577	1,071,704	47,608	7,077	8,035	7,415	4,535,524	64,481	1,107,082
강원	1,077,853	846,596	358,921	197,438	257,140	8,231	3,201	1,851	4,161	830,943	15,653	231,257
충북	1,015,921	805,496	243,210	295,666	232,254	10,232	2,784	2,313	3,357	789,816	15,680	210,425
충남	1,330,627	1,023,990	235,457	483,093	261,802	9,604	3,011	4,109	4,122	1,001,198	22,792	306,637
전북	1,391,537	1,190,190	53,114	1,078,957	25,037	4,189	943	4,981	1,968	1,169,189	21,001	201,347
전남	1,519,292	1,325,731	41,534	1,231,726	18,305	2,199	1,027	4,790	2,255	1,301,836	23,895	193,561
경북	1,988,379	1,574,454	953,360	210,403	335,087	22,382	4,177	2,476	11,723	1,539,608	34,846	413,925
경남	2,094,036	1,681,584	908,808	182,102	515,869	27,823	3,215	2,150	8,047	1,648,014	33,570	412,452
제주	361,680	278,999	100,103	111,009	56,014	3,856	551	799	1,245	273,577	5,422	82,681

부록   265

☞ 제11대 국회의원총선거 (1981. 03. 25)

시도	합계	정당별										
		민주정의당	민주한국당	민주사회당	한국국민당	민권당	원일민립당	신정당	안민당	사회당	한국기민당	통일민족당	민주노동당	무소속
계	11,015,120	4,034,166	2,230,950	386,135	1,488,992	722,750	31,526	502,903	67,390	53,492	51,228	45,887	207,326	1,192,375
부산	1,226,629	375,495	273,801	114,274	129,771	108,860	2,623	121,780	6,015	5,126		3,827	4,435	80,622
경기	2,048,386	790,360	471,295	69,663	217,978	117,040	3,529	143,996	32,957	6,747	21,005	24,915	6,549	142,352
강원	825,759	378,872	184,790	33,956	143,131	38,537	5,118	14,050						27,305
충북	675,656	230,332	114,075	5,745	161,518	43,779	5,523	9,842		4,917			32,709	67,216
충남	1,280,976	454,925	269,200	12,313	199,968	76,333	11,359	47,052	4,764		17,492			187,570
전북	989,702	375,787	219,981	21,287	109,077	114,209	3,374	16,740		19,663		17,145	19,132	73,307
전남	0	0	0	0	0	0	0	0	0	0	0	0	0	0
경북	2,237,556	859,279	432,275	60,779	322,083	122,693		60,051	16,659	11,754	12,731		21,805	317,447
경남	1,532,999	521,875	227,449	68,118	205,466	96,672		79,652	6,995	5,285			122,696	198,791
제주	197,457	47,241	38,084			4,627		9,740						97,765

☞ 제12대 국회의원총선거 (1985. 02. 12)

시도	합계	정당별									
		민정당	신민당	민한당	국민당	신사당	민권당	민족당	근농당	신민주당	무소속
합계	19,974,943	7,166,134	5,190,087	3,930,966	1,828,744	288,863	75,634	17,257	185,859	641,371	650,028
서울	4,763,368	1,303,114	2,056,642	954,454	112,142	100,891	19,713	1,326	27,088	12,137	175,861
부산	1,730,149	483,507	639,724	408,834	180,666		1,826	8,089			7,503
대구	929,610	263,168	276,780	172,771	145,418	14,105	10,399			23,145	23,824
인천	645,932	239,710	241,802	142,313	22,107						
경기	2,281,438	782,360	640,643	470,936	310,141	14,824	13,486				49,048
강원	894,781	413,958	101,349	159,816	158,318				10,248	7,999	43,093
충북	738,485	418,909	14,830	116,866	63,359	4,138				120,383	
충남	1,459,678	577,742	319,222	301,955	156,044	41,427			4,101		59,187
전북	1,086,594	525,081	162,335	205,086	128,707				27,697	37,688	
전남	1,782,729	637,292	454,749	322,486	181,889	79,718	9,649	7,842	34,400	943	53,761
경북	1,622,534	725,326	254,760	275,253	174,472	23,564	6,396		27,243	15,160	120,450
경남	1,807,927	722,169	13,432	360,561	195,481	10,196	11,373		55,082	423,916	15,717
제주	231,628	73,798	13,819	39,635			2,792				101,584

266 호남의 지역지배구조 형성배경

☞ 제13대 국회의원총선거 (1988. 04. 26)

시도	정 당 별												
	합계	민정당	민주당	평민당	공화당	신한당	민한당	한겨레	국민당	민중당	사회당	정의당	제3세대	한주의	무소속	기독성민당
합계	19,513,473	6,684,515	4,548,652	3,806,129	3,032,272	46,877	19,233	262,677	65,032	65,650	3,267	25,433	16,148	3,736	931,605	2,247
서울	4,540,549	1,231,019	1,021,115	1,237,914	715,850	10,742	321	97,427	1,931	14,002	2,562	15,968	7,144	683	182,970	901
부산	1,665,722	547,979	897,728	30,672	106,226	3,277	503	30,653		4,234		2,203		565	41,682	
대구	990,859	477,458	280,925	6,536	130,394	972		16,142	49,527	3,774					25,131	
인천	680,038	286,306	161,744	95,818	105,504			9,425		13,911					5,984	1,346
광주	471,629	45,690	1,914	417,667	3,025									565	2,939	
경기	2,409,616	840,330	567,233	396,443	437,817	1,426	18,409	28,466	10,547	1,177		5,978	565		101,225	
강원	842,768	367,686	182,111	33,606	170,332	830		1,458	1,621	5,678					79,446	
충북	702,213	306,551	112,131	9,724	233,609	2,785				3,099					34,314	
충남	1,404,819	423,619	210,784	53,873	652,613	2,906		10,344	1,406	893		1,284	3,664	588	42,845	
전북	1,027,070	295,511	13,449	631,545	25,396	13,373		3,236		0					44,560	
전남	1,246,392	284,973	9,886	846,711	15,687	338		36,936						1,506	50,355	
경북	1,543,813	787,232	378,502	13,924	246,677	1,360		12,588			705		1,588		101,437	
경남	1,756,712	706,816	648,483	17,909	181,298	8,868		16,202		18,882			3,187		155,037	
제주	231,273	83,315	62,647	13,787	7,844										63,680	

☞ 제14대 국회의원 총선거 (1992. 03. 24)

시도	정당별							
	합계	민자당	민주당	국민당	신정당	공명당	민중당	무소속
합계	20,583,812	7,957,338	5,970,958	3,538,135	405,328	21,007	319,041	2,372,005
서울	5,029,577	1,749,204	1,872,646	924,491	183,466	301	90,591	208,878
부산	1,741,630	925,633	315,502	178,058	23,043	1,704	32,628	265,062
대구	968,597	454,359	114,332	276,640	29,432		8,395	85,439
인천	871,574	299,104	267,854	177,972	12,796	1,191	47,156	65,501
광주	517,150	47,134	394,872	20,231			7,797	47,116
대전	487,398	134,598	124,054	103,856	6,175	398	2,111	116,206
경기	2,880,425	1,069,423	916,392	563,439	46,350	4,099	56,497	224,225
강원	786,953	305,594	92,177	251,056	9,868		18,330	109,928
충북	680,397	314,321	151,477	146,614	17,621		5,871	4,493
충남	920,400	399,352	185,165	147,541	27,317			161,025
전북	964,183	306,155	530,108	46,702	5,695	386	6,214	68,923
전남	1,126,042	283,478	693,543	56,355	7,868		1,182	83,616
경북	1,482,661	727,204	100,138	262,828	10,252		26,081	356,158
경남	1,876,475	856,400	162,905	382,552	25,445	12,928	16,188	420,257
제주	250,350	85,379	49,793					115,178

☞ 제15대 국회의원총선거 (1996. 04. 11)

시도	합계	정당별										무소속
		신한국당	국민회의	민주당	자민련	대한당	국민연합	한독당	전국연합	기독당	한국당	천민당	
합계	19,653,073	6,783,730	4,971,961	2,207,695	3,178,474	3,114	177,050	1,693				571	2,328,785
서울	4,444,415	1,620,642	1,565,582	601,491	502,851	396	15,894	700					136,859
부산	1,581,518	882,583	100,608	297,531	87,405	1,701	26,244						185,446
대구	1,004,744	245,865	13,820	40,162	359,745		46,657						298,495
인천	929,196	355,318	273,804	102,195	134,585		8,908						54,386
광주	533,664	40,021	460,107	10,493	4,365		777						17,901
대전	519,584	111,432	59,407	65,695	258,642	691	1,342	993					21,382
경기	3,195,769	1,060,711	875,705	445,702	595,566		7,245						210,840
강원	710,803	264,874	47,452	103,161	167,930	326	1,572						125,488
충북	655,953	206,855	58,411	58,252	258,197		2,664						71,574
충남	852,907	246,410	52,343	67,649	436,676		1,971					571	47,287
전북	910,490	213,465	580,018	53,088	4,567		7,521						51,831
전남	1,014,151	179,374	719,614	13,198	7,857								94,108
경북	1,352,267	472,560	20,966	93,956	277,914		36,790						450,081
경남	1,702,909	792,665	72,082	250,113	79,347		19,465						489,237
제주	244,703	90,955	72,042	5,009	2,827								73,870

☞ 제16대 국회의원총선거 (2000. 04. 13)

시도	합계	정당별										무소속
		한나라당	민주당	자민련	민국당	한국신당	공화당	기독성민당	민주노동당	번영당	청년진보당	한국당	
합계	18,904,740	7,365,359	6,780,625	1,859,331	695,423	77,498	3,950		223,261		125,082		1,774,211
서울	4,038,289	1,747,482	1,819,370	189,185	52,265	3,862	176		39,568		121,418		64,598
부산	1,498,691	904,040	225,160	24,356	223,328	1,449			8,020				112,338
대구	931,768	585,974	101,854	95,305	58,163	132	522		4,287				85,531
인천	908,502	378,903	368,924	110,120	11,141				6,906		3,664		28,844
광주	490,588	16,144	342,888	1,503	2,015								128,038
대전	494,751	115,186	140,745	169,683	4,607	4,620			10,852				49,058
울산	398,534	166,186	38,189	12,277	15,735				68,749				97,398
경기	3,338,248	1,304,676	1,365,304	413,362	52,426	1,613	3,252		40,909				156,706
강원	689,907	266,136	251,571	70,280	45,076	1,037							55,807
충북	630,364	193,089	197,459	185,920	4,143	5,227							44,526
충남	814,070	141,684	244,128	319,066	9,279	52,678			7,391				39,844
전북	848,849	30,442	555,462	28,675	1,811								232,459
전남	1,004,589	41,284	666,697	16,029	4,797								275,782
경북	1,283,448	673,537	188,063	180,031	129,194	4,318							108,305
경남	1,286,265	690,973	151,981	41,948	80,358	2,562			36,579				281,884
제주	247,857	109,623	122,465	1,591	1,085								13,093

3. 지역운동의 사례: 광주·전남개혁연대

1) 단체의 성격

정부의 보조금을 받지 않고 회비로만 운영되는 순수한 비정부기구(NGO).

2) 설립 목적 및 취지

(1) 시민들의 참여민주주의를 정착시키고 정부, 지방의회, 정당, 기타 공공기관을 개혁함으로써 정치적 선진화를 이룩하기 위해 노력한다.
(2) 지방정부와 정치인의 활동 및 정책에 대한 감시와 평가를 통해 사회 전반에 만연된 부정부패의 고리를 끊는 데 앞장선다.
(3) 만성적인 불신과 부패 불감증에 젖어 있는 시민들의 의식을 일깨우고, 더 나아가 각계각층의 정직한 일꾼들이 올바른 삶의 가치를 지켜 나갈 수 있는 바람직한 사회풍토를 조성한다.

3) 주요 사업방향

- 지방정부 개혁과 정치개혁 및 정당개혁을 위한 대안과 방

법의 제시.
- 지방정부와 정치인의 활동에 대한 평가.
- 민주사회의 건설을 위한 제도개혁과 공공정책에 대한 평가.
- 기타 부정부패 및 비리추적, 시민의식 개혁을 위한 포럼 개최.

4) 주요 활동 및 사업실적

■ 1999년
- 기관장 업무추진비 공개 행정소송 제기.
- 도청 이전에 관한 성명 발표.
- "정치개혁, 무엇을 어떻게 바꿀 것인가" 포럼 개최.
- 정치자금 분석결과 발표.
- "광주의 쓰레기 민간위탁, 이대로는 안된다" 포럼 개최.
- 광주시 남구 재·보궐 선거 관련 성명 발표, 시민대책위 구성.
- "불우이웃돕기 성금운영의 문제점과 개선방향" 포럼 개최.
- 반부패국민연대 광주본부 참여.
- 행정사무감사 모니터 연대 간사활동.

■ 2000년
- 제16대 국회의원 선거 대비 낙천·낙선운동 참여.
- 2000년 총선 광주·전남지역 출마(예정)자 자료 수집, 공개.
- '99년도 국회의원 및 지구당, 후원회 지출결의서 및 증빙서류 열람 후 보고서.
- 교육행정의 정보화사업 관련 정책 타당성 조사활동.
- 각종 건설공사와 관련한 예산낭비 사례 점검.
- 의회방청, 예산감시 활동.
- 지방자치단체의 경영 수익사업의 효용성 검토.

- "광주·전남 지방정부 1, 2차 행정조직개편에 관한 평가" 포럼 개최.
- 광주·전남의 예산 결산 분석을 위한 교육 및 결과 보고서 발간.
- 예산감시네트워크 '1588-0098'고발전화 운영 및 예산감시 연대활동.
- 특별회계 예산 운영의 문제점 조사 분석.
- "16대 국회의원 선거 평가/미국의 대통령선거 전망" 토론회 개최.
- 전국 예산감시 네트워크 워크샵 참여.
- 기관장 업무추진비 공개소송 승소.
- 불법 시설물 허가관련(서구소재 임해폐차장 환경산업) 시정조치 요구 청원.

참고문헌

1. 국내문헌

강명구, "선거와 지역갈등: 구조화과정과 지역적 시민사회," 『한국정치학회보』, 제27집 2호(상)(1993).
_____, "지방화와 정보화: 재구조화의 정치적 의미," 『한국정치학회보』, 제29집 1호(1995).
강상현, "영호남 지방신문에 나타난 대통령후보 이미지비교," 한국사회언론연구회 편, 『언론, 선출되지 않는 권력』, 서울: 한울, 1992.
강원택, "지방선거와 중앙정치: 6·4지방선거의 정치적 함의," 한국정치학회 지방정치특별학술회의 발표자료집(1998. 10. 9).
_____, "유권자의 이념적 성향과 투표행태: 15대 대통령선거를 중심으로," 한국정치학회 한국정치특별학술회의 발표자료집(1998. 2. 11).
강준만, 『김대중 죽이기』, 서울: 개마고원, 1995.
_____, 『전라도 죽이기』, 서울: 개마고원, 1995.
강홍수, "'정치 효능감' 개념에 대한 심리학적 조명," 1998년도 한국정치학회 연례학술회의 발표자료집(1998. 12. 3~5).
강희경, "지역사회 권력자의 연줄망구조와 특성," 대우학술총서 공동연구, 『지방자치와 지역발전』, 서울: 민음사, 1997.
경제기획원, 『한국통계연감』, 서울: 경제기획원, 각년도.
_____, 『광공업통계조사보고서』, 서울: 경제기획원, 1970.
고흥화, 『자료로 엮은 한국인의 지역감정』, 서울: 성원사, 1990.
공보처, 『한국인의 의식 및 가치관조사: 자료』, 서울: 공보처, 1996.
곽진영, "정당체제의 사회적 반영의 유형과 그 변화: 한국·미국·일본의 비교분석," 『한국정치학회보』, 제32집 1호(1998).

광주시 사료편찬위원회, 『광주시사』, 1·2권(광주: 광주시 사료편찬위원회, 1992.
국토개발연구원, 『제2차 국토종합개발계획의 추진실적 평가(IV)』, 서울: 국토개발연구원, 1989.
국회 사무처 의사국, 『역대국회 의사관계 통계자료집』, 제1집, 서울: 국회사무처, 1988.
권혁재, 『한국지리』, 서울: 법문사, 1988.
김경동, "한국의 공업화와 사회변동," 『현대사회』(1984년 여름).
김경중, 『한국의 경제지표』, 서울: 매일경제신문사, 1989.
김광수, "한국정치에서의 지역주의: 중심·주변관계의 역사적 전개를 중심으로," 조순승 외, 『전환기의 한국정치』, 서울: 박영사, 1989.
＿＿＿, "한국정치에 있어서의 전라도," 『한국정치학회보』, 제20집 1호(1986).
김광웅 편, 『한국의 선거정치학』, 서울: 나남, 1990.
김기재, "국제화시대와 지방자치단체의 대응," 『자치행정』(1994년 1월).
김대환, "한국의 불균등산업화에 관한 일연구," 고려대 평화연구소, 『평화강좌』, 서울: 한길사, 1990.
김두진, "호남의 사상과 의식의 형성," 최협 엮음, 『호남사회의 이해』, 서울: 풀빛, 1996.
김만흠, "15대 대선의 민주발전과제와 지역주의," 『한국의 15대 대통령선거 전망과 언론·지방정치의 역할』, 1997년 10월 한국정치학회 충청지회 학술회의 논문집.
＿＿＿, "지역사회와 민주화," 『한국사회과학』, 제19권 1호, 서울대 사회과학연구원, 1997.
＿＿＿, 『한국정치의 재인식: 민주주의, 지역주의, 지방자치』, 서울: 풀빛, 1997.
＿＿＿, 『한국사회 지역갈등연구: 영·호남문제를 중심으로』, 서울: 현대사회연구소, 1987.
＿＿＿, "지방정치론과 한국 지방정치의 과제," 한국정치학회 지방정치특별학술회의 발표자료집(1998. 10. 9).
김영섭 외, "한국의 균형적 지역개발을 위한 지역정책에 관한 연구," 『행정문제논총』, 제7집, 한양대 행정문제연구소, 1988.

김익식, "세계화시대의 지방의 대응: 지방의 국제경쟁력 강화방안을 중심으로," 제4회 한국정치 세계학술대회 발표논문(한국정치학회, 1994. 7. 18).
김일영, "지역주의의 또다른 배경: 지정학적 요인과 야당 내부적 요인," 한국정치학회 지역주의특별학술회의 발표자료집(1999. 7. 16).
_____, "농지개혁, 5·30선거, 그리고 한국전쟁,"『한국과 국제정치』, 제11권 1호(1995).
김장권, "참여민주주의와 지방자치," 제7회 아태평화재단 국내학술회의 발표논문(1998).
김재한,『합리와 비합리의 한국 정치사회』, 서울: 소화, 1998.
김진균, "한국사회의 계급구조,"『한국사회변동연구 Ⅰ』, 서울: 한길사, 1985.
김충식,『정치공작사령부 남산의 부장들 1』, 서울: 동아일보사, 1992.
김형국, "제13대 대통령선거의 투표행태에 대한 지정학적 연구," 김광웅 편,『한국의 선거정치학』, 서울: 나남, 1990.
나간채, "지역민간의 사회적 거리감," 한국사회학회 편,『한국의 지역주의와 지역갈등』, 서울: 성원사, 1990.
남조선 과도입법정부,『조선통계연감』(1948).

내무부,『한국도시연감』, 서울: 내무부, 1994.
내무부,『주민소득연보』, 서울: 내무부, 각년도.
노병만, "지역할거주의 정치구조의 형성과 그 원인분석: 지역감정·지역갈등 개념을 중심으로,"『한국정치학회보』, 제32집 1호(1988년 봄).
레페토, 권태환 외,『한국의 경제개발과 인구정책』, 서울: 한국개발연구원, 1983.
리영희, "'지역갈등' 매듭 묶은 자가 풀어야," <한겨레신문>, 1998년 1월 6일.
문병주,『국가·정치사회·시민사회: 한국 민주주의의 이행과 공고화』, 서울: 도서출판, 양지, 1999.
문석남, "지역격차와 갈등에 관한 한 연구,"『한국사회학』, 제18집(1984년 겨울).
_____, "지역감정의 원인과 해소방안," 김호진 외,『한국의 민주화: 과제와 전망』, 서울: 경남대 극동문제연구소, 1989.
민경희 외, "청주 지역사회의 권력구조에 관한 연구,"『한국사회학』, 제30집

(1996).

박세일, "세계화시대와 지방자치,"『참여사회』, 제5호(1994년 4월).

박양호,『제조업의 지역적 자본축적과 총요소생산성의 변화,"『국토연구』, 1986년 9월, 국토개발연구원.

박찬욱, "지역사회의 민주화와 삶의 질: 서울시 사례연구,"『사회과학과 정책연구』, 제17권 2호, 서울대 사회과학연구소, 1995.

_____, "제14대 국회의원 총선거에서 정당지지 분석," 이남영 편,『한국의 선거①』, 서울: 나남, 1993.

_____, "14대 대선의 승인과 패인," 고려대학교 노동문제연구소 주최 학술포럼 발표논문(1993).

보건사회부 사회국,『생활보호대상자 집계집』, 1974~1980.

백운선, "체제세력·반체제세력과 한국정치,"『한국정치학회보』, 제22집 3호, 한국정치학회, 1988.

산업연구원,『2000년을 향한 국가 장기발전구상』, 서울: 산업연구원, 1986.

서울대 사회과학연구소, "지역사회의 민주화와 삶의 질" 조사자료(1994).

서울대 사회과학연구소·전남대 사회과학연구소,『전남이미지 실태연구: 전문가 의견조사 결과보고서』(1995).

서울특별시,『서울시 통계연보』, 서울: 서울특별시, 각년도.

_____,『저소득시민의 생활실태에 관한 기초조사』, 서울: 서울특별시, 1979.

성경륭, "지방자치와 국가개혁," 대우학술총서 공동연구,『지방자치와 지역발전』, 서울: 민음사, 1997.

세종연구소,『'95 국민의식조사』, 서울: 세종연구소, 1995.

손호철,『전환기의 한국정치』, 서울: 창작과비평사, 1995.

신복룡, "한국의 지역감정의 역사적 배경: 호남 phobia를 중심으로,"『한국정치사상사』, 서울: 나남, 1997.

안병만·김인철·서진완, "6·27지방선거에 나타난 유권자의 자치정향과 투표행태,"『한국정치학회보』, 제29집 4호(1995).

안청시·김만흠, "지역사회 민주화와 삶의 질: 지역간 비교연구,"『사회과학과 정책연구』, 제17권 2호, 서울대 사회과학연구소, 1995.

양진경, "조선시대의 자연인식 체계,"『한국사 시민강좌』, 제14집, 서울: 일조각, 1994.

오수성·고형일·이무석, "지역갈등의 요인으로서 성격특성에 관한 연구,"
『성곡논총』, 제21집, 서울: 성곡문화재단, 1990.
유석춘·심재범, "한국사회 변혁운동의 두가지 기반: 계급(계층)의식과 지역차
별의식," 한국사회학회 편, 『한국의 지역주의와 지역갈등』, 서울:
성원사, 1990.
윤석구, "1994년도 광주·전남지역경제 현황 및 문제점," 『전남지역 경제조
사』, 제46호(1995. 6).
윤천주, 『투표참여와 정치발전』, 서울: 서울대학교출판부, 1986.
＿＿＿, "투표참여의 변화와 정치발전," 김광웅 편, 『한국의 선거정치학』, 서
울: 나남, 1990.
이갑윤, 『한국의 선거와 지역주의』, 서울: 오름, 1998.
＿＿＿, "투표행태와 민주화," 김광웅 편, 『한국의 선거정치학』, 서울: 나남,
1990.
＿＿＿, "제13대 국회의원선거에서의 투표행태와 민주화," 김호진 외, 『한국의
민주화: 과제와 전망』, 서울: 경남대 극동문제연구소, 1989.
이경남, "박정희시대의 권력엘리트들," 『정경문화』, 1983년 11월.
이계식·곽태원 편, 『국가예산과 정책목표』, 서울: 한국개발연구원, 1985.
이기우, "한국의 중앙·지방관계의 이론적 조명: 분권화를 중심으로," 한국정
치학회 지방정치특별학술회의 발표자료집(1998. 10. 9).
이남영, "정치문화와 지역주의," 한국정치학회 지역주의특별학술회의 발표자료
집(1999. 7. 16).
＿＿＿, "유권자의 지역주의성향과 투표," 한국정치학회 한국정치특별학술회의
발표자료집(1998. 2. 11).
이병석, "김영삼대통령의 인사정책에 관한 연구," 서울대 행정대학원 석사학위
논문, 1998.
이성복, "국제화와 지방자치: 실태와 전략을 중심으로," 제4회 한국정치 세계
학술대회 발표논문(한국정치학회, 1994. 7. 18).
이영조, "한국여당의 지배전략: 균열동원·도구성·규칙고치기," 1998년도 한
국정치학회 춘계학술회의 논문집(1998. 4. 25).
이원영, "지역경제 활성화를 위한 공업배치정책의 개선방안," 『국가예산과 정
책목표』, 서울: 한국개발연구원, 1985.

이종수, "분권화의 패턴: 지방자치 논의의 배경과 맥락에 대한 국가간 비교분석,"『한국정치학회보』, 제32집 2호(1998년 여름).
이해준, "호남지역의 역사와 문화," 최협 엮음,『호남사회의 이해』, 서울: 풀빛, 1996.
이홍구, "공동체의 윤리와 논리,"『사회과학과 정책연구』, 제16권 4호, 서울: 서울대 사회과학연구소, 1994.
장달중, "한국정치의 사회적 기원과 민주주의의 과제," 구범모 편저,『2000년대와 한국의 선택』, 성남: 한국정신문화연구원, 1992.
전광희, "한국사회 인구이동과 지역갈등의 구조," 한국사회학회 편,『한국의 지역주의와 지역갈등』, 서울: 성원사, 1990.
전남대 사회과학연구소·서울대 사회과학연구소·부산대 사회조사연구소,『전남이미지 실태연구: 국민의식조사 결과보고서』(1995).
전라남도지도편찬위원회,『전라남도지』, 제1·11권, 전남: 전라남도지도편찬위원회, 1982·1994.
전라북도지도편찬위원회,『전라북도지』, 제1권, 전북: 전라북도, 1989.
정근식, "지역사회와 사회의식, 지역정체성," 대우학술총서 공동연구,『지방자치와 지역발전』, 서울: 민음사, 1997.
정대화, "제15대 대통령선거 결과에 대한 실증적 연구: 여·야간 평화적 정권교체의 배경과 투표결과에 대한 해석,"『동향과 전망』, 통권37호(1998년 봄).
정진민, "한국사회의 세대문제와 선거," 이남영 편,『한국의 선거①』, 한국선거연구회 연구총서①, 서울: 나남, 1993.
조기숙, "합리적 유권자모델과 한국의 선거분석," 이남영 편,『한국의 선거①』, 서울: 나남, 1993.
조명래, "영·호남갈등의 사적 유물론적 고찰," 한국공간환경연구회 엮음,『지역불균형 연구』, 서울: 한울, 1994.
_____, "한국사회의 계급과 지역,"『계간 경제와 사회』, 제19호(1993년 가을).
조선은행 조사부,『조선경제연보』(1948).
조선일보사,『제13대 대통령선거 자료집』, 서울: 조선일보사, 1988.
조선총독부,『조선총독부 통계연보』(1926, 1930, 1940).

조연수, "합리적 유권자모델과 한국의 선거분석," 한국정치학회 편, 『선거와 한국정치』, 서울: 한국정치학회, 1992.
조중빈, "유권자의 여야성향과 투표행태," 이남영 편, 『한국의 선거①』, 서울: 나남, 1993.
중앙선거관리위원회, 『대한민국선거사』, 제1·2집, 서울: 중앙선거관리위원회, 1973.
_____, 『대한민국선거사』, 제3집, 서울: 중앙선거관리위원회, 1980.
_____, 『대한민국정당사』, 제1·2·3집, 서울: 중앙선거관리위원회, 1973·1981·1992.
_____, 『제14대 국회의원선거 총람』, 서울: 중앙선거관리위원회, 1992..
_____, 『제14대 대통령선거 총람』, 서울: 중앙선거관리위원회, 1993.
_____, 『15대 국회의원선거 총람』, 서울: 중앙선거관리위원회, 1996.
지병문, "정부개혁과 지방정치 개혁의 방향," 한국정치학회 지방정치특별학술회의 발표자료집(1998. 10. 9).
_____, "지방자치법의 문제점과 지방정치의 활성화방안," 『한국정치학회보』, 제27집 2호(상)(1993).
차종천, "지역주의가 한국사회 계층화에 미치는 영향," 『한국사회학』, 제21집 (1987).
최영진, "김대중정부와 한국 지역주의의 장래," 1998년도 한국정치학회 연례학술회의 논문집(1998. 12. 3~5).
최 협, "지역발전과 지역의식," 유네스코 한국위원회 편, 『자생적 지방발전』, 서울: 구미무역출판부, 1986.
_____, "호남문화론의 모색,"(엮음), 『호남사회의 이해』, 서울: 풀빛, 1996.
최장집, 『한국민주주의의 이론』, 서울: 한길사, 1993.
_____, "지역문제와 국민통합," 최협 편, 『호남사회의 이해』, 서울: 풀빛, 1996.
최한수, "6·27지방선거의 평가: 정당지지 및 지역주의실태," 『한국정치학회보』, 제29집 3호(1995).
_____, "김영삼 문민정부와 지역주의: 김영삼정부 당시 선거결과를 중심으

로," 한국정치학회 지역주의특별학술회의 발표자료집(1999. 7. 16).
최홍국,『한국인의 투표성향과 지역감정에 관한 조사연구: 1987 대통령선거 성향분석』, 서울: 현대사회연구소, 1987.
통계청,『도내총생산 추계결과』, 서울: 통계청, 1993.
_____,『지역통계연감, 1995·1996』, 서울: 통계청, 1995·1996.
_____,『한국통계연감, 1997』, 서울: 통계청, 1997.
한국개발연구원,『빈곤의 실태와 영세민대책』, 서울: 한국개발연구원, 1981.
한국과학기술연구소,『지역생산 예측모형의 개발과 적용에 관한 연구』, 서울: 한국과학기술연구소, 1980.
한국사회학회 편,『한국의 지역주의와 지역갈등』, 서울: 성원사, 1990.
_____ 편,『국제화시대의 한국사회와 지방화』, 서울: 나남, 1994.
한국선거연구회, "15대 대선과 정치의식"에 관한 조사자료(1997).
_____,『제2회 4대 지방선거 조사연구』, 서울: 한국사회과학데이터센터, 1998.
한국심리학회 편,『심리학에서 본 지역감정』, 서울: 성원사, 1989.
한국정치학회 편,『선거와 한국정치』, 서울: 한국정치학회, 1992.
한국행정구역총람편찬회,『한국행정구역총람, 1995』, 서울: 한국행정문화원, 1995.
현대사사료연구소 편,『광주 5월민중항쟁』, 서울: 풀빛, 1990.
홍기용,『지역경제론』, 서울: 박영사, 1985.
홍기훈,『지역주의와 한국정치』, 서울: 백산서당, 1996.
홍덕률, "지역사회의 지배구조에 대한 실증연구: 대구·광주·인천을 중심으로,"『경제와 사회』, 통권 제34호(1997년 여름).
활로개척 시민대토론회,『21세기 광주전남의 미래』, 서울: 풀빛, 1995.
황태연,『지역패권의 나라』, 서울: 무당미디어, 1997.

2. 국외문헌

Almond, Gabriel A. and Sidney Verba, *The Civic Culture: Attitudes and Democracy in Five Nations*, Princeton: Princeton University Press,

1963.
Bennett, Robert J., "Decentralization, Intergovernmental Relations and Markets: Towards a Post-welfare Agenda?" R. J. Bennett (ed.), *Decentralization, Local Governments and Markets*, Oxford: Clarendon Press, 1990.
Calhoun, Craig, "Social Theory and the Politics of Identity," *Social Theory and the Politics of Identity*, Cambridge: Blackwell, 1994.
Cohen, J. L. & A. Arato, *Civil Society and Political Theory*, Cambridge: The MIT Press, 1992.
Dahl, Robert A., *Polyarchy: Participation and Opposition*, New Haven: Yale University Press, 1971.
_____, "Some Explanation," Robert A. Dahl, ed., *Political Oppositions in Western Democracies*, New Haven: Yale University Press, 1966.
Duke, James T., *Conflict and Power in Social Life*, Provo: Brigham Young University Press, 1976.
Friedman, John, "A General Theory of Polaried Development," in N. M. Hansen (ed.), *Growth Centres in Regional Economic Development*, New York: Free Press, 1972.
Gellner, Ernest, *Culture, Identity, and Politics*, Cambridge: Cambridge University Press, 1987.
Giddens, Anthony, *The Nation-State and Violence*, Cambridge: Cambridge University Press, 1985.
_____, "Time, Space, and Regionalization," D. Gregory & J. Urry (eds.), *Social Relations and Spatial Structures*, London: Macmillan, 1985.
Goodwin, Mark, "The Concept of Civil Society and the Anatomy of Urban and Regional Research," Univ. of Sussex (ed.), *Urban and Regional Working Paper*, No.66 (1988).
Gramsci, A., *Selections from Prison Notebooks*, N.Y.: International Pub., 1971.
Gunter, Richard and Anthony Mughan, "Political Institutions and Cleavage

Management," Weaver R. Kent and Bert A. Rockman, eds., *Do Institutions Matter*, Washington: Brookings Institution, 1992.

Hechter, Michael, *Internal Colonialism*, Berkeley: University of Calofornia Press, 1975.

Henderson, Gregory, *Korea: The Politics of the Vortex*, Cambridge: Harvard University Press, 1968.

Hirshman, A. O., *Strategy of Economic Development*, Englewood Cliffs., N.J.: Prentice-Hall, 1958.

Inglehart, Ronald & Staf Klingemann, "Chapter 13. Party Identification, Ideological Preference, and the Left-right Dimension among Western Mass Public," I. Budge, I. Crewe & D. Farlie (eds.), *Party Identification and Beyond: Representations of Voting and Party Competition*, Chichester: Wiley, 1976.

Kornhauser, William, *The Politics of Mass Society*, Glencoe: Free Press, 1959.

Laitin, David, *Hegemony and Culture*, Chicago: University of Chicago Press, 1977.

Lakoff, Sanford A., *Equality in Philosophy*, Cambridge: Harvard University Press, 1964.

Lane, Jan-Erik, and Svante O. Ersson, *Politics and Society in Western Europe*, London: Sage, 1987.

Lijphart, Arend, *Democracies: Patterns of Majoritarian and Consensus Government in Twenty-One Countries*, New Haven: Yale University Press, 1984; 최명 역, 『민주국가론』, 서울: 법문사, 1985.

_____, *Democracy in Plural Societies: A Comparative Exploration*, New Haven: Yale University Press, 1977.

Lipset, S. M., "Political Cleavages in Developed and Emerging Polities," in Erik Allardt and S. M. Lipset (eds.), *Mass Politics: Studies in Political Sociology*, New York: Free Press, 1970.

Lipset, S. M. and S. Rokkan, eds., *Party Systems and Voter Alignments*, New York: Free Press, 1967.

Luebbert, Gregory M., *Liberalism, Fascism or Social Democracy*, New York: Oxford University Press, 1991
Moore, Barrington Jr., *Social Origins of Dictatorship and Democracy: Lord and Peasant in the Making of the Modern World*, Boston: Beacon Press, 1965.
Myrdal, G., *Economic Theory and Underdeveloped Regions*, Dukworth, 1957.
Perroux, P. F., "Economic Space: Theory and Applications," *The Quarterly Journal of Economics*, Vol.LXIV, 1950.
Sartori, Giovanni, *The Theory of Democracy Revisited*, Chatam, New Jersey: Chatam House, 1987.
Scheff, Thomas, "Emotion and Identity," Craig Calhoun, *Social Theory and the Politics of Identity*, Cambridge: Blackwell, 1994.
Stevens, C., "The Politics of Decentralization," *Teaching Public Administration*, Vol.15, No.2, 1994.
Stewart, J., "A Future for Local Authorities as Community Government," J. Stewart & G. Stocker (eds.), *The Future of Local Government*, London: Macmillan, 1989.
_____, *Local Government: The Conditions of Local Choice*, London: George Allen & Unwin, 1983.
Thompson, Michael, Richard Ellis, Aaron Wildavsky, *Cultural Theory*, Boulder: Westview Press, 1990.
Urry, John, "Survey 12: Society, Space and Locality," *Society and Space*, Vol.5(1985).
Werlen, Benno, *Society, Action and Space*, London: Routledge, 1988.
Zuckerman, Alan, "Review Article: The Bases of Political Cohesion," *Comparative Politics*, July/Aug. 1989.

찾아보기

< ㄱ >

강남도(江南道) 20
개발독재 81
경제개발 5개년계획 141
고향의식 118
공천 92, 234
광주 13, 16, 37, 81, 132, 150, 226
광주목(光州牧) 17
광주항쟁 31, 54, 61, 75, 99, 128, 175
국가보위에 관한 특별조치법 80
국민당 59, 176, 265
국민의 정부 221
국민회의 174, 177, 230
군부 엘리트 85
권력엘리트 232
권력자원의 연줄망 236
권리의식 60
권위주의 정권 61, 64, 76, 93, 201
권위주의화 84
그람시(A. Gramsci) 80
globalization 209
기득권세력 54, 199
김대중 35, 35, 39, 63, 77, 90, 106, 177, 232
김영삼 36, 59, 94, 149, 176
김종필 129, 176

< ㄴ >

남농북공(南農北工)정책 144
노지(奴只) 16
노태우 61, 94, 176

< ㄷ >

도시화율 157
동원화 32, 63, 83
동질적 사회 50
DJP연합 80

< ㅁ >

마르크스주의 65
마한국 13, 19
모래시계 120
무주도독부(武州都督府) 16
무진군(武珍郡) 16
무진주 16
문민정부 180
미군정 53
민간 정치엘리트 84
민간정부 59
민자당 59, 176
민주공화당 89
민주당 74, 85, 174, 240
민주화운동 60, 188
민중주의 65

< ㅂ >

박정희 25, 62, 77, 123
반호남 96
반공 보수주의 57
반공논리 65
반공이념 52, 57
반식민 저항운동 54
반신군부 집권 54
반외세 저항운동 54
반유신 54
반체제세력 56
백성의식 48, 55, 84
백제 13, 70
부마항쟁 54, 61, 75
분권화 5, 207, 216, 249
불균등 산업화 155
불균형 성장전략 146

< ㅅ >

4월혁명 54, 71
사적 권위주의 48
3당합당 80
상향방식 230
새마을운동 86
서남해안권 149
소부리주 71
시민의식 55, 60, 188, 269
신군부 55, 104, 131
신민적(subject) 정치문화 46
신자유주의 247
신중간층 60
신한국당 177

< ㅇ >

안남도호부(安南都護府) 20
안보지상주의 52
에토스(ethos) 81
여촌야도 57, 67, 87, 174
연고주의 37, 61, 76, 96, 113, 139, 238, 246
영·호남갈등 277
5공화국 58, 77, 99
5·16 군부쿠데타 54, 76, 84, 138
완산주 16
왕화 미급지(王化未及地) 17
위로부터의 개혁 231
유교문화 49
유신체제 58, 77, 86, 98, 148
6월항쟁 54, 80, 188
6공화국 61, 94, 149
6·4 지방선거 109
윤천주 57, 275
의회주의 51, 58
이승만 48, 74, 183, 204
이효상 89
일제식민통치 51

< ㅈ >

자유민주주의 52
재야세력 58, 184
재정자립도 155, 227
저항운동 60
저항의식 45, 55, 97
전두환 62, 99, 188
전라남도 15, 37, 158, 244, 277
전라북도 18, 244, 277
전주목(全州牧) 20
정권교체 39, 55, 102, 129, 172, 188, 199, 239

정주영 59, 177
정치・사회적 소외집단 239
정치의식 43, 59, 171
정치적 효능감 37, 191, 215
제15대 대통령선거 32, 63, 98, 134, 189
제1공화국 55, 61, 94
제1차 국토종합개발계획 147
제3차 경제개발 5개년계획(1972-1976) 147
제5공화국 58, 77, 99
주류성(周留城) 19
주체의식 60, 187
중앙으로의 소용돌이 정치(politics of the vortex) 36
중앙정치 33, 229
중앙집권세력 72
중앙집권적 전통 49
중앙집권적 권위주의체제 33
지방정치 203, 226
지역감정 37, 43, 62, 90, 113, 130, 154, 175, 248
지역균열 59, 98, 114, 185, 243
지역등권론 82, 106
지역사회 26, 84, 107, 169, 204, 223
지역엘리트 38, 232
지역주의 43, 59, 113, 171
지역주의적 정치동원 83
지역주의적 투표 91
지역지배구조 35, 215, 232
지역차별 25, 74, 100, 149
지역총생산(GRP; gross regional product) 29, 150
지역패권 100
지역패권주의 31, 78
지역패권적 권위주의 104
지역할거주의 82, 174, 273
집단적 지지 4, 33, 91, 107, 177

집단 정체감 97, 114, 121
집단주의 87

< ㅊ >

참여민주주의 66, 273
출신지역 63, 87, 114, 132, 168, 198, 238
출향인구 169

< ㅌ・ㅍ >

탈식민사회 51
파벌정치 229

< ㅎ >

하위 문화체계(sub-cultures) 47
한국전쟁 27, 53, 144, 158
한나라당 174, 264
해양현(海陽縣) 17
향리적(parochial) 정치문화 46
향촌세력 72
허쉬만(A. O. Hirshman) 146
현민성(縣民性) 117
호남귀족 240
호남배제 32, 64, 137
호남차별 37, 113, 139
호오도(好惡度) 119
화평부(化平府) 17
환경운동 66
훈요십조 71

한국사회 지방연구 시리즈를 간행하며

우리는 세계화와 지방화라는 국내외적 도전을 맞이하여 나라의 안위를 지키고 겨레의 복지를 증진시켜야 할 중차대한 역사의 전환점에 서 있다. 지구상의 모든 국가들이 생존과 번영을 위해 자기개혁에 온 힘을 기울이고 있는 작금 우리는 그 어느 때보다도 내발적인 발전 능력을 키워야 한다.

해방 이후 한국사회는 역사적으로 미증유의 급속한 사회변동을 겪어오면서 바깥에 대한 관심에 비해 안에 대한 발견에 인색하지 않았는가 자성하고자 한다. 대체로 선진된 나라들은 이미 오래 전부터 지방화를 정착시키면서 자신의 풍토와 역사에 걸맞는 공동체를 이루어 왔다. 우리도 이제는 지방 중심의 정치경제적 구조와 사회문화적 기반을 조성하여 지역사회의 자치적 발전을 이루어야 할 것이다.

이에 본 재단은 지방연구 시리즈라는 새로운 기획을 시작하려 한다. 우리의 생활구조와 문화유산에 관하여 8도 7광역시에 대한 기초연구가 그 출발이다. 그러나 이것으로 자족하지 않고 우리의 역량이 닿는 대로 앞으로 통일시대를 겨냥하여 남북한을 아우르는 한층 더 진전된 지방연구를 계획하고 있다. 건국 50주년을 맞이하여 한국사회 지방연구가 국제통화기금 시대라는 국난을 극복하고 새로운 희망과 약속의 미래를 만드는 지적 토양과 축적의 계기가 되기를 간절히 바라면서 뜻있는 이들의 협조와 동참을 바라는 바이다.

1998년 1월 1일
대상문화재단

호남의 지역지배구조 형성배경

초판 제1쇄 찍은날 : 2001. 3. 30
초판 제1쇄 펴낸날 : 2001. 4. 10

지은이 : 백 운 선
펴낸이 : 김 철 미
펴낸곳 : 백 산 서 당

등록 : 제10-42(1979.12.29)
주소 : 서울 중구 을지로3가 334-3 삼진빌딩 302호
전화 : 02)2268-0012(代)
팩스 : 02)2268-0048
이메일 : bshj@chollian.net

※ 저작권자와의 협의 아래 인지는 생략합니다.

값 11,000원

ISBN 89-7327-245-4 03330